손자병법

The Art of War

전쟁의 기술

초판 1쇄 발행　2024년 11월 15일

원 제	The Art of War(Dell'arte della guerra)
지은이	니콜로 마키아벨리
옮긴이	정명진
펴낸이	정명진
디자인	정다희
펴낸곳	도서출판 부글북스
등록번호	제300-2005-150호
등록일자	2005년 9월 2일
주소	서울시 노원구 공릉로 63길 14(하계동, 청구빌라 101동 203호) (01830)
전화	02-948-7289
전자우편	00123korea@hanmail.net
ISBN	979-11-5920-167-7 03920

니콜로 마키아벨리 지음 장인식 옮김

전쟁의 기술

The Art of War

이탈리아 전쟁이 일어난 1494년경 이탈리아의 상황

서문

로렌초[1], 많은 사람들이 민간인의 삶과 군인의 삶만큼 서로 다른 것은 세상에 없다는 의견을 지금까지 견지해 왔으며, 현재도 마찬가지입니다. 따라서 군인으로 성공하겠다고 결심하는 사람은 즉시 옷만 바꿔 입는 것이 아니라, 습관과 언어, 목소리, 태도 등에서 민간인으로서 해 왔던 관행까지 모두 버립니다. 어떤 것에도 얽매이지 않고 언제든 온갖 폭력 행위를 할 준비가 되어 있는 사람은 민간인의 옷을 입으면 안 된다고 믿기 때문이지요.

그 사람은 또 민간인의 관습을 나약하다고 판단하고 민간인의 어법이 자신의 행동과 어울리지 않는다고 생각하기 때문에 민간인의 관습과 어법까지 지키지 않습니다. 평범한 태도와 언어를 그대로 고수하는 것은 턱수염

---

1   로렌초 디 필리포 스트로치(Lorenzo di Filippo Strozzi: 1482-1549)는 메디치 가문과 가까웠던 스트로치 가문의 구성원으로 부유한 은행가였다.

과 욕설로 다른 남자들에게 겁을 주려는 사람에게는 적절해 보이지 않기 때문이지요. 이런 인식이 이 시대에 그 같은 의견이 진리처럼 비치도록 하고 있습니다.

그러나 고대의 제도들을 검토한다면, 민간인의 삶과 군인의 삶만큼 서로 밀접히 연결되고, 서로 비슷하고, 서로 닮게 되어 있는 것도 발견되지 않을 것입니다. 만약 어떤 도시를 방어할 준비가 되어 있지 않다면, 그 도시 안에서 사람들의 공통적인 이익을 위해 확립된 모든 기술들이, 그리고 사람들이 법과 신을 두려워하며 살도록 하기 위해 창조된 모든 제도들이 아무런 소용이 없게 되기 때문이지요. 만약 방어 능력이 제대로 갖춰져 있다면, 확립된 기술과 제도뿐만 아니라 제대로 확립되지 않은 기술과 제도까지도 지켜질 수 있을 것입니다.

따라서, 정반대로, 군사력의 도움을 받지 못하는 훌륭한 제도들은 지붕을 갖추지 않은 호화로운 궁전의 방들만큼이나 허약하지요. 그런 궁전의 방들은 금과 보석으로 장식되어 있다 하더라도 비로부터 보호해줄 장치를 전혀 갖추고 있지 않습니다. 그래서 도시들이나 왕국들이 그 외의 다른 모든 제도에서 사람들이 성실하고 온순하게 행동하며 신을 두려워하도록 만들기 위해 최대한의 노력을 기울였다면, 군사 문제에서는 그런 노력이 배로 더 열심히 이뤄졌지요.

국가가 조국을 위해 죽기로 약속해야 하는 사람에게서 발견할 수 있는 것보다 더 큰 충성을 어디서 발견할 수 있겠습니까? 전쟁에서 부상당할 수 있는 사람의 내면에 간직되어 있는, 평화를 사랑하는 마음보다 더 큰 평화 사랑을 누구한테서 발견할 수 있겠습니까? 매일 끝없는 위험에 노출되며 신의 사랑을 간절히 필요로 하는 사람에게서 발견되는, 신에 대한 두려움보다 더 큰 두려움을 누구에게서 발견할 수 있겠습니까? 군인의 삶의 형성에 꼭 필요한 이 요소들은 제국에 명령을 내린 사람들이나 군사 훈련을 담당한 사람들로부터 제대로 평가를 받는 경우에 군인의 삶이 다른 남자들의 칭송을 듣도록 만들었으며, 남자들은 군인의 삶을 최대한 주의를 기울이며 모방하려고 노력했지요.

그러나 군사 제도들이 완전히 부패하고 고대의 길로부터 너무나 멀리 벗어나게 됨에 따라, 앞에 말한 그런 해로운 의견이 생겨나게 되었습니다. 군대가 증오의 대상이 되도록 하고, 군인을 훈련시키는 사람들과의 교류를 피하도록 만드는 의견이지요.

내가 보고 읽은 것을 근거로 한다면, 군대에 고대의 방법을 복구시키고 어떤 형태의 과거의 역량을 되살리는 것이 불가능하지 않다고 판단됩니다. 그래서 나는 여가 시간을 그냥 흘려보낼 것이 아니라, 나 자신이 전쟁의 기술에 대해 이해하고 있는 것을 글로 쓰기로 결정했습니다. 아마 고대의 행위들을 사랑하는 사람들에게 만족스런 작업이 될 것입니다.

나 자신이 직업으로 삼지 않은 문제를 다루는 것은 틀림없이 용기를 필요로 합니다만, 그럼에도 불구하고 나는 많은 사람들이 대단히 뻔뻔스럽게도 행동으로 차지한 어떤 지위를 말로 차지하는 것을 실수로 여기지 않을 것입니다. 내가 글을 쓰면서 저지르는 오류들은 누구에게도 해를 입히지 않고 바로잡아질 수 있지만, 행동으로 저지르는 오류들은 제국의 붕괴에 의해서만 확인될 수 있을 뿐입니다.

따라서 로렌초, 당신은 나의 이런 노력의 진정한 가치를 고려하고, 그 노력에 대해 당신의 판단에 따라 칭송하거나 비난할 것입니다. 이 글을 당신에게 보내는 이유는 첫째, 나의 능력이 두드러지지 않을지라도 나 자신이 당신으로부터 받는 혜택에 대해 감사하고 있다는 사실을 보여주기 위함입니다. 그 다음으로는, 고귀함과 부(富)와 천재성과 관대함으로 빛나는 사람들에게 이와 비슷한 글로 경의를 표하는 것이 관행인데, 내가 당신이 부와 고귀함의 측면에서 동등한 사람을 많이 두고 있지 않다는 것을, 또 천재성의 측면에서 동등한 사람을 거의 두고 있지 않다는 것을, 또 관대함의 측면에서 동등한 사람을 전혀 두고 있지 않다는 것을 알고 있기 때문입니다.

차례

1장

군인의 조건

아첨할 이유가 전혀 없는 까닭에 죽은 사람은 별다른 걱정 없이 칭송할 수 있다고 믿는다. 그래서 나는 우리의 코시모 루첼라이(Cosimo Rucellai: 1468-1497)[2]를 마음 편하게 칭송한다. 그의 이름을 떠올릴 때면 나는 어김없이 눈물을 흘리게 된다. 그에게서 친구가 훌륭한 친구에게서 기대할 수 있고, 나라가 훌륭한 시민에게서 기대할 수 있는 것들이 확인되기 때문이다.

나는 그가 자신의 것들 중에서 친구들을 위해 기꺼이 내놓으려 하지 않았던 것을 기억하지 못한다(심지어 그의 영혼도 예외가 아니다). 또

---

2 피렌체의 탁월한 인물들을 중심으로 문학적 및 정치적 관심을 논하는 모임을 열었다. 마키아벨리와 '전쟁의 기술'에 등장하는 젊은 질문자들도 그 모임에 자주 참석했다. 마키아벨리는 저서 『티투스 리비우스의 첫 10권에 대한 논고』(Discorsi sopra la prima deca di Tito Livio)를 그에게 헌정했다.

나는 그가 조국을 위한 일로 알았던 노력 중에서 그를 당황하게 만들었던 것을 기억하지 못한다. 나는 나 자신이 알거나 함께 일했던 그 많은 사람들 중에서 그의 정신만큼 위대하고 장엄한 것들로 불타는 정신을 가진 사람을 만나지 못했다고 감히 고백한다. 죽음을 맞으면서도 그는 친구들 앞에서 자신이 어느 누구도 성심껏 도와보지도 못하고 존경 받지 못하는 상태에서 자신의 집에서 젊은 나이에 죽을 운명을 타고났다는 것 외에는 어떤 불평도 하지 않았다. 그가 사람들이 자신에 대해 좋은 친구가 죽었다는 말밖에 하지 않을 것이라는 사실을 잘 알고 있었기 때문이다. 그러나 우리와, 우리처럼 그를 알았던 누군가는 그의 성과가 뚜렷이 드러나지 않았다는 이유로 그의 훌륭한 자질들을 단언하지 못한다고 말하지 못한다.

그의 글 일부와 사랑의 시의 창작이 보여주듯이, 운명이 그가 자신의 재능을 보여줄 짧은 기록조차 남기지 못할 만큼 그에게 가혹하지 않았던 것은 사실이다. 비록 그가 사랑에 빠지지는 않았을지라도, 그런 글과 시를 통해서, 그는 젊은 시절에 시간을 헛되이 보내지 않기 위해서, 운명이 자신을 보다 고차원적인 사고의 세계로 안내할 때까지 스스로를 훈련시키곤 했다.

이 대목에서, 만약 그가 시를 최종 목표로 잡고 창작에 매진했다면, 그가 시로 큰 명예를 얻었을 것이라는 짐작이 가능하다. 또 그가 자신의 개념들을 아주 적절하게 묘사했을 것이라는 짐작도 가능하다. 그러나 운명이 우리로부터 매우 위대한 친구를 누릴 기회를 박탈했기 때문에, 나에게는 우리가 그에 관한 기억의 도움을 받으며 그가 현명하게 관찰하거나 반박했던 문제를 어떤 것이든 살려내려고 노력하는 것보다 더 나은 방법은 없을 것 같다.

파브리치오 콜론나(Fabrizio Colonna: 1450-1520)[3] 경이 코시모의 정원에서 그와 다른 친구 몇 명이 참가한 가운데 벌였던 토론보다 더 최근의 것은 없기 때문에, 내가 볼 때는 그 토론을 기억해 내는 것이 최선의 방법일 것 같다. 그러면 그것을 읽으면서, 그곳에 모였던 코시모의 친구들은 그의 역량에 관한 기억을 새롭게 떠올릴 것이고, 다른 친구들은 그곳에 있지 않았다는 사실에 대해 불평하는 한편으로, 군인의 삶뿐만 아니라 시민의 삶에도 유익한 많은 것을 배우게 될 것이다. 매우 박식한 인물이 토론을 현명하게 이끌었으니까. 당시에 정원에서는 코시모가 예리하고 사려 깊게 제시한 질문들을 바탕으로 파브리치오 콜론나 경이 전쟁과 관련 있는 문제들에 대해 길게 논했다.

따라서 나는 파브리치오 콜론나 장군이 가톨릭 왕[4]을 위해 군인으로 오랫동안 훌륭하게 싸웠던 롬바르디아에서 돌아오는 길에 피렌체에 들러 공작[5]을 방문하고, 동시에 과거에 알고 지내던 신사들 몇 사람을 만나기 위해 그 도시에서 며칠 쉬기로 결정한 사실에 대해 먼저 언급해야 한다. 상황이 그렇다 보니, 코시모에게는 자신의 정원에서 여는 연회에 파브리치오 장군을 초대하는 것이 적절해 보였다. 그 자리가 코시모 자신의 관대함을 보여주기보다는, 장군과 길게 대화하며, 그런 인물에게서 기대할 수 있듯이, 다양한 것을 배우고 이해할 수 있는 기회가 될 수 있었기 때문이다. 코시

3　막강한 콜론나 가문의 구성원으로 탁월한 용병 지휘관이었다. 이탈리아 전쟁(1499-1504)에서 처음에 프랑스와 싸우던 스페인을 위해 싸웠으며, 그 다음에는 프랑스에 맞서던 교황 군대와 스페인 군대를 위해 싸웠다. 1515년에 그는 나폴리 왕국의 군 총사령관이 되었다.

4　페르난도(Fernando) 2세(1452-1516) 아라곤 왕의 별명이다.

5　마키아벨리가 『군주론』을 헌정한 로렌초 디 피에로 데 메디치(Lorenzo di Piero de' Medici)를 가리킨다. 그는 1516년부터 사망한 1519년까지 피렌체를 통치했으며, 같은 기간에 우르비노 공작이기도 했다.

모가 볼 때, 파브리치오 콜론나 장군에게 그의 기분을 충족시킬 그런 문제들을 논하며 하루를 보낼 기회를 제공하는 것이 합당해 보였다.

그리하여 파브리치오 경은 계획대로 그 도시로 와서 코시모로부터 코시모의 다른 성실한 친구 몇 명과 함께 초대를 받았다. 그 친구들 중에는 자노비 부온델몬티(Zanobi Buondelmonti: 1491-1527)와 바티스타 델라 팔라(Battista Della Palla: ?-1530), 루이지 알라만니(Luigi Alamanni: 1495-1556)[6]도 포함되었다.

이들은 똑같은 공부에 대단히 열성적이었으며, 코시모의 사랑을 받던 젊은이들이었다. 이 젊은이들의 훌륭한 자질은 코시모로부터 일상적으로 칭송을 들었기 때문에 여기서는 그들에 대한 칭송을 배제할 생각이다. 따라서 시간과 장소를 근거로 판단한다면, 파브리치오 장군은 그들 모두로부터 최고로 명예롭게 환대를 받았다.

유쾌한 연회가 끝나고, 테이블이 치워지고, 잔치의 모든 순서가 마무리되었다. 그러자 위대한 사람들의 마음은 유익한 생각 쪽으로 초점을 옮기고 있었다. 날은 길고 열기가 뜨거웠기 때문에, 코시모는 자신의 바람을 더욱 충실하게 충족시키기 위해 더위를 피할 겸, 정원에서 가장 은밀하고 그늘진 곳으로 옮기는 것이 낫겠다고 판단했다.

그곳에 도착해서 모두가 자리를 잡았다. 어떤 사람은 아주 깨끗하게 다듬은 풀밭에 앉았고, 또 어떤 사람들은 아름드리 고목들의 그늘 아래에 놓인 벤치에 앉았다.

파브리치오 장군은 그곳이 대단히 유쾌한 장소라고 칭찬을 아끼지 않았다. 특별히 나무들을 바라보면서, 그는 그 나무들 중 하나가 무슨 나무인지

---

6 이 세 사람은 『전쟁의 기술』이 출간된 이듬해인 1522년에 줄리오 데 메디치(Giulio de' Medici) 추기경의 지배를 엎으려는 음모를 꾸몄다가 망명했다.

알지 못해 곤혹스러워하는 것 같았다. 그 같은 사실을 알게 된 코시모가 말했다.

"이 나무들 중 일부는 모르실 수 있습니다. 그래도 의아하게 생각하지 마십시오. 왜냐하면 여기엔 오늘날 흔히 보는 것보다 옛날 사람들에게 더 널리 알려졌던 나무들이 있기 때문이지요."

코시모가 그에게 그 나무의 이름을 알려주고, 자신의 할아버지 베르나르도(Bernardo)가 나무를 재배하는 일에 대단한 정성을 쏟았다고 말하자, 파브리치오 장군은 이렇게 대답했다.

"당신의 말이 맞을 수 있다고 생각합니다. 이 장소와 이 공부가 나로 하여금 이런 고목들과 그것들이 드리우는 그늘을 즐겼던 나폴리 왕국의 몇몇 군주들을 떠올리게 하는군요."

여기서 그는 말을 멈추고 잠시 불확실한 듯 생각에 잠기는 듯하더니 이렇게 덧붙였다.

"당신의 기분을 상하게 할 것 같으면 나의 의견을 제시하지 않을 것인데, 생각해 보니 당신의 기분을 상하게 할 것 같지는 않군요. 지금 내가 친구들과 함께 앉아서 그 군주들을 모욕하는 것이 아니라 문제를 바로잡기 위해 토론을 벌이려 하기 때문이지요. 군주들이 섬세하고 부드러운 일이 아니라 강하고 거친 일에서 고대인처럼 되려고 노력하고, 고대인들이 그늘에서 한 일이 아니라 태양 아래에서 한 일들을 모방하려고 노력하고, 그릇되고 타락한 고대의 방법이 아니라 진정하고 완벽한 고대의 방법을 취했더라면, 그 군주들은 나라를 훨씬 더 잘 다스릴 수 있었을 것입니다. 이 관행들은 나의 로마인들을 즐겁게 했던 반면에, 그런 것들이 없었던 나의 조국은 몰락했으니까요."

이에 대해 코시모가 대답했다. 여기서부터 누가 말하고, 어떤 사람이 덧

붙여 말했는지를 거듭 밝히는 번거로움을 피하기 위해 대화 형식으로 처리한다.

코시모: 장군님께서 제가 바라던 토론의 길을 열어주셨습니다. 격식을 따지지 않고 말씀해 주시길 바랍니다. 저도 장군님에게 격식을 갖추지 않고 질문하도록 하겠습니다. 만약 질문하거나 대답하면서 제가 누구든 비난하거나 옹호한다면, 그것은 비난이나 옹호가 아니라 장군님을 통해서 진리를 이해하려는 노력일 뿐입니다.

파브리치오: 나는 당신이 묻는 모든 것에 대해 내가 알고 있는 바를 말하는 것으로 크게 만족할 것입니다. 나의 대답이 옳은지 그른지에 대한 판단은 당신에게 맡기지요. 그리고 나는 당신이 질문을 한다는 사실 자체만으로도 고맙게 생각할 것입니다. 나도 당신이 묻는 질문을 통해서, 당신이 나의 대답으로부터 배우는 것만큼 배우게 되기 때문이지요. 현명한 질문자는 상대방이 많은 것을 고려하도록 만들고, 질문을 받지 않았더라면 절대로 이해하지 못했을 것을 이해하도록 하지요.

코시모: 장군님께서 처음 말씀하셨던 내용으로 돌아가고 싶습니다. 저의 할아버지와 왕국의 군주들이 섬세한 것들보다는 거친 것들에서 고대인들을 모방했더라면 보다 현명하게 행동할 수 있었을 것이라고 하셨던 부분 말입니다. 저는 저의 가족을 위해 변명하고 싶습니다. 왕국의 군주들에 대한 변명은 장군님께 맡길 것입니다.

저는 저의 할아버지의 시대에 부드러운 삶을 할아버지만큼 혐오한 사람이 있었다고 생각하지 않습니다. 저의 할아버지는 장군님께서 칭송하는 험난한 삶을 대단히 사랑하셨던 분입니다. 그럼에도 불구하고, 저의 할아버지께서는 자신의 개인적 삶에서도, 그리고 아들들의 삶에서도 그것을 실천하지 못했다는 사실을 깨달았습니다. 그분이 너무도 타락한 시대에 태어났기 때문이지요.

그 시대에는 일반적인 관습에서 벗어나려 하는 사람은 모든 사람들로부터 손가락질을 당하고 경멸을 당했습니다. 여름에 뜨거운 햇살 아래에서 발가벗고 모래밭을 뒹굴거나, 디오게네스(Diogenes: B.C. 412(?)-B.C. 323)처럼, 한파가 몰아치는 겨울에 눈밭을 뒹구는 사람은 어김없이 광인으로 여겨졌지요.

어떤 사람이 스파르타 시민들처럼 아이들을 시골에서 키우며 야외에서 재우고, 모자를 씌우지 않고 맨발로 돌아다니게 하고, 삶의 부침을 잘 견디도록 단련시키기 위해, 다시 말해 아이들이 삶을 덜 사랑하고 죽음을 덜 두려워하도록 만들기 위해 찬물로 목욕하도록 했다면, 그 사람은 인간이 아니라 짐승으로 여겨지고 조롱을 받았을 것입니다. 또 어떤 사람이 파브리키우스 루스키누스(Gaius Fabricius Luscinus)[7]처럼 채소를 먹으며 황금을 경멸했다면, 그를 칭송하는 사람은 극히 드물었을 것이고, 그를 따르는 사람은 아마 하나도 없었을 것입니다. 그래서 이런 삶의 유형에 낙담한 저의 할아버지는 즉각 고대인들의 방식을 버리고, 주변에 그다지 놀라움을 불러일으키지 않는 범위 안에서만 고대를 모방하게 되었지요.

파브리치오: 당신은 그 점에서 당신 할아버지를 강력히 옹호하는군요. 틀림없이 당신은 진실을 말하고 있습니다. 그러나 나는 그런 식으로 거친 삶의 방식보다는 보다 인간적인 삶의 방식에 대해 말했습니다. 오늘날의 삶과 보다 일치하는 방식들이지요.

그 방식이 어느 도시의 군주들 중 한 사람에 의해 도입되는 것이 어렵다고 나는 생각하지 않습니다. 나는 어떤 일이 있어도 나의 본보기로서 나의

7　B.C. 282년과 278년에 로마 공화국의 집정관을 지냈다. 그는 도덕적 청렴으로 유명했다.

로마인들을 절대로 버리지 않을 것입니다. 로마인들의 삶과 그들의 공화국의 제도들을 조사하면, 지금도 훌륭한 무엇인가가 남아 있는 도시에 소개할 수 있는 것이 많이 확인될 것입니다.

코시모: 장군님께서 소개하고 싶어 하시는 것들은 무엇입니까?

파브리치오: 사람들의 역량을 명예롭게 여겨 보상하고, 빈곤을 경멸하지 않고, 군사 훈련의 방식과 체계를 존중하고, 시민들에게 파벌 없이 살며 서로 사랑할 것을 강요하고, 사적 이익보다 공적 이익을 더 소중히 여기는 태도를 가질 것을 요구하고 싶습니다. 이 시대에 쉽게 보텔 수 있는, 그런 것들과 비슷한 다른 것들이 있지요. 이런 것들을 충분히 깊이 고려하고 일상적인 방식으로 접근한다면, 사람들이 그런 방법을 택하도록 설득시키는 것은 어렵지 않을 것입니다. 왜냐하면 그런 것들로부터 평범한 재능을 가진 사람이라면 누구나 이해할 수 있는 진리가 모습을 드러내게 되기 때문입니다. 누구든 그런 것들을 실천할 수 있습니다. 사람은 남이 심은 나무의 그늘보다는 자신이 직접 심은 나무의 그늘 아래에서 더 행복하고 더 즐겁게 사는 법이랍니다.

코시모: 저는 장군님께서 하신 어떤 말씀에도 대답하고 싶지 않습니다. 장군님의 말씀에 대한 판단은 그 말씀을 쉽게 평가할 수 있는 사람들에게 넘길 생각입니다. 저는 중대하고 위대한 행위에서 고대인들을 모방하지 않는 사람들을 비난하시는 장군님에게 초점을 맞추고자 합니다. 이런 식으로 접근하는 경우에 저의 의도를 보다 쉽게 성취할 수 있다는 생각이 들기 때문입니다.

장군님께서 중대한 행위를 하면서 고대인들을 모방하지 않는 사람들을 비난하시는데, 장군님의 직업이자 장군님이 탁월한 것으로 평가받는 전쟁의 문제에서 장군님께서 고대의 방법이나 그것과 비슷한 방법을 채택하고 있다는 사실은 관찰되지 않습니다. 그 이유가 무엇인지, 장군님으로부터 직접 듣고 싶습니다.

파브리치오: 당신은 내가 예상했던 것을 곧바로 파고드는군요. 내가 한 말은 그 외의 다른 질문을 야기하지 않습니다. 나도 다른 질문을 원하지 않지요. 간단한 변명으로 체면을 살릴 수 있는 문제이지만, 그럼에도 나는 당신과 나의 보다 큰 만족을 위하여 날씨도 허락하고 하니, 훨씬 더 길게 토론을 벌여볼까 합니다.

뭔가를 이루기를 원하는 사람은 먼저 자기 자신부터 대단히 성실하게 준비해야 합니다. 기회가 올 때 자신이 제안한 것을 성취할 태세를 갖추기 위해서지요. 그런 준비가 아무도 모르게 조심스럽게 수행될 때, 준비를 게을리 하더라도 먼저 사건이 터져서 발견되지 않는 한, 어느 누구도 태만하다는 비난을 들을 수 없습니다. 그러나 사건이 발생하고 기회가 닥쳤는데도 적절한 행동을 취하지 않는다면, 사람들은 그 사람이 스스로 충분히 준비를 하지 않았거나, 그런 일이 닥친 것이라고 전혀 생각하지 못했거나, 둘 중 하나라는 사실을 확인하게 됩니다.

나 자신이 군대를 고대의 체제로 조직할 준비를 갖췄다는 사실을 보여줄 기회가 나에게 전혀 없었기 때문에, 내가 고대의 조직을 되살리지 않았더라도, 그것 때문에 당신이나 당신 외의 다른 사람들로부터 비난을 들을 수는 없습니다.

코시모: 그렇다면, 기회 자체가 오지 않았다고 믿으면 되겠습니까?

파브리치오: 그러나 그럴 기회가 있었는지 여부에 대해 당신이 틀림없이 궁금해 할 것이기 때문에, 나의 말을 인내심 있게 들어주기만 하면, 나는 그 전에 먼저 어떤 준비를 해야 하는지, 어떤 기회가 일어나야 하는지, 어떤 어려움이 방해하기에 그런 준비가 도움이 되지 않고 그런 기회가 오지

않는지, 그리고 모순처럼 들리겠지만 그 일이 매우 어려우면서도 매우 쉬운 이유에 대해 길게 논하고 싶군요.

코시모: 저를 포함해서 여기 앉아 있는 사람들에게는 그것보다 더 유익한 것은 없을 것 같습니다. 장군님께서 길게 말씀하시는 것이 힘들지 않으시다면, 듣는 우리가 고통스러울 이유는 절대로 없지요. 그러나 이 토론이 길 것 같기에, 저는 여기 있는 저의 친구들에게 도움을 청할까 합니다. 장군님께서 허락하신다면, 친구들과 저는 장군님에게 한 가지 부탁을 드리고자 합니다. 저희가 가끔 성가신 질문으로 장군님의 말씀을 방해하더라도 귀찮아하시지 말아 달라는 것입니다.

전쟁을 직업으로 삼지 않아야 하는 이유

파브리치오: 코시모, 당신과 이곳의 젊은이들이 질문을 던지는 것 자체에 나는 크게 만족하고 있어요. 젊은이들이 군사 문제를 더 잘 알고 또 나의 말을 보다 쉽게 이해할 것이라고 믿기 때문이지요. 머리가 희끗희끗하고 피가 차가워진 사람들은 어느 정도 전쟁의 적들이고 또 다루기도 힘든답니다. 일부는 구제 불가능하기도 하지요. 부도덕한 생활 방식이 아니라, 시대가 남자들로 하여금 그런 식으로 살 것을 강요한다고 믿는 사람들처럼 말입니다.

그러니 나에게 무엇이든 물어 보십시오. 거리낄 것 하나도 없습니다. 거침없이 질문을 하십시오. 나도 그런 질문을 바라고 있습니다. 그런 식으로 진행되는 경우에 나에게 약간의 휴식이 허용되기 때문이기도 하고, 당신의 마음에 한 점의 의문도 남기지 않는 것이 나의 기쁨이기도 하기 때문이지요.

당신이 한 말로 시작할까 합니다. 나의 직업인 전쟁에서 내가 고대의 방식을 전혀 채택하지 않았다고 했지요. 그 말에 대해, 나는 이렇게 대답하고 싶습니다. 시대를 불문하고 전쟁이 남자들이 정직하게 살아갈 수 있는 수단이 될 수 없기 때문에, 전쟁은 공화국이나 왕국에 의해 채택되는 때를 제외하고는 직업이 될 수 없다고 말입니다. 그리고 공화국이나 왕국도 견고하게 확립되어 있다면 자국의 시민이나 신민이 전쟁을 직업으로 삼는 것을 절대로 허용하지 않을 것입니다. 전쟁을 수행하는 사람은 절대로 선한 사람으로 판단되지 않을 것이기 때문이지요. 언제든 전쟁에서 이로운 것을 끌어내기 위해서, 그 사람은 탐욕스럽고, 기만적이고, 폭력적일 뿐만 아니라, 필히 선해 보이지 않을 많은 특징들을 보여야 하지요.

그런 일을 직업으로 선택하는 남자들은 위대한 존재든 미미한 존재든 달리 바꿔지지 않습니다. 이 직업이 평화의 시기에 그들을 부양하지 못하기 때문이지요. 따라서 그들은 평화가 정착되지 않기를 바라거나, 전시에 자신을 위해 아주 많은 것을 얻어 평화의 시기에 스스로를 부양할 수 있기를 바라는 수밖에 없지요. 선한 사람에게는 이 두 가지 생각 중 어느 것도 떠오르지 않습니다. 언제든 스스로를 부양할 수 있기를 바라는 그 소망에서, 강탈과 폭력과 암살이 나오기 때문이지요. 이런 행위들을 그런 군인들은 적들에게만 아니라 친구들에게도 자행합니다.

평화를 바라지 않는 마음에서, 지휘관들이 자신을 고용한 사람들에게 전쟁을 지속하도록 부추기는 기만이 비롯되지요. 평화가 실제로 찾아올 때, 급료와 방종한 생활 방식을 빼앗기게 된 지휘관들이 방종하게도 약탈의 깃발을 올리며 속주를 무자비하게 약탈하는 행위가 자주 일어납니다.

이탈리아에서 전쟁이 종식되면서 일자리를 잃게 된 많은 군인들이 '콤파니에'(compagnie)라는 골치 아픈 갱단을 조직해서 도시에서 공물을 징수하고 시골을 약탈했던 일을 당신도 기억하고 있지 않습니까? 그들 앞에서 모두가 속수무책이었지요. 또 당신은 카르타고의 군인들이 로마 군인들과 첫 번째 전쟁을 끝낸 뒤에 마토스(Mathos: ?- B.C. 237(?))[8]와 스펜디우스(Spendius: ?-B.C. 238)[9]의 지휘 아래에 카르타고 군인들을 상대로 전쟁을 벌였다는 것을 읽지 않았습니까? 그 전쟁은 그들이 로마인들을 상대로 벌였던 전쟁보다 더 위험했지요.

그리고 우리 아버지의 시대에, 프란체스코 스포르차(Francesco Sforza: 1401-1466)는 평화의 시기에 명예롭게 살기 위해서 자신에게 급료를 지급하던 밀라노 시민들을 기만했을 뿐만 아니라, 그들의 자유까지 박탈하고 그들의 군주가 되었지요. 군대를 개인적인 직업으로 택한 이탈리아의 다른 군인들도 모두 이 사람과 비슷했습니다. 만약 그들이 악행을 통해 밀라노의 군주가 되지 않았더라면, 그들은 아마 비난 받을 짓을 훨씬 더 많이 저질렀을 것입니다. 왜냐하면 그들의 삶을 자세히 들여다보면, 그들 모두가 그다지 유용하지 않은 결점들을 똑같이 갖고 있는 것이 확인되기 때문입니다.

프란체스코의 아버지 무치오 아텐돌로 스포르차(Muzio Attendolo Sforza: 1369-1424)는 돌연 나폴리 왕국의 조반나(Giovanna) 2세 여왕(1371-1435)을 포기하고 적들 틈에 비무장 상태로 남겨둠으로써 그녀가 아라곤 왕의 품에 안기도록 강요했지요. 목적은 오직 그녀로부터 공물을 걷거나 그녀의 왕국을 빼앗겠다는 야망을 충족시키기 위한 것이었습니다. 브라초 다 몬토네(Braccio da Montone: 1368-1424)[10]는 똑같은 방식으로

---

8 카르타고 군대 소속으로 제1차 포에니 전쟁에 참전했던 리비아인.
9 '용병 전쟁'으로 알려진 전쟁에서 카르타고에 맞서 반란군을 이끌었던 로마의 노예.
10 이탈리아의 군사 지도자였으며, 1424년에 이탈리아의 아퀼라에서 프란체스코 스포르차에게 죽임을 당했다.

나폴리 왕국을 점령하려 시도했으며, 만약 그가 패주하다가 아퀼라에서 죽지 않았다면, 그 시도도 성공했을지 모릅니다.

나의 주장을 뒷받침하는 속담도 있다는 것을 알지요? 전쟁은 강도를 낳고, 평화는 강도를 사형에 처한다고 했습니다. 다른 일로 사는 방법을 모르는 사람들은 어쩔 수 없이 거리를 떠돌게 되어 있으며, 정의는 그들을 소멸시키게 되어 있습니다. 그런 사람들은 자신이 새로운 일로 살아가는 것을 응원할 사람도 쉽게 발견하지 못하고, 서로 함께 어울려 사는 방법을 알 수 있을 만큼의 미덕도 갖추지 못했지요.

코시모: 장군님께서 저로 하여금 군인이라는 직업을 거의 아무런 가치가 없는 것으로 여기도록 만드셨습니다. 저는 그 직업을 가장 탁월하고 가장 명예로운 것으로 여겼는데 말입니다. 따라서 장군님께서 이 문제를 더욱 분명하게 설명하지 않으시면, 저는 만족하지 못할 것입니다. 장군님께서 말씀하신 대로라면, 저는 율리우스 카이사르(Julius Caesar: B.C. 100-B.C. 44)와 그나이우스 폼페이우스 마그누스(Gnaeus Pompeius Magnus: B.C. 106-B.C. 48), 스키피오 아프리카누스(Scipio Africanus: B.C. 236-B.C. 183), 마르쿠스 클라우디우스 마르켈루스(Marcus Claudius Marcellus: B.C. 270-B.C. 208)를 비롯해, 명예를 바탕으로 거의 신처럼 떠받들어지는 그 많은 로마의 지휘관들의 영광은 도대체 어디서 나오는지 모르겠습니다.

파브리치오: 내가 제시한 것들 모두에 대한 설명이 아직 끝나지 않았습니다. 두 가지를 제안했지요. 한 가지는 선한 남자는 군인의 경력을 직업으로 삼을 수 없었다는 것이고, 다른 하나는 질서가 잘 잡힌 공화국이나 왕국은 신민이나 시민이 군대를 직업으로 택하는 것을 절대로 허용하지 않는다는 것이었습니다.

첫 번째 주장에 대해서는 충분히 설명했습니다. 이제 두 번째 주장에 대해 설명해야겠지요. 여기서 당신의 마지막 질문에 대한 대답이 나올 것입니다. 나는 지금 이렇게 말하고 있습니다. 폼페이우스와 카이사르, 그리고 카르타고와의 마지막 전쟁[11] 이후로 로마에서 활동했던 거의 모든 지휘관들은 훌륭한 인간이 아니라 용감한 인간으로서 명예를 얻었지만, 그들보다 앞서 살았던 지휘관들은 유능하고 훌륭한 인간으로서 명예를 얻었다고 말입니다.

이 같은 현상은 후자가 전쟁 수행을 직업으로 받아들이지 않은 사람들이었던 반면에 그들보다 앞에 나열한 사람들은 전쟁 수행을 직업으로 채택한 사람들이라는 사실에서 비롯됩니다. 그리고 공화국이 완벽하게 평화롭게 지내는 동안에, 위대한 시민 어느 누구도 법을 어기거나, 속주를 약탈하거나, 조국을 빼앗아 독재적으로 다스리거나, 온갖 수단을 동원해 이익을 챙김으로써 평화의 시기에 자신의 부를 챙기려 들지 않았습니다. 재산 규모가 가장 작은 계층의 사람들 중 어느 누구도 원로원을 두려워하지 않는 가운데 어느 한 개인을 추종하거나, 평생 전쟁을 직업으로 살아갈 목적으로 포악한 짓을 일삼기 위해 신성한 합의를 깨뜨리려 하지 않았습니다.

지휘관이었던 그들은 승리에 만족하며 개인적 삶을 살려는 욕망을 품고 조국으로 돌아왔으며, 군대의 구성원이었던 사람들은 그때까지 들었던 무기를 내려놓을 뜻을 품고 돌아왔지요. 그리고 그들은 평소에 하던 직업으로 돌아갔습니다. 약탈이나 전쟁으로 생계를 유지하기를 희망했던 사람은 한 사람도 없었습니다.

그런 위대한 시민을 분명하고 명확하게 보여주는 한 예가 바로 마르쿠스 아틸리우스 레굴루스(Marcus Atilius Regulus)[12]지요. 그는 아프리카에서

---

11 제3차 포에니 전쟁(B.C. 149-B.C. 146)을 말한다.
12 B.C. 267년부터 B.C. 256년까지 로마의 집정관을 지냈다.

로마 군대의 지휘관으로 활동하며 카르타고 군대를 거의 정복하게 되었을 때 원로원에 집으로 돌아갈 수 있도록 허락해 달라고 요청했습니다. 이유는 일꾼들이 망가뜨리고 있던 농장을 돌보기 위해서였답니다. 만약 그가 전쟁을 직업으로 여기며 수행하고 전쟁을 통해 이익을 챙기겠다고 생각했다면, 약탈을 자행할 속주들을 너무나 많이 갖게 된 그가 자신의 들판을 돌보기 위해 집으로 돌아가도록 허락해 달라고 요청하는 일은 절대로 없었을 것입니다. 그가 소유한 것들 전부보다 더 많은 것을 하루에도 챙길 수 있었으니까요.

그러나 전쟁을 직업으로 여기지 않은 이런 선한 남자들은 전쟁을 통해서 고역과 위험과 명예 외에는 아무것도 기대하지 않았습니다. 그렇기 때문에 그들은 충분히 명예롭다고 판단되는 순간에 고향으로 돌아가서 자신의 직업에 열심히 임하며 살기를 바라게 되지요.

신분이 낮고 군집적인 병사들에 대해 말하자면, 모두가 전쟁 수행에서 자발적으로 손을 뗐습니다. 그런 병사들은 군대에 몸담고 있지 않을 때에는 군대에 몸담기를 바라지 않았으며, 군대에 몸담고 있을 때에는 군역에서 자유로워지기를 바랐지요. 이것은 많은 관행과 일치합니다. 특히 로마인들이 시민들에게 부여한 첫 번째 특권이 로마 시민은 자신의 의지에 반하게 전투를 강요당하지 않는다는 것이었지 않습니까. 따라서 로마는 잘 조직되어 있는 동안(그라쿠스(Gracchus) 형제[13]의 시기까지로 여겨진다)에는 전투를 직업으로 택한 군인을 한 사람도 두지 않았지요. 그럼에도 소수의 사악한 군인들이 있었으며, 그들은 엄하게 다스려졌습니다.

---

13 형 티베리우스 그라쿠스(Tiberius Gracchus: B.C. 163(?)-B.C. 133)는 호민관으로 재직하며 농지개혁을 추진하다가 원로원의 보수주의자들에게 죽임을 당했으며, 동생 가이우스 그라쿠스(Gaius Gracchus: B.C. 160(?)-B.C. 121)도 B.C. 123년에 호민관으로 선출되어 민중을 위한 개혁을 추진하다가 죽임을 당했다.

따라서 잘 조직된 도시는 전쟁에 관한 이런 공부가 평화의 시기에는 그야말로 훈련을 위한 것으로 여겨지고, 전쟁의 시기에는 불가피한 일과 영광스런 일로 여겨지길 바라야 합니다. 로마가 그랬던 것처럼, 공중(公衆)만이 전쟁을 직업으로 여기는 것이 허용되어야 하지요. 그런 훈련에서 다른 목적을 추구하는 시민은 누구든 훌륭하지 않으며, 다른 방식으로 통치되는 도시는 어느 곳이든 제대로 질서가 잡혀 있지 않습니다.

코시모: 장군님께서 지금까지 하신 말씀에 아주 만족합니다. 장군님께서 내리신 이 결론은 저를 기쁘게 하고 있습니다. 공화국 입장에서 보면, 그것이 진리라고 믿습니다. 그러나 왕들에 대해 말하자면, 왕이 전쟁 수행을 직업으로 여기는 사람들을 옆에 두기를 원해서는 안 되는 이유가 아직 확실히 다가오지 않습니다.

파브리치오: 질서가 잘 잡힌 왕국은 그런 계략들을 피하기 위해 훨씬 더 많은 노력을 기울여야 합니다. 어느 전제 국가 안에서 그 계략들이 왕과 모든 장관들을 타락시킬 수 있으니까요. 그리고 나에게 현재의 어떤 왕국을 거론하며 그것과 정반대라는 식으로 말하지는 마십시오. 현재의 왕국들이 질서가 잡힌 왕국이라는 점을 나는 인정하지 않습니다.

질서가 바른 왕국은 왕에게 군사 문제 외에는 전권을 주지 않습니다. 군사 문제에서는 빠른 결정이 필요하고, 따라서 유일한 이 권리를 통치자가 가져야 합니다. 그러나 다른 문제들에서 왕은 협의를 거치지 않고는 어떤 일도 하지 못합니다. 왕과 협의하는 사람들은 왕이 평화의 시기에도 전쟁을 갈망하는 사람들을 가까이 두고 있을 수 있다는 사실에 늘 신경을 써야 합니다. 전쟁 없이는 살 수 없는 사람들을 말입니다.

그러나 나는 이 주제에 대해 조금 더 길게 논하며, 전적으로 훌륭한 왕국이 아니라 오늘날 존재하는 왕국들과 비슷한 왕국을 찾길 바라고 있습니다. 그런 왕국에서는 왕도 전쟁을 직업으로 택하는 사람들을 두려워해야 합니다. 틀림없이 군대의 힘줄이 보병이기 때문이지요.

만약 왕이 평화의 시기에 보병이 각자의 집으로 돌아가서 자신의 일을 돌보며 사는 것에 만족하는 쪽으로 다스리지 못한다면, 그 왕은 반드시 파멸을 맞게 되어 있습니다. 전쟁 수행을 직업으로 삼는 사람들로 구성된 보병보다 더 위험한 보병은 없으니까요. 그런 경우에 왕은 언제나 전쟁을 벌이거나, 병사들에게 급여를 지급하거나, 왕국을 빼앗길 위험을 감수해야 합니다. 늘 전쟁을 벌이는 것은 가능하지 않습니다. 병사들에게 늘 급여를 지급하는 것도 가능하지 않습니다. 따라서 왕은 반드시 나라를 잃을 위험을 자초하게 되지요.

내가 말한 바와 같이, 나의 로마인들은 그들이 현명하고 선했던 동안에는 시민들에게 전쟁 수행을 직업으로 삼는 것을 절대로 허용하지 않았습니다. 로마인들이 언제나 전쟁을 벌이고 있었기에 언제든 병사들을 부양할 수 있었는데도 말입니다. 그러나 지속적인 전쟁 수행이 그들에게 끼칠 수 있는 피해를 피하기 위해서, 로마인들은 시간을 마음대로 바꿀 수는 없으니 병사들을 바꾸었지요.

그래서 군단의 군인들이 15년마다 완전히 새로운 사람들로 바뀌었습니다. 병사들은 18세에서 35세 사이의 젊은이들이었지요. 그 나이에 병사들의 다리와 손과 눈은 서로 조화롭게 작동했지요. 훗날 타락했던 시대와 달리, 당시의 로마인들은 군인들의 힘이 약해질 때까지 기다리지도 않았고 군인들의 내면에 원한이 쌓일 때까지 기다리지도 않았습니다.

가장 먼저 옥타비아누스(Octavianus: B.C.63-A.D. 14)[14]가, 그 다음에 티

14　로마 황제 가이우스 율리우스 카이사르 아우구스투스(Gaius Julius Caesar Augustus)의 다른 이름이다.

베리우스(Tiberius Julius Caesar Augustus: B.C. 42-A.D. 37)가 공익보다 자신의 권력을 더 소중히 여기며 로마인들을 보다 쉽게 지배하기 위해 그들을 무장 해제시키고 동일한 군대를 제국의 변방에 지속적으로 주둔시키기 시작했습니다. 그들은 그것으로도 로마인들과 원로원을 견제하는 데 충분하지 않다고 판단했지요. 그래서 그들은 '근위대'라 불린 군대를 만들었답니다. 이 병사들은 로마의 성벽 가까운 곳에 주둔했으며, 그 도시 인근에서 하나의 성(城)의 역할을 맡았습니다.

옥타비아누스와 티베리우스가 그 군대에 배치된 남자들이 군사적인 일을 직업으로 삼는 것을 쉽게 허용했기 때문에, 이 남자들이 금방 오만해지는 결과가 나타났지요. 그들은 원로원에 위협적인 존재가 되었으며, 황제에게 피해를 입히게 되었지요. 그로 인해 많은 남자들이 오만한 태도를 보이다가 죽임을 당했습니다. 그들이 자신이 원하는 사람에게 제국을 주었다가 빼앗곤 했기 때문이지요. 그러다 보니 동시에 몇 개의 군대가 몇 명의 황제를 옹립하는 상황도 종종 벌어졌지요. 이런 상황에서, 먼저 제국의 분열이 일어났고 최종적으로 제국의 몰락이 빚어졌지요.

따라서 왕은 안전하게 살기를 원한다면 전쟁을 치를 필요가 있을 때 왕을 향한 사랑 때문에 왕을 위해 기꺼이 나서려는 남자들로 보병을 구성해야 합니다. 그런 남자들은 훗날 평화가 찾아오면 전쟁터에 나갈 때보다 더 열렬히 집으로 돌아가기를 원할 것입니다. 만약 왕이 전쟁이 아닌 다른 직업으로 살아가는 방법을 아는 남자들을 선택한다면, 일은 언제나 그런 식으로 진행되게 되어 있습니다. 따라서 왕은 평화가 오는 경우에 공작들은 백성을 다스리는 일로 돌아가고, 신사들은 자신의 소유물을 돌보는 일로 돌아가고, 보병들은 모두 각자의 직업으로 돌아갈 것이라고 기대해야 합니다. 그러면 이 사람들은 모두 평화를 지키기 위해서라면 기꺼이 전쟁을 벌이려 할 것이며, 전쟁을 벌이기 위해 평화를 어지럽히려 들지는 않을 겁니다.

코시모: 정말로, 장군님의 이 추론은 저에게는 아주 적절해 보입니다. 그럼에도 불구하고, 그것이 제가 지금까지 생각해 온 것과 정반대에 가깝다 보니, 저의 마음은 아직 모든 의문을 다 털어내지는 못하고 있습니다. 평화의 시기에 전쟁을 위한 훈련을 바탕으로 살아가는 귀족들과 신사들을 많이 보기 때문이지요. 장군님 같은 분이 공작과 공동체로부터 필요한 것을 공급받듯이 말입니다. 저는 또 도시와 요새의 수비대에도 무장한 남자들이 있는 것을 봅니다. 그래서 저의 눈에는 평화의 시기에도 그들 각자에게 어떤 자리가 있는 것처럼 보입니다.

파브리치오: 당신이 평화의 시기에 모두가 자리를 차지하고 있다는 말을 믿을 것이라고 나는 생각하지 않습니다. 그들이 그 자리에 다른 이유로 주둔할 수도 있으며, 당신이 언급한 자리에 남아 있는 사람들이 소수라는 사실이 당신의 질문에 대답할 것입니다.

전시에 필요한 보병의 숫자는 평화의 시기의 보병보다 얼마나 더 많겠습니까? 평화의 시기에도 요새와 도시에 병사들이 주둔하긴 하지만, 전시에는 그 숫자가 훨씬 더 커집니다. 거기에다가 들판에 배치된 엄청난 수의 병사들을 더해야 하지만, 이 병사들 모두는 평화의 시기에 그 자리에서 철수합니다.

그리고 작은 숫자인 국가 수비대에 대해 말하자면, 율리우스(Julius: 1443-1513) 2세 교황과 당신은 전쟁 외에 다른 일을 모르는 사람들이 얼마나 무서운지를 모든 사람들에게 잘 보여주었지요. 당신도 그런 사람들의 오만을 이유로 당신의 수비대에서 그들을 배제하고 거기에 스위스 사람들을 배치했습니다. 그 스위스 사람들은 법의 지배 아래에서 태어나 그런 분위기에서 성장하고 공동체에 의해 공정한 방법으로 선택된 사람들입니다. 그러니 평화의 시기에도 모든 사람이 자리를 차지한다는 말은 더는 하지 말기를 바랍니다.

중기병(重騎兵)에 대해 말하자면, 그들 모두가 평화의 시기에도 급여를 받기 때문에, 대답이 조금 어려울 것 같습니다. 그럼에도, 모든 것을 세심하게 고려하는 사람이라면 누구나 그 대답을 쉽게 발견할 것입니다. 무장한 남자들을 계속 보유하는 것은 타락한 현상이지 훌륭한 현상은 절대로 아닙니다. 이유는 간단합니다. 그들이 뚜렷한 어떤 기술이나 직업을 갖지 않은 남자들인 탓에, 그들이 존재하는 국가에서는 매일 수많은 악들이 생겨나기 때문이지요.

만약 그들이 아주 큰 집단을 형성한다면, 악들은 더욱더 심해질 것입니다. 그러나 그런 남자들이 소수이고 스스로 군대를 이루지는 못하기 때문에, 그들은 심각한 피해를 입히지는 않습니다. 그럼에도 불구하고, 내가 프란체스코와 그의 아버지 스포르차, 그리고 브라초 다 몬토네에 대해 말했듯이, 그들은 여러 차례 피해를 입혔습니다. 그래서 나는 무장 병사들을 두는 관습을 인정하지 않습니다. 그것이 타락한 관행이기도 할 뿐만 아니라 심각한 악까지 야기하기 때문입니다.

코시모: 장군님께서는 그런 병력을 두지 않으실 생각입니까? 혹시 둔다면, 그들을 어떤 식으로 유지할 것입니까?

평화나 전쟁을 지나치게 사랑하는 사람들을 경계하라

파브리치오: 민병대 같은 것을 두겠습니다. 그러나 프랑스 왕[15]의 민병

---

15 1515년에 루이(Louis) 12세로부터 왕위를 물려받은 프랑수아(François) 1세(1494-1547)를 말한다.

대와는 달라야 합니다. 프랑스 왕의 민병대도 우리의 것처럼 위험하고 오만하기 때문이지요. 나의 민병대는 고대인들의 민병대와 비슷할 것입니다. 고대인들은 자신의 신민들로 기병을 조직하곤 했지요. 평화의 시기에는 기병을 집으로 돌려보내 각자의 생업에 종사하도록 했습니다. 이 토론을 끝내기 전에, 이 문제에 대해 길게 논하게 될 것입니다. 그래서 만약 군대의 이 부분이 평화의 시기에도 군사적인 일로 살아갈 수 있다면, 그 같은 관행은 부패한 질서에서 비롯되지요.

나를 포함한 다양한 지휘관들에 대한 물자 지원에 대해 말하자면, 나는 이것도 마찬가지로 대단히 부패한 제도라고 말하고 싶습니다. 현명한 공화국은 누구에게도 물자를 지원해서는 안 되며, 전시에는 시민들을 지휘관으로 쓰되 평화를 되찾는 경우에 그들에게 본업으로 돌아갈 것을 요구해야 합니다. 따라서 현명한 왕도 그들에게 물자를 주지 않아야 하며, 만약 그런 것을 지원한다면 그 이유는 탁월한 어떤 행위에 대한 보상이거나, 그런 사람을 전시뿐만 아니라 평화의 시기에도 적절히 이용하기 위함이어야 합니다.

당신이 나를 언급했기 때문에, 나 자신을 예로 들도록 하겠습니다. 나는 전쟁을 직업으로 여기며 수행한 적이 한 번도 없었습니다. 나의 직업은 백성들을 통치하고 그들을 지키는 것이지요. 그들을 안전하게 지키기 위해, 나는 평화를 사랑해야 하지만 전쟁을 치르는 방법도 알아야 합니다.

나의 왕은 내가 전쟁에 대해 잘 알고 있다는 이유보다는 평화의 시기에 조언하는 방법을 알고 있다는 이유로 나에게 보상하고 나를 평가하고 있습니다. 따라서 스스로 현명한 존재가 되어 국민들을 사려 깊게 통치하기를 원하는 왕이라면 누구나 성격이 그런 식으로 형성되지 않은 사람을 곁에 두기를 원하면 안 됩니다. 왕이 평화를 사랑하는 사람을 너무 많이 두거나 전쟁을 사랑하는 사람을 너무 많이 곁에 두고 있으면, 그 사람들 때문에 왕이 오류를 범하게 되기 때문이지요.

나는 이 첫 번째 토론에서 나의 제안에 따라 이 외에 다른 것에 대해서는 말할 수 없습니다. 만약 이것으로 당신에게 충분하지 않다면, 당신을 더욱 충실히 만족시킬 수 있는 다른 사람을 찾아야 할 것입니다. 당신은 고대의 방법들을 현재의 전쟁 속으로 끌어들이는 것이 얼마나 어려운 일인지를, 현명한 사람이 무엇을 준비해야 하는지를, 그리고 그가 그 방법들을 현실로 실행하기 위해 어떤 기회들을 기대할 수 있는지를 확인하기 시작했습니다. 만약 고대의 제도의 어느 부분을 현재의 질서 속으로 끌어들이는 작업에 관한 토론이 당신을 지치게 하지 않는다면, 당신은 그런 것들에 대해 점진적으로 더 깊이 알게 될 것입니다.

코시모: 처음에 이 문제들에 대한 장군님의 설명을 듣기를 원했지만, 장군님께서 지금까지 밝히신 내용은 오히려 그 욕망을 배로 키워 놓았습니다. 따라서 장군님께 지금까지 들은 내용에 대해 감사의 뜻을 전하고, 나머지에 대해서도 설명을 간청하는 바입니다.

파브리치오: 이 토론이 당신을 만족시키고 있다고 하니, 처음부터 이 문제를 더욱 쉽게 이해할 수 있도록 보다 완전하게 드러내서 보여주는 방향으로 다루도록 하겠습니다. 전쟁을 일으키길 원하는 사람들의 목적은 모든 종류의 적들과 들판에서 싸워 전투에서 승리를 거두는 것이지요. 그러기 위해서, 그 사람들은 군대를 조직해야 합니다. 군대를 조직하려면, 남자들을 모으고, 그들을 무장시키고, 그들을 조직하고, 그들을 작거나 큰 전투에 맞게 훈련시키고, 그들에게 잠자리를 제공하고, 후에 그들을 정지 상태나 행군 중에 적에게 노출시켜야 합니다. 야전(野戰)의 모든 노력은 이런 것들로 이뤄져 있으며, 야전은 가장 필요하고 또 가장 명예로운 것으로 여

겨지지요.

그들이 전쟁을 다루며 저지를 수 있는 다른 오류들은 적과 전투를 잘 치르는 방법을 아는 사람에 의해 어느 정도 상쇄될 수 있습니다. 그러나 전투를 위한 훈련을 제대로 거치지 않은 사람은 설령 다른 특별한 것들에서 매우 가치 있는 존재일지라도 절대로 전쟁을 명예롭게 수행하지 못합니다. 왜냐하면 당신이 승리한 한 번의 전투가 당신의 모든 그릇된 행동을 상쇄하듯이, 당신이 어느 한 전투에서 패배하면, 그때까지 당신이 잘 한 모든 것이 물거품이 되어 버리기 때문이지요.

따라서 먼저 병사들을 찾아야 하기 때문에, 당신은 병사들을 모집하는 일부터 해야 합니다. 우리는 그 행위를 '선발'이라고 부르지만, 나는 그 행위를 고대인들처럼 보다 명예로운 이름으로 부르기 위해 '델레토'(deletto)[16]라는 표현을 썼으면 합니다.

전쟁을 위한 규정을 정하는 사람들은 기후가 온화한 나라들의 남자들을 선택하기를 원합니다. 그런 나라의 남자들이 기백이 살아 있고 사려가 깊기 때문이지요. 한편, 더운 나라의 남자들은 사려 깊지만 기백이 없고, 추운 나라의 남자들은 기백은 있지만 사려가 깊지 못해요. 이런 규정은 전 세계를 지배하는 어느 한 군주를 위한 것이며, 따라서 그 군주 개인에게는 가장 적절해 보이는 곳에서 남자들을 데려오는 것이 허용되지요. 그러나 누구나 이용할 수 있는 규정을 작성하길 원하는 사람은 모든 공화국과 모든 왕국은 열대 지역이든, 냉대 지역이든, 온대 지역이든, 반드시 자기 나라에서 병력을 선택해야 한다고 적어야 합니다.

고대의 예들을 근거로 할 때, 모든 나라에서 훌륭한 군인은 훈련에 의해 만들어집니다. 왜냐하면 천성이 결여된 곳에서 근면이 천성을 보완하기

---

16 징병이라는 뜻의 이탈리아어 단어로, 라틴어 'delectus'에서 비롯되었다.

때문이지요. 군인에게는 근면이 천성보다 월등히 더 가치 있습니다.

그리고 다른 나라의 남자들을 선택하는 것은 델레토라고 불릴 수 없습니다. 델레토가 한 속주에서 가장 훌륭한 사람들을 선택하는 것을, 또 군에서 복무하기를 원하는 사람뿐만 아니라 원하지 않는 사람들까지도 선택할 수 있는 권력을 갖는 것을 의미하기 때문이지요. 그러므로 당신에게 종속된 곳이 아니라면, 델레토는 있을 수 없습니다. 당신의 나라가 아닌 곳에서는 당신이 원하는 사람을 고를 수 없으며 당신에게 오기를 원하는 사람들만 받을 수 있을 뿐입니다.

코시모: 장군님에게 오기를 원하는 사람들에 대해서도, 그들 중에서 일부는 받아들여지고 일부는 거부당할 것이기 때문에, 델레토라고 불러도 괜찮을 것 같습니다.

정예 군인은 자국 국민으로만 선발

파브리치오: 어떻게 보면 당신의 말도 맞다고 할 수 있습니다. 하지만 그런 델레토 자체가 안고 있는 결함을 고려해 보시길 바랍니다. 그것이 델레토가 아니라는 것이 종종 확인됩니다.

가장 먼저 고려할 사항은 당신의 신민이 아니라서 기꺼이 싸우려 하지 않을 사람은 최고에 속할 수 없다는 사실입니다. 오히려 속주에서 가장 뒤떨어지는 부류에 속하지요. 만약 누구라도 문제를 일으키고, 게으르고, 인내심 없고, 종교가 없고, 제국의 지배를 피하고, 불경스럽고, 도박을 즐기고, 모든 면에서 잘못 성장했다면, 그 사람은 기본적으로 싸우기를 원하는 사람입니다. 이런 습관은 진정하고 훌륭한 군인의 삶과 정반대지요.

그런 사람들이 당신이 예상한 숫자보다 훨씬 더 많을 수 있습니다. 그러면 당신이 그들 중에서 선택할 수 있겠지만, 집단 자체가 별로인데, 델레토가 훌륭할 수 있겠습니까? 그러나 그들의 숫자가 당신이 필요로 하는 숫자보다 적은 경우가 자주 있습니다. 그런 경우에 당신은 어쩔 수 없이 그들을 다 받아들여야 하는 상황에 처합니다. 그러면 그것은 더 이상 델레토라 불릴 수 없으며, 그냥 보병을 고용하는 것에 지나지 않습니다.

이탈리아와 그 외의 다른 곳들의 군대는 오늘날 이런 악의 요소들을 안고 있습니다. 독일만 예외일 뿐이지요. 그곳에서는 어느 누구도 군주의 명령에 의해 입대하지 않으며, 싸우길 원하는 사람 본인의 소망에 따라서만 입대가 이뤄지고 있습니다. 그러니 이제 고대 군대들의 어떤 방법들이 오늘날 비슷한 방식으로 구성된 남자들의 군대에 도입될 수 있는지를 생각해 봅시다.

코시모: 그렇다면, 어떤 길을 택해야 합니까?

파브리치오: 내가 방금 말한 대로 하면 됩니다. 당신의 신민 중에서 군주의 권위를 바탕으로 선택하면 되지요.

코시모: 그런 식으로 선택된 병사들을 대상으로 고대의 어떤 형태를 도입할 수 있습니까?

파브리치오: 당신도 잘 알고 있어요. 공국이라면, 병사들을 지휘하는 사람은 그들의 군주이거나 평범한 귀족이어야 합니다. 공화국이라면, 시민이 지휘관을 맡아야 하지요. 그렇게 하지 않으면, 그 일을 훌륭하게 해내기가 어렵습니다.

코시모: 왜 그렇습니까?

파브리치오: 그 이유를 설명할 때가 올 것입니다. 당분간은 그 외의 다른 방식으로는 좋은 결과를 얻지 못한다는 말로 충분할 것 같습니다.

군 복무에 적합한 자원

코시모: 델레토로 자기 나라의 자원을 이용해야 한다면, 장군님께서 판단하시기에 그들을 도시와 시골 중 어디서 끌어내는 것이 좋습니까?

파브리치오: 이 문제에 관한 글을 쓴 사람들은 모두 병력을 시골에서 고르는 것이 더 낫다는 데 동의하고 있습니다. 시골 지역의 남자들이 불편에 익숙하고, 힘든 일을 하며 성장했고, 햇빛에 노출되는 것에 익숙하기에 그늘을 피하고, 연장을 다룰 줄 알고, 호를 파는 방법을 알고, 짐을 옮길 줄 알고, 교활함이나 적의를 모르기 때문입니다.

그러나 이 주제에 관한 나의 의견은 이렇습니다. 군인은 두 부류가 있지요. 걸어 다니는 군인과 말을 타고 다니는 군인이 있습니다. 걸어 다녀야 하는 군인은 시골에서, 말을 타고 다니는 군인은 도시에서 뽑는 것이 바람직합니다.

코시모: 장군님께서는 어떤 연령대에서 병력을 선발하십니까?

파브리치오: 완전히 새로운 군대를 조직해야 한다면, 17세에서 40세 사이의 남자들 중에서 선택할 것입니다. 이미 군대가 존재하고 있는데 병력을 보충해야 하는 상황이라면, 늘 17세 남자들 중에서 뽑겠습니다.

코시모: 이 구분이 잘 이해되지 않습니다.

파브리치오: 그럼 설명하지요. 군대가 없는 곳에서 군대를 조직해야 한다면, 군역이 가능한 연령 안에서 능력이 보다 뛰어난 남자들을 두루 선택할 필요가 있습니다. 앞으로 말하게 되겠지만, 그래야만 가르치는 일이 쉬워져요. 그러나 이미 군대가 존재하는 곳에서 그 군대를 보충하기 위해 델레토를 선발하는 상황이라면, 17세인 사람들을 선택하겠습니다. 다른 사람들은 이미 선택되었거나 등록되었을 수 있기 때문이지요.

코시모: 그렇다면 장군님께서는 우리의 여러 나라들에 존재하는 것과 비슷한 민병대를 만들기를 원하시는 것 같습니다.

파브리치오: 맞습니다. 그럼에도, 내가 그들을 무장시키고, 지휘하고, 훈련시키고, 조직하려는 방법이 당신이 채택한 방식과 비슷한지 여부는 솔직히 잘 모르겠습니다.

코시모: 그렇다면 장군님께서는 민병대를 칭송하십니까?

파브리치오: 왜 내가 그걸 비난하길 원하지요?

코시모: 많은 현명한 남자들이 언제나 민병대를 비난했기 때문입니다.

파브리치오: 현명한 사람이 민병대를 비난했다고 하면서, 당신은 모순적인 말을 하고 있습니다. 그 사람이 현명하면서도 잘못 판단할 수 있다는 것을 보여주기 때문이지요.

코시모: 그 사람들의 그릇된 결론이 언제나 우리가 그런 의견을 갖도록 할 것입니다.

파브리치오: 그것은 당신의 잘못이 아니라 그 사람들의 잘못이라는 것을 알아야 합니다. 당신은 이 토론이 끝나기 전에 그 같은 사실을 깨닫게 될 것입니다.

코시모: 장군님께서는 너무도 감사한 일을 하고 계십니다. 그러나 저는 그들이 민병대를 비난하기 때문에 장군님께서 그것을 더욱 멋지게 정당화할 수 있을 것이라는 점을 말하고 싶었을 뿐입니다. 그것을 비난하는 사람들은 이렇게 말합니다. 민병대가 쓸모없기 때문에 그것을 신뢰했다가는 나라를 잃게 되거나, 민병대의 역량이 대단하기 때문에 그것을 지배하는 자가 그것을 이용해 쉽게 국가를 탈취하게 될 것이라고 말입니다.

그들은 자신의 무기 때문에 자유를 잃어버린 로마인을 예로 듭니다. 또 그들은 베네치아 사람들과 프랑스의 왕을 예로 듭니다. 베네치아 사람들은 자신의 시민들 중 한 사람에게 복종하는 일을 피하기 위해 다른 나라 사람들의 무기를 이용했고, 프랑스 왕은 자신의 국민들을 보다 쉽게 지휘하기 위해 그들을 무장해제 시켰다고 합니다.

그러나 그들은 민병대의 무용함을 훨씬 더 두려워합니다. 그 근거로 두 가지 중요한 이유가 제시되고 있습니다. 한 가지 이유는 민병대의 군인들이 비전문가라는 것이고, 다른 한 이유는 그들이 강제로 싸우게 되어 있다는 점입니다. 그 군인들이 위대한 사람들로부터 어떤 것도 배우지 못했으며, 선한 일은 절대로 강제로 행해질 수 있는 것이 아니기 때문이랍니다.

일등 군인은 만들어진다

파브리치오: 당신이 언급하는 이유들은, 내가 분명히 보여주겠지만, 모두 앞을 멀리 내다보지 않는 남자들로부터 나온 것입니다. 먼저 민병대의 유용함에 대해 말하자면, 나는 어떤 군대도 당신 자신의 군대보다 더 유용할 수 없다고 말합니다. 그리고 당신 자신의 군대는 이 방법 외에 다른 방법으로는 조직될 수 없습니다. 이것은 반박할 수 없는 것이기에, 나는 거기에 시간을 낭비하지 않을 것입니다. 고대의 역사에 등장하는 모든 예들이 우리를 뒷받침하고 있지요.

그리고 그들이 무경험과 강제를 언급하기 때문에, 나는 무경험이 적절한 기백의 결여를 낳고 강제가 불만을 낳는다고 말하고 싶습니다. 그러나 그들을 무장시키고 훈련시키고 조직하는 방법을 통해서 그들이 기백과 경험을 갖추도록 할 수 있지요. 토론이 진행됨에 따라, 당신은 그것을 확인하게 될 것입니다.

그러나 강제에 대해 말하자면, 당신은 남자들이 군주의 명령에 따라 오기 때문에 전적으로 강제에 의해서든 전적으로 자의에 의해서든 어쨌든 군대에 와야 한다는 사실을 이해해야 합니다. 완전히 자신의 의지로 군에 오는 것은 내가 앞에서 언급한 그런 불편을 낳지요. 그들 중에 돌아가는 사람이 극소수이기 때문에, 그것은 델레토가 아닙니다. 마찬가지로 완전한 강제도 나쁜 결과를 낳습니다. 따라서 중도의 길을 취해야 합니다. 완전한 강제도 없어야 하고, 완전히 자신의 의지로 오는 사람도 없어야 합니다.

군대에 오는 남자들은 군주에게 품고 있는 존경에 이끌려서 와야 합니다. 그런 곳에서는 남자들이 현재의 고통보다 군주의 멸시를 더 두려워하지요. 의지가 반 정도 섞인 충동 같은 것이 언제나 있습니다. 그런 충동으로부터는 나쁜 결과를 야기할 불만이 나올 수 없습니다. 그럼에도 나는 이런 식으로 구성된 군대가 패배할 수 없다고 주장하지는 않습니다.

로마의 군대도 여러 번 정복당했고, 카르타고의 한니발(Hannibal: B.C. 247(?)-B.C. 183(?))의 군대도 정복당했습니다. 절대로 패배할 수 없다고 장담할 수 있는 방향으로 조직되는 군대는 절대로 있을 수 없답니다. 그러므로 당신이 말한 그 현명한 남자들은 민병대의 유용성을 한 번 패배한 사실을 기준으로 평가해서는 안 됩니다. 그럴 게 아니라, 그들은 자신이 패할 수 있는 것과 마찬가지로, 승리를 거둠으로써 그 패배의 원인을 바로잡을 수 있다고 믿어야 하지요.

만약 패배를 깊이 들여다보며 신중하게 검토한다면, 그들은 그 실패가 수단의 결함 때문에 일어난 것이 아니라 충분히 완벽하지 않은 조직 때문에 일어난 것이라는 사실을 확인할 수 있습니다. 내가 말한 바와 같이, 그들은 민병대를 비난할 것이 아니라 그 조직을 바로잡는 방법을 제시하는 쪽으로 당신을 도와야 합니다. 그것을 어떻게 바로잡는지에 대해, 당신은 점차 알게 될 것입니다.

그런 조직의 우두머리가 된 개인에게 나라를 빼앗길 수도 있다는 두려움에 대해 말하자면, 나는 법이나 조례를 근거로 해서 시민들이나 신민들에게 주어진 무기는 절대로 해를 끼치지 않는다고 대답하겠습니다. 오히려 그런 무기는 언제나 유용하며, 도시들은 종종 그런 무기를 갖추고 있지 않을 때보다 갖추고 있을 때 더 온전하게 지켜집니다. 로마는 무장한 채 400년 동안 자유로운 상태로 지냈고, 스파르타는 800년 동안이나 자유롭게 지냈습니다. 그 외의 다른 많은 도시들은 무장하지 않은 상태로 지내다가 채 40년도 자유롭게 지내지 못했습니다. 도시들은 무장을 필요로 하기 때문입니다.

　그래서 도시들은 자체 무기가 없을 때에는 외국인들로부터 무기를 빌립니다. 그런데 외국인의 무기는 자국 시민들의 무기보다 공익을 더 쉽게 해칩니다. 외국인들의 무기가 더 쉽게 부패하고, 강력해진 한 시민에게 더 신속하게 이용당할 수 있기 때문이지요. 이 시민은 무장하지 않은 남자들을 누르기만 하면 되기 때문에 시민들을 비교적 쉽게 다룰 수 있습니다.

　이 외에, 외국인의 무기를 이용하는 도시는 하나의 적이 아니라 두 개의 적을 두려워해야 합니다. 그런 도시는 곧 그 도시의 시민들뿐만 아니라 도시가 고용한 외국인들까지 두려워해야 합니다. 그 증거로는 내가 조금 전에 프란체스코 스포르차에 대해 말한 내용을 떠올리면 됩니다.

　자체의 무기를 이용하는 도시는 시민들 외에 다른 것을 두려워할 필요가 없습니다. 그러나 제시할 수 있는 온갖 근거들 중에서, 나는 이것을 강조하고 싶습니다. 공화국이나 왕국을 건설한 인물 중에서 자기 나라 국민이 자국의 무기로 나라를 지켜야 한다고 생각하지 않은 사람은 단 한 사람도 없었다는 점을 말입니다. 만약 베네치아 사람들이 이 측면에서도 다른 제도에서만큼 현명한 모습을 보였더라면, 그들은 아마 세상에 새로운 군주제를 탄생시켰을 것입니다. 그러나 그들은 창설자들에 의해 무장된 첫 번째 국가였던 탓에 비난을 훨씬 더 많이 들었지요.

베네치아 사람들은 육지에서 지배력을 확보하지 못했기 때문에 바다에서 무장을 했습니다. 해상에서 그들은 역량을 제대로 발휘하며 전쟁을 치렀으며, 무력을 바탕으로 국가를 넓혀 갔습니다. 그러나 그들이 빈첸차를 방어하기 위해 지상전을 치러야 할 때가 되었을 때, 거기서 싸울 군대의 지휘관으로 시민을 보내야 했는데도 그들은 외국인인 만토바 후작(Marquis of Mantova)[17]을 보냈지요. 이것은 베네치아 사람들이 더 높이 올라가고 더 넓게 팽창할 수 있는 길을 막은 불길한 정책이었지요.

만약 베네치아 사람들이 해전을 치르는 방법을 잘 알지라도 지상전을 잘 치를 자신이 없다는 판단에서 그런 정책을 택했다면, 그것은 현명하지 못한 믿음이었습니다. 왜냐하면 바람과 물과 인간을 상대로 싸우는 데 익숙한 해군 지휘관이 인간만을 상대로 전투가 벌어지는 육지에서 지휘자가 되는 것이, 거꾸로 육지의 지휘관이 해상의 지휘관이 되는 것보다 훨씬 더 쉽기 때문이지요. 그리고 해상이 아니라 육상에서 싸우는 법을 잘 알고 있었던 나의 로마인들은 해전에 뛰어난 카르타고 사람들과 전쟁을 벌여야 하는 상황에 처하자, 해상 경험이 많은 그리스인이나 스페인 사람들을 참전시키지 않고 지상전에 익숙했던 자기 시민들에게 변화를 강요해 결국 승리를 거두었지요.

만약 베네치아 사람들이 시민들 중 한 사람이 독재자가 되는 길을 막기 위해 그렇게 했다면, 그것은 고려할 필요가 거의 없는 두려움이었습니다.

---

17 잔프란체스코 1세 곤자가(Gianfrancesco I Gonzaga: 1366~1407)는 1382년부터 1407년까지 만투바를 통치했으며 군사 지도자이기도 했다. 그는 1404년에 베네치아 공화국을 위해서 빈첸차를 정복했다.

외국인을 참전시키는 제안과 관련해서 조금 전에 언급한 다양한 이유들 외에, 만약 해상에서 무기를 사용하는 데 탁월한 시민이 해안 도시에서 독재자가 된 적이 한 번도 없었다면, 그가 육지에서 무기를 사용하는 데 탁월하더라도 독재자가 될 가능성은 그보다 더 떨어지기 때문이지요. 이것을 근거로, 베네치아 사람들은 시민들의 손에 들린 무기가 독재자를 만들어 내지는 않지만 정부의 사악한 제도들은 도시에 독재를 야기할 수 있다는 것을 확신할 수 있어야 합니다. 베네치아 사람들은 훌륭한 정부를 갖고 있었기 때문에 시민들의 손에 들린 무기를 두려워할 필요가 없었지요. 그러나 그들은 무분별한 정책을 채택했고, 그로 인해 영광과 행복을 크게 상실하게 되었지요.

앞에서 살핀 내용을 바탕으로, 프랑스 왕이 국민들을 전쟁에 대비해 훈련을 시키지 않음으로써 저지른 잘못에 대해 말하자면, 그 잘못이 왕국에 있고 그 같은 태만이 왕국을 약화시켰다고 판단하지 않는 사람은 한 사람도 없습니다. 그러나 지금 내가 주제로부터 너무 멀리 벗어난 것 같습니다. 당신의 질문에 대답하다 보니 그렇게 된 것 같군요. 자국 무기 외에 다른 무기에 의존하는 것은 절대로 불가능하다는 사실을 보여주려는 마음이 앞섰던 탓입니다.

자국 무기는 민병대가 아닌 다른 방법으로는 확립될 수 없습니다. 어느 곳에서든 민병대가 아닌 다른 군대의 형태가 도입될 수 없습니다. 군사 훈련도 마찬가지이지요. 만약 당신이 초기의 왕들, 특히 세르비우스 툴리우스(Servius Tullius: B.C. 6세기)가 로마에서 확립한 조직에 대해 읽는다면, 계급 서열이 곧 도시 방어를 위해 군대를 신속히 조직하는 배열에 지나지 않는다는 사실이 확인될 것입니다.

그러나 델레토로 돌아가면서, 나는 기존의 조직을 보충해야 하는 경우에

17세 남자들을 선택할 것이지만, 조직을 새로 만들어야 한다면 그들을 신속히 이용하기 위해서 17세에서 40세 사이의 모든 남자들을 선택할 것이라는 점을 다시 강조하고 싶습니다.

군인들은 어떤 직종에서 선택하는가

코시모: 병력을 선택하실 때 특별히 직업에 차이를 둡니까?

파브리치오: 이 저자들은 그렇게 합니다. 그들이 새 사냥꾼과 어부, 요리사, 뚜쟁이를 원하지 않고, 오락을 직업으로 삼는 사람이면 누구든 받아들이기 때문입니다. 그들은 땅을 경작하는 사람들 외에 금속 세공인과 대장장이, 목수, 푸주한, 사냥꾼들을 원합니다.

직업을 바탕으로 사람의 됨됨이를 짐작하는 것에 대해 말하자면, 나는 그들 사이에 차이를 거의 두지 않고 있음에도 사람들을 보다 유용하게 쓰기 위해서 분명히 그렇게 하고 있습니다. 군이 이유를 댄다면, 땅을 가꾸는 데 탁월한 농민은 다른 누구보다 쓸모가 많지요. 군에서는 농민이 다른 어떤 직업보다 쓰임새가 많습니다. 그 뒤를 금속 세공인과 목수, 대장장이, 구두 제조자가 따릅니다. 군대가 그런 사람들을 많이 보유할수록 좋지요. 그들의 기술이 다양한 곳에 쓰이기 때문입니다. 군인 한 사람에게서 두 가지 이상의 기능을 끌어낼 수 있다는 사실은 대단히 훌륭한 강점이지요.

훌륭한 군인을 판별하는 방법

코시모: 군 복무에 적합한 사람 또는 적합하지 않은 사람을 어떻게 알아보십니까?

파브리치오: 나중에 군대로 바꿀 목적으로 새로운 민병대를 선택하는 방법에 대해 말하고 싶습니다. 기존에 존재하는 민병대의 인원을 보충하는 방법에 대한 설명은 부분적으로 끝났으니까요. 따라서 당신이 군인으로 선택할 사람의 우수성은 그 사람의 두드러진 행동을 직접 경험함으로써 알게 되거나 짐작으로 알게 됩니다.

새로 선택되거나 예전에 선택된 적이 한 번도 없는 남자들에게서는 그들의 역량을 뒷받침하는 증거가 발견될 수 없습니다. 새로 확립되고 있는 조직에서는 예전에 선택된 사람은 거의 또는 전혀 발견되지 않습니다. 따라서 직접적인 경험이 부족한 탓에 그들의 나이와 직업, 신체적 외모를 바탕으로 짐작하는 수밖에 없습니다.

나이와 직업에 대해서는 이미 논했으니, 세 번째, 즉 신체적 외모에 대해서만 설명하기로 하겠습니다. 한 예로, 일부 사람들은 덩치가 큰 군인들을 원했지요. 그리스의 장군 피로스(Pyrrhus: B.C. 319-B.C. 272)도 그랬습니다. 다른 사람들은 육체의 힘만을 근거로 선택했지요. 카이사르도 그런 예입니다.

육체의 힘은 신체 부위들의 구성과 외관의 우아함을 근거로 짐작할 수 있습니다. 그래서 이 주제에 대해 글을 쓰는 사람들 중 일부는 군인이 갖춰야 할 것으로 밝고 활기찬 눈과 튼튼한 목, 큰 가슴, 근육질의 팔, 긴 손가락, 작은 배, 단단한 엉덩이, 매끈한 다리와 발을 제시하고 있습니다. 다리와 발은 언제나 남자를 강하고 민첩하게 만드는 신체 부위이지요. 그렇기 때문에 그 부위는 군인을 선택하는 사람들이 다른 어떤 것보다 특별히 관심을 쏟는 곳이기도 합니다.

무엇보다 그 사람의 습관을 유심히 지켜봐야 합니다. 습관을 보면 정직과 수치심을 느끼는지 여부가 드러납니다. 그런 과정을 거치지 않으면, 곧

치 아픈 문제를 일으키는 말썽꾸러기와 타락의 씨앗을 선택하게 됩니다. 부정직한 교육과 야비한 정신에 칭찬할 만한 미덕이 일부라도 존재한다고 믿는 사람은 없지요.

내가 보기에, 고대 로마 제국의 집정관들이 직무를 시작할 때 로마 군단을 선택하며 준수했던 방법을 당신에게 들려주는 것도 부적절하지 않을 것 같군요. 아니, 당신이 병사들을 선택하는 과정의 중요성을 더 잘 이해하기 위해서는 그 방법을 알 필요가 있을 것 같습니다. 이 델레토는 전쟁이 계속되었던 탓에 새로운 병사들과 재향 군인들 중에서 선택되어야 했기 때문에, 로마의 집정관들은 재향 군인은 경험을 바탕으로, 새로운 병사들은 짐작을 바탕으로 선택했습니다. 그리고 이 점이 강조되어야 합니다. 이 델레토가 즉각 훈련을 시켜 활용하거나 미래에 활용할 목적으로 구성된다는 사실 말입니다.

나는 지금까지 미래에 활용할 목적으로 구성하는 델레토에 대해 말해 왔고 앞으로도 그럴 것입니다. 나의 의도가 군대 조직이 전혀 없는 나라들에서 군대를 조직하는 방법을 당신에게 보여주는 것이기 때문입니다. 그런 나라에서는 지금 당장 활용할 델레토를 구성할 수 없지요. 그러나 군대를 소집하는 것이 관습으로 자리 잡은 나라들에서는 군주가 소집하면 델레토가 존재하게 됩니다. 그런 델레토가 로마에서도 관찰되었으며, 오늘날 스위스에서도 관찰되고 있습니다. 그런 델레토의 경우에, 군사 조직을 전혀 모르는 남자들이 있는 반면에 군사 조직에 익숙한 남자들도 많지요. 그렇기 때문에 그 델레토는 새로운 사람들과 군대 조직을 잘 아는 사람들이 서로 결합하며 단결력 강한 훌륭한 집단을 만들어냅니다.

그럼에도 불구하고, 군인의 근무지를 고정시키기 시작했을 때, 황제들은 '티로니'(tironi)라 불린 교관을 정해서 신병들의 훈련을 책임지도록 했지요. 율리우스 베루스 막시무스(Julius Verus Maximus) 황제(재위 A.D. 235-238)의 삶에서 그런 예가 보입니다. 로마가 자유로운 동안에, 이 제도는 군대가 아니라 도시에서 실시되었지요. 로마에서는 젊은이들이 참가하는 군사 훈련이 관례였기 때문에, 그들은 나중에 선발되어 전쟁터로 나가면 모의 훈련에서 익힌 전투 방법을 실전에 쉽게 활용할 수 있었답니다.

그러나 훗날 이 황제들이 이런 훈련을 중단시켰을 때, 내가 당신에게 설명한 그 방법들을 채택할 필요성이 제기되었지요. 이제야 로마의 군인 선발 방법에 대해 논할 때가 되었군요.

전쟁 수행이라는 중요한 임무를 떠안은 로마의 집정관들은 직무를 시작하자마자, 자신의 군대를 조직하길 원하며(각각의 집정관이 로마인들로 구성된 2개의 군단을 갖는 것이 관례였으며, 이 로마인들이 군대의 중추적인 역할을 맡았다) 24명의 트리부누스 밀리툼(tribunus militum)[18]을 구성했지요. 이들은 오늘날 우리가 무관장(武官長: constable)이라고 부르는 사람들이 행하는 일을 했으며, 군단마다 6명씩 배치되었습니다.

집정관들은 무기를 휴대할 수 있는 로마의 남자들을 모두 한자리에 집합시켰으며, 각 군단에 트리부누스 밀리툼을 배치했지요. 그런 다음에 집정관들은 추첨으로 가장 먼저 선택의 대상이 될 부족을 골랐으며, 그 부족 중에서 가장 훌륭한 남자 4명을 선택했지요. 이 4명 중 1명이 제1 군단의 트리부누스에 의해 선택되고, 다른 3명 중 1명이 제2 군단의 트리부누스에 의해 선택되었으며, 나머지 2명 중 1명은 제3 군단의 트리부누스에 의해 선택되었으며, 마지막 1명은 제4 군단에 소속되었지요.

이 4명 다음에 다른 4명이 선택되었지요. 그 중 한 사람은 제2 군단의 트

---

18 '병사들의 장'이란 뜻을 지닌, 로마군 장교 계급 중 하나이다. '레가투스'(legatus: 군단 지휘관)보다는 낮고 '켄투리오'(centurio: 백인대장)보다는 높다.

리부누스에 의해 선택되고, 또 한 사람은 제3 군단의 트리부누스에 의해, 또 한 사람은 제4 군단의 트리부누스에 의해 선택되고, 나머지 한 사람은 제1 군단에 남았지요. 그 다음에 또 다른 4명이 선택되었습니다. 그 중 한 사람은 제3 군단의 트리부누스에 의해, 또 한 사람은 제4 군단의 트리부누스에 의해, 다른 한 사람은 제1 군단의 트리부누스에 의해 각각 선택되고, 나머지 한 사람은 제2 군단에 남았습니다.

병사를 선택하는 방법은 이런 식으로 연속적으로 행해졌으며, 그 결과 선택이 공평하고 군단이 평준화되었지요. 앞에서 말한 바와 같이, 이 방법은 남자들이 즉시 동원될 수 있는 곳에서 실시되었습니다. 군대를 구성하는 남자들 중 상당수가 실제 전투에 참여한 경험이 있고, 모두가 모의 훈련을 한 경험이 있기 때문에, 이 델레토는 추측과 경험에 근거할 수 있었습니다. 그러나 새로운 군대가 조직되고 미래에 활용할 목적으로 선택이 이뤄져야 할 때, 델레토는 순전히 나이와 육체적 외모를 바탕으로 그냥 짐작으로 구성되는 수밖에 없었지요.

코시모: 저는 장군님께서 하신 말씀이 전적으로 옳다고 믿습니다만, 다른 주제로 넘어가기 전에 장군님의 말씀을 들으며 떠오른 한 가지 의문점에 대해 묻고 싶습니다. 남자들이 전투에 익숙하지 않은 곳에서 델레토를 구성해야 하는 경우에 짐작에 의존해야 한다고 한 대목에서 생각난 궁금증입니다.

우리의 민병대가 여러 측면에서, 특히 머릿수와 관련해서 비난을 들은 것으로 알고 있습니다. 많은 사람들이 남자들의 수를 줄여야 한다고 말하고 있기 때문이지요. 그러면 병력들의 자질이 더 훌륭해지고, 선택도 더 잘하게 되는 효과를 거둘 수 있을 것이라는 의견입니다. 그 병사들에게 부과되는 곤경도 그리 크지 않을 것이고, 그들에게 어느 정도까지 보상해줄 수 있을 것이며, 따라서 그들이 더욱 만족하고 명령도 더 잘 따르게 될 것이라는 뜻입니다. 이 부분에 대한 장군님의 의견을 듣고 싶습니다. 만약 작은 수의 병력보다 많은 수의 병력을 선호하신다면, 장군님께서는 병력을 선택할 때 어떤 방법으로 선택하실 겁니까?

파브리치오: 두 말 할 필요도 없이, 큰 숫자가 작은 숫자보다 더 바람직하고 더 필요하지요. 보다 정확히 말하면, 많은 수의 사람들을 선택할 수 없는 곳에서, 완벽한 민병대는 조직될 수 없습니다. 나는 민병대를 비난하는 사람들이 제시하는 이유들을 쉽게 반박할 수 있습니다.

먼저 토스카나처럼 인구가 많은 곳에서 작은 숫자를 선택한다고 해서 당신이 더욱 훌륭한 사람들을 확보하게 되거나, 더욱 훌륭한 델레토를 구성하게 되는 것은 아니라는 점을 강조해야 합니다. 경험을 근거로 병사들을 선택하기를 원한다 할지라도, 그 나라에서 전투 경험을 가진 사람이 극소수만 발견되기 때문이지요. 참전한 사람들의 숫자 자체가 작은데 그 소수 중에서도 다른 사람들보다 앞서 선택될 만큼 공적을 쌓은 사람은 또 다시 극히 적습니다. 그래서 이와 비슷한 곳에서 병사들을 선택해야 하는 사람은 누구나 경험은 뒤로 제쳐두고 짐작으로 뽑아야 합니다.

내가 민병대를 구성해야 하는 상황인데, 건장한 청년 20명이 내 앞에 있다면, 나는 어떤 원칙에 근거하여 일부 청년들을 받아들이고 일부 청년들을 거부할 것인지를 놓고 고민하게 될 것입니다. 그런 경우에 모든 사람들이 그 청년들을 전부 받아들여 무장시키고 훈련시키지 않는 것은 실수라고 공언할 것이라고 나는 믿습니다. 그들 중 어느 청년이 더 나은지를 사전에 알 수 없으니 말입니다. 일단 그들을 모두 선택한 뒤에 훈련을 통해 검증하며 정신력 강하고 생기 넘치는 청년을 확보하면 된다는 판단이지요. 그래서 모든 것을 진지하게 고려한다면, 이 경우에는 보다 훌륭한 조직을 만들기 위해 소수의 청년들을 선택하는 것은 완전히 잘못된 일입니다.

나라와 남자들에게 곤경을 덜 야기하는 문제에 관해서라면, 나는 민병대는 규모가 작든 크든 불문하고 어떤 어려움도 야기하지 않는다고 말해야 합니다. 이 조직이 남자들에게 각자의 일을 버리도록 요구하지도 않고, 일을 수행하지 못할 만큼 강하게 묶어 놓지도 않기 때문입니다.

민병대는 남자들에게 한가한 날에 훈련을 위해 모이도록 강요할 뿐입니다. 민병대는 나라에도 해를 끼치지 않고 남자들에게도 해를 끼치지 않습니다. 오히려 청년들에게는 민병대가 즐거운 조직일 뿐이지요. 그들이 다소 빈둥거리며 게으르게 보내던 휴일에 즐겁게 훈련을 받을 수 있으니 말입니다. 무기를 다루는 것이 멋진 장면이기 때문에, 젊은이들에게 훈련은 즐거운 일입니다.

수를 적게 하여 그들을 더욱 만족시킴으로써 복종심을 키우는 문제에 대해, 나는 어느 누구도 지속적으로 급여를 만족스러울 만큼 줄 정도로 작은 수의 인원으로 민병대를 만들지 못한다고 대답하지 않을 수 없습니다. 예를 들어, 5,000명 규모의 보병으로 군대를 조직한다면, 병사들이 만족할 정도로 급여를 주는 경우에 그 금액이 적어도 한 달에 10,000두카트[19]는 될 겁니다.

먼저, 이 정도의 보병은 군대를 조직하는 데 충분하지 않은데도, 급여는 국가가 부담할 수 없는 수준입니다. 한편, 병사들을 만족시키고 그들이 당신의 지위를 의무적으로 존경하도록 만드는 것으로는 충분하지 않습니다. 그렇게 한다면, 병사들을 만족시키며 많은 돈을 지불하게 되겠지만, 군사력을 키우지는 못합니다. 그 군사력은 당신을 방어하는 데도 충분하지 않을 것이고, 당신이 어떤 일을 꾀하는 데도 충분하지 않을 것입니다.

19 중세에 유럽 여러 나라에서 발행된 금화.

만약 당신이 그들에게 더 많은 돈을 지불하거나 더 많은 병력을 받아들인다면, 당신이 그들에게 급료를 지급하는 것은 그만큼 더 불가능해질 것입니다. 반면에, 당신이 그들에게 돈을 더 적게 지불하거나 더 적은 수의 병력을 받아들인다면, 그들은 그만큼 덜 만족할 것이고 당신에게 덜 유용해질 것입니다.

따라서 민병대를 조직하여 그 구성원들이 집에 머물 때에도 돈을 지급하는 문제를 놓고 고민하는 사람들은 쓸데없거나 불가능한 일에 대해 생각하고 있는 것이나 마찬가지입니다. 그러나 그들이 징집되어 전쟁터에 나가 있을 때에는 당연히 급여를 지급해야 하지요.

나는 그렇게 보지 않지만, 그런 조직이 거기 등록된 사람들에게 평화의 시기에 어떤 어려움을 안긴다 하더라도, 그 사람들은 도시에 자리 잡은 군대가 야기하는 이점에 의해 보상을 받게 될 것입니다. 군대가 없으면, 아무것도 안전하지 않을 테니까요. 급료를 지급할 수 있기 위해서, 또는 당신이 제시한 다른 이유로 작은 수의 병사들을 두기를 원하는 사람은 누구나 그 점을 이해하지 못하고 있다고 나는 결론을 내립니다.

이 같은 나의 의견은 남자들이 겪어야 하는 무수한 장애 때문에 당신의 휘하에 있는 병력의 숫자가 늘 줄어들 것이라는 사실에 의해서도 뒷받침됩니다. 따라서 작은 수는 곧 아무런 의미를 지니지 못하게 될 것입니다. 그러나 큰 규모의 민병대를 둔다면, 당신은 병사들을 선택함으로써 소수의 병사도 이용할 수 있고 다수의 병사도 이용할 수 있게 됩니다. 이것 외에도, 그런 민병대는 당신에게 실질적으로도 이롭게 작용하고 당신의 명성에도 유리하게 작용합니다. 큰 숫자가 언제나 당신에게 평판을 안겨주기 때문이지요.

더욱이, 병사들을 훈련이 잘 된 상태로 유지해야 하는데, 만약 당신이 어떤 큰 나라에서 소수의 병사들을 등록시킨다면, 그 병사들이 서로 너무 멀리 떨어져 있기 때문에, 훈련을 위해 그들을 모을 때마다 당신은 그들에게 큰 피해를 안기지 않을 수 없습니다. 그렇다고 이런 훈련을 하지 않는다면, 민병대는 아무짝에도 쓸모가 없지요. 이 점에 대해선 적절한 때에 다시 이야기하게 될 것입니다.

코시모: 장군님께서 하신 말씀은 저의 질문에 대한 대답으로 충분합니다. 그러나 지금 저는 장군님께서 또 다른 궁금증을 해결해주시길 바라고 있습니다. 무장한 다수의 군인들이 나라에 혼란과 곤경과 무질서를 야기할 수 있다고 말하는 사람들이 많습니다.

군인들이 야기하는 사회적 불편을 해결하는 방법

파브리치오: 이것도 또 하나의 공허한 의견인 이유를 설명하겠습니다. 무장을 목적으로 조직된 남자들은 두 가지 형태로, 말하자면 자기들끼리 또는 타인들을 상대로 무질서를 야기할 수 있습니다. 규율 자체가 무질서를 야기하지 않는 곳에서, 그 두 가지는 모두 사전에 방지될 수 있습니다. 그들끼리의 무질서에 대해 말하자면, 규율 바른 조직은 그런 문제를 불러일으키는 것이 아니라 배척합니다. 그들을 조직하면서, 당신이 그들에게 무기와 지휘관을 동시에 제공하기 때문이지요.

만약 당신이 남자들을 조직하고 있는 그 나라가 남자들 사이에 무기가 없을 만큼 대단히 평화적이고 지휘관이 필요 없을 정도로 단결되어 있다면, 그 조직은 그 남자들이 외국인에게 더욱 맹렬하게 맞서도록 만들지, 절대로 그들을 분열시키지 않습니다. 왜냐하면 남자들이 무장을 하든 안 하든 잘 조직되어 있고, 법을 두려워하고, 만약 당신이 그들에게 정해준 지휘관이 변화를 야기하지 않는다면, 절대로 변할 수 없기 때문이지요. 나중에 그렇게 하는 방법에 대해 당신에게 설명할 것입니다.

그러나 만약 당신이 군대를 조직하려는 그 나라가 호전적이고 분열되어 있다면, 그 조직만으로도 그들을 결합시킬 충분한 근거가 됩니다. 이 남자들이 스스로 무기를 갖추고 지도자들을 두고 있지만, 그 무기는 전쟁에 전혀 도움이 되지 않고, 지도자들은 말썽을 일으킬 뿐이기 때문이지요. 그런데 이 조직이 그들에게 전쟁에 유용한 무기와 말썽을 해결하는 지도자를 안깁니다.

그 나라에서는 누군가가 부상을 입게 되면, 그 사람은 즉시 자기 파벌의 지도자에게 의지하고, 그러면 지도자는 평판을 지키기 위해서 그 사람에게 가만있지 말고 복수하라고 조언합니다. 그러나 공적인 지도자는 이와 정반대로 행동하지요. 그럼으로써 곤경의 원인들이 제거되고, 그 자리를 단결을 부르는 요소들이 차지할 것입니다. 그러면 단결되어 있지만 나약했던 속주들은 비열함을 버리고 단결을 유지할 것이며, 분열되어 문제를 일으키는 속주들은 단합할 것이고, 대체로 무질서한 방향으로 흘렀던 남자들의 흉포함은 공적 유용 쪽으로 돌려질 것입니다.

병사들이 타인들에게 부상을 입히려는 욕망에 대해 말하자면, 그들은 자신을 통제하는 지휘관을 통하지 않고는 그런 짓을 하지 않습니다. 지휘관들이 무질서를 야기하지 않기를 바란다면, 그들에게 병사들을 지배할 권력을 지나치게 많이 주지 않도록 주의할 필요가 있습니다. 그리고 당신은 이 권력이 자연적으로, 또는 우연적으로 획득될 수 있다는 사실을 알아야 합니다. 자연적인 측면에 대해 말한다면, 누구든 자신이 태어난 곳에 등록된 병사들을 지휘해서는 안 되며, 자연적 연결이 전혀 없는 곳에서 지휘관이 되어야 합니다. 우연적인 측면에 대해 말한다면, 조직은 지휘관을 매년 교체해야 합니다. 동일한 병사들에게 지속적으로 행사하는 권력은 그들 사이에 꽤 단단한 단결을 낳는데, 이 단결이 쉽게 군주에 대한 혐오로 바뀔 수 있지요.

지휘관 교체가 그런 방법을 선택한 사람들에게는 아주 유익하고, 그런 방법을 선택하지 않은 사람들에게는 큰 피해를 안기게 된다는 사실은 아시리아 왕국의 예와 로마 제국을 통해 알려져 있습니다. 아시리아 왕국은 소요와 내전 없이 천년을 버텼는데, 그것은 오직 군대를 책임진 지휘관들을 지역을 단위로 매년 교체한 결과였지요. 로마 제국에서는, 카이사르의 혈통이 끊어지자마자, 군대의 지휘관들 사이에 수많은 내전이 일어났고, 이 지휘관들이 황제들에게 불리하게 꾸민 음모도 아주 많았습니다. 지휘관들이 동일한 사령부를 지속적으로 맡았던 결과였지요.

만약 그 황제들 중 누군가와, 훗날 명성을 업고 황제가 된 하드리아누스 (Publius Aelius Hadrianus:A.D. 76-138)와 마르쿠스(Marcus Aurelius:A.D. 121-180), 세베루스(Lucius Septimius Severus: A.D. 145-211) 같은 인물이 그런 상황을 잘 관찰하고 제국 안에서 지휘관을 교체하는 제도를 도입했더라면, 로마 제국은 틀림없이 더 차분하고 더 오래 지속되었을 것입니다. 그런 제도가 있었다면, 지휘관들도 소동을 일으킬 기회를 별로 갖지 못했을 것이고, 황제들도 그들을 두려워할 이유가 적었을 것이며, 후계자가 없을 때에는 원로원이 황제를 선택하는 과정에 권력을 더 많이 행사했을 것이며, 따라서 보다 나은 조건이 조성되었을 것입니다. 그러나 남자들의 나쁜 습관은 무지나 불성실 때문인지, 아니면 좋거나 나쁜 본보기들 때문인지 절대로 버려지지 않고 있습니다.

코시모: 저의 질문이 장군님께서 정하신 한계를 벗어났는지 모르겠습니다. 델레토에 대해 이야기하시다가 다른 주제를 건드리게 되었으니 말입

니다. 그 점에 대해서는 제가 비난 받아야 할 것 같습니다.

기병을 유지하는 방법

파브리치오: 그렇게 했다고 해서 우리가 피해를 입은 건 하나도 없어요. 민병대라는 조직에 대해 논하려면, 이 모든 것에 관한 토론이 필요하기 때문이지요. 많은 사람들이 민병대를 비난했기 때문에, 그에 대한 설명이 필요했습니다. 델레토에 앞서 이 부분을 논할 필요가 있었지요.

다른 부분을 논하기 전에, 기병들을 위한 델레토에 대해 설명하고 싶군요. 고대인들의 경우에 이 선택은 부유한 사람들 중에서 이뤄졌습니다. 남자들의 나이와 인간 됨됨이를 바탕으로 선택해서, 군단별로 300명을 배치했습니다. 그래서 한 집정관의 군대에 포함된 로마 기병의 숫자는 600명을 넘지 않았지요.

코시모: 장군님께서도 국내에서 훈련시켜 미래에 활용할 목적으로 기병 민병대도 조직했습니까?

파브리치오: 정말로, 기병 민병대는 필요합니다. 만약 당신이 자신의 무력을 갖고 싶고, 무력을 전투를 직업으로 삼는 사람들로부터 끌어내기를 원하지 않는다면, 그 방법 외에 다른 방법은 없습니다.

코시모: 기병 민병대는 어떻게 선택합니까?

파브리치오: 로마인들을 모방합니다. 부유한 사람들 중에서 선택하고, 그들에게 오늘날 보병에게 지휘관을 배치하는 것과 똑같은 방법으로 지휘관을 배치하지요. 내가 그들을 무장시키고 훈련시킵니다.

코시모: 기병에 속하는 남자들에게 어느 정도 지원을 해 주는 것이 바람직합니까?

파브리치오: 그렇습니다. 그래도 말을 돌볼 수 있을 정도면 충분합니다. 말이 당신의 신민에게 비용을 안기기 때문에, 그들이 당신에게 불만을 품을 수 있지요. 따라서 그들에게 말과 말을 유지하는 데 필요한 비용을 지급할 필요가 있습니다.

코시모: 기병대는 몇 명으로 조직합니까? 또 그들을 어떤 식으로 무장시킵니까?

파브리치오: 다른 주제로 넘어가고 있군요. 적당한 때에 설명하겠소. 아마 보병을 구성하는 방식과 전쟁을 대비해 준비시키는 문제에 대해 논할 때가 될 것입니다.

2장

무장과 훈련

고대 로마군은 어떤 무장을 했나

파브리치오:남자들이 발견되었다면, 그들을 무장시키는 일이 반드시 필요합니다. 이 일을 제대로 수행하기 위해서는 고대인들이 어떤 무기를 사용했는지를 검토하고, 그 무기들 중에서 가장 훌륭한 것을 선택할 필요가 있습니다.

로마인들은 보병을 중무장 보병과 경무장 보병으로 나눴습니다. 그 중 경무장 보병을 '벨리테스'(velites)라고 불렀지요. 투석기와 석궁, 화살을 쏜 군인들이 모두 이 경무장 보병에 속했지요. 그들 대부분은 투구(머리 보호 장비)를 썼고 방어를 위해 방패를 들었지요. 이 병사들은 정규 대열 밖에서, 중무장 병사들과 별도로 싸웠지요.

중무장 보병은 어깨까지 닿는 투구를 쓰고, 스커트와 무릎까지 덮는 갑옷을 입었습니다. 다리와 팔에는 정강이 받이와 팔 보호구를 착용했고, 팔에는 방패가 들려 있었지요. 방패의 크기는 길이가 2브라초(braccio)[20]이고 폭이 1브라초였지요. 타격에 견딜 수 있도록 쇠 테두리가 위와 아래에 둘러져 있었지요. 그래야만 땅바닥에 긁혀도 닳지 않을 테니까요.

공격에 나설 때, 중무장 보병은 왼쪽 허리에 1.5브라초 정도 길이의 칼을, 오른쪽 허리에 단검을 단단히 맸지요. 중무장 보병은 '필룸'(pilum)이라 불린 창을 휴대했습니다. 그들은 전투가 시작될 때 이 창을 적을 향해 던졌지요. 이런 것들이 로마군의 중요한 무기였으며, 로마인들은 그것으로 세계를 정복했답니다.

지금까지 언급한 무기 외에, 고대 저자들 일부가 로마 군인들이 투창 모양의 꼬챙이를 손에 들었다고 전하지만, 나는 방패를 든 병사가 무거운 꼬챙이를 어떻게 사용할 수 있었는지 그 방법을 모르겠습니다. 두 손으로 꼬챙이를 다룰 때, 방패가 방해가 되었을 텐데 말입니다. 병사는 꼬챙이의 무게 때문에 한 손으로는 이렇다 할 행동을 하지 못하지요. 이 외에, 대열 속에서 (무기로서) 꼬챙이를 갖고 싸우는 것은 꼬챙이를 휘두를 공간이 있는 앞줄을 빼고는 아무 소용이 없습니다. 안쪽 대열에서는 꼬챙이를 사용하는 것이 불가능하지요. 전투 대형을 갖춘 군대의 조직을 논하는 대목에서 설명하겠지만, 그런 군대의 특성상 대열이 지속적으로 서로 밀착하게 되어 있기 때문입니다.

위험이 너무나 분명히 보이는 곳에서, 대열이 벌어지는 것보다는 불편할지라도 대열이 밀착되는 것이 덜 무섭지요. 그렇기 때문에 길이가 2브라초를 넘는 무기들은 모두 밀집 대형에서는 아무런 소용이 없습니다. 만약 방

---

20 이탈리아의 길이 단위로 인간 팔의 길이에 바탕을 두고 있으며, 22.84인치에 해당한다.

패의 방해를 받지 않고 두 손으로 꼬챙이를 휘두르길 원한다면, 당신 바로 옆의 적을 공격하지 못하지요. 만약 방패를 이용하기 위해 꼬챙이를 한 손으로 잡는다면, 당신은 중간 부분을 잡지 않고는 그것을 들지 못합니다. 그러면 꼬챙이의 뒷부분이 너무 길어서 뒤에 있는 병사들이 당신을 방해하게 되지요.

로마 군인들이 꼬챙이를 소지하지 않았거나 그것을 휴대했더라도 별로 중요하게 여기지 않았다는 것을, 당신은 티투스 리비우스(Titus Livius: B.C. 59-A.D. 17)가 역사서에 기록한 모든 전투에서 읽을 것입니다. 리비우스의 역사서에는 꼬챙이에 대한 언급이 매우 드물게 나옵니다. 대신에 리비우스는 군인들이 창을 던진 뒤에는 언제나 칼을 쥐었다고 말하지요. 따라서 나는 꼬챙이를 무시하고, 로마인들이 공격을 위해 칼을, 그리고 방어를 위해 앞에 언급한 다른 무기들과 함께 방패를 얼마나 많이 썼는지에 대해 이야기할까 합니다.

로마 병사들과 그리스 병사들의 차이점

그리스인들은 방어를 위해서 로마인들만큼 많이 무장하지 않았지만, 공격에서는 칼보다는 창에 더 많이 의존했지요. 특히 마케도니아의 팔랑크스(phalanx)[21]는 '사리사'(sarissa)라고 불린, 길이가 10브라초는 족히 되는 장창을 휴대했습니다. 그리스 군인들은 이것을 이용해 적군의 대열을 무너뜨리고 팔랑크스 안에서 질서를 유지했지요.

다른 저자들은 그리스 군인들이 방패도 들었다고 하지만, 나는 앞에 제시한 이유 때문에 사리사와 방패가 어떻게 함께 쓰일 수 있었는지에 대해

---

21 고대 그리스 군대의 전형적인 부대 형태인 밀집장창보병대를 말한다.

아는 바가 없습니다. 이 외에, 로마 장군 파울루스 아이밀리우스(Paullus Aemilius: B.C. 228(?)-B.C. 160)가 마케도니아의 왕 페르세우스(Perseus: B.C. 212(?)-B.C. 166)와 벌인 전투에서도, 방패에 대해 언급하는 대목을 읽지 못했으며, 단지 사리사와, 로마 군대가 그들을 물리치면서 겪은 어려움에 대해서만 읽었지요. 그래서 나는 마케도니아의 팔랑크스가 오늘날 창에다가 모든 힘과 능력을 다 쏟는 스위스의 군대와 비슷하지 않았을까 짐작합니다.

무기 외에, 로마인들은 보병을 깃털로도 장식했지요. 이런 것은 군대의 모습을 우방에게는 아름답게 보이게 하는 반면에 적에게는 끔찍해 보이도록 합니다. 고대 로마의 군대에서 말을 탄 병사들의 갑옷 역할을 한 것은 원형 방패였으며, 기병들은 머리는 보호했지만 신체의 나머지 부분은 갑옷으로 가리지 않았지요. 그들은 칼과, 끄트머리에 뾰족한 쇠를 장착한, 가늘고 긴 창을 가졌으며, 그래서 그들은 방패를 꼭 쥘 수도 없었으며 창은 전투에서 곧잘 부러졌지요. 그들은 갑옷을 입지 않았기 때문에 그대로 부상에 노출되었습니다.

후에 세월이 흐르면서, 말을 탄 병사들도 보병처럼 무장했지만, 방패는 보다 작고 사각형이었으며, 창은 더욱 단단해지고 끄트머리에 장착된 예리한 쇠도 2개였지요. 그래서 한쪽 부분이 떨어져 나가면, 다른 쪽 부분을 이용할 수 있었지요. 보병과 기병에게 똑같이 주어진 이 무기들을 갖고 나의 로마인들은 세계를 제패했습니다. 관찰한 증거들을 바탕으로 할 때, 우리는 로마 군대가 지금까지 존재했던 군대 중에서 가장 훌륭했다고 믿어야 합니다.

티투스 리비우스가 역사서에서 그런 증거를 많이 제시하고 있습니다. 적군과 비교하면서, 그는 "로마 군인들이 역량과 무기의 종류, 규율에서 탁월했다."고 말합니다. 그래서 나는 패자의 무기보다는 승자의 무기에 대해 구체적으로 논했습니다. 나의 판단에는 오직 현재의 무장 방법에 대해서만 논하는 것이 적절해 보입니다.

오늘날 보병은 방어를 위해 쇠로 만든 가슴받이를 착용하고 공격을 위해 9브라초 정도 되는 긴 창을 들며, 옆구리에는 칼을 찹니다. 칼의 끝은 뾰족하지 않고 둥근 편이지요. 이것이 오늘날 보병의 일반적인 무장입니다. 극소수만이 팔과 정강이를 갑옷으로 보호하고 있으며, 머리를 보호하는 병사는 아무도 없습니다. 극소수만이 창 대신에 미늘창을 들지요. 미늘창은 자루의 길이가 3브라초이며, 쇠로 만든 도끼 같은 것이 부착되어 있습니다. 보병 중에 화승총병이 있습니다. 이들은 막강한 화력으로 고대에 투석병들과 석궁병들이 했던 임무를 맡습니다.

이런 방식의 무장은 독일인들, 특히 스위스인들에 의해 발견되었습니다. 가난하지만 자유롭게 살기를 원했던 스위스인들은 부유해서 말을 사육할 수 있었던 독일 군주들의 야심에 맞서 싸워야 했으며, 지금도 싸우지 않을 수 없습니다. 그럼에도 스위스인들은 가난했기 때문에 말을 보유할 수 없었지요.

따라서 스위스인들은 보병을 바탕으로 말을 탄 적들로부터 스스로를 지키길 원하면서 고대의 제도들을 다시 뒤지며 말의 맹위로부터 자신을 지켜줄 무기를 찾아야 했지요. 이런 필요가 스위스인들로 하여금 고대의 제도들을 유지하거나 재발견하도록 이끌었답니다. 사려 깊은 모든 사람이 단언하듯이, 이 고대의 대형이 없으면, 보병은 완전히 무용지물입니다. 따라서 스위스인들은 기병의 공격을 버텨내는 데만 아니라 기병을 점령하는 데도 유익한 창을 무기로 들었습니다.

이 무기와 대형 덕분에, 독일인들은 아주 대담해졌지요. 아무리 많은 기병이라도 15,000명 내지 20,000명의 병력으로 공격하려 들었을 정도였지요. 지난 25년 동안에 그 같은 사실을 뒷받침하는 예들이 많았습니다. 또 이런 무기와 대형에 근거한 그들의 강점을 보여주는 예들이 아주 인상적이었기 때문에, 샤를(Charles) 8세 프랑스 왕이 이탈리아를 침공했을 때[22], 모든 민족이 고대의 무기와 대형을 모방했으며, 그 결과 스페인 군대가 큰 명성을 얻게 되었답니다.

코시모: 이런 독일 방식과 고대 로마의 방식 중에서 장군님께서는 어떤 무장 방식을 더 칭송하십니까?

고대 로마의 무장 방식과 독일의 무장 방식의 차이점

파브리치오: 두말할 필요 없이 고대 로마의 방식이지요. 독일 방식과 로마 방식의 장단점을 설명하겠습니다. 독일 보병은 기병에 맞서고 기병을 정복할 수도 있어요. 독일 보병은 행군하고 스스로를 조직하는 데 아주 신속합니다. 무기를 많이 소지하지 않기 때문이지요. 한편, 그런 까닭에 독일 보병은 가깝거나 먼 곳의 일격에 똑같이 노출되지요. 그들은 도시를 상대로 한 전투와 저항이 완강한 모든 전투에서 힘을 쓰지 못합니다.

그러나 로마의 보병은 독일 보병처럼 기병을 막아내고 정복했습니다. 그들이 갑옷을 입었기 때문이지요. 로마 보병은 방패를 갖고 있었기 때문에 공격도 잘 할 수 있었고 공격을 잘 버티기도 했습니다. 로마군 보병들은 밀집한 곳에서 창을 가진 독일 보병보다 칼을 더 적극적으로 쓸 수 있었지요. 독일인들이 칼을 갖고 있었다 하더라도, 그들은 방패를 갖추지 않았기 때

---

22 1494년에 일어난 이 침공이 이탈리아 전쟁이라고 불린 전쟁의 시작이었으며, 이로 인해 이탈리아는 1559년까지 다양한 유럽 강국들의 전쟁터가 되었다.

문에 밀집한 공간에서 마찬가지로 힘을 쓰지 못하게 되지요. 로마 보병은 기본적으로 몸을 보호하는 상태인 데다가 방패로 추가로 보호할 수 있었기 때문에 도시도 안전하게 공격할 수 있었습니다.

그래서 로마 보병은 무기의 무게와 그것을 걸치고 다니는 데 따르는 성가심 외에는 어떤 불편도 느끼지 않았습니다. 그 불편을 로마군 보병은 육체를 고난에 익숙하도록 단련시키고 육체가 힘든 노동을 하도록 유도함으로써 극복했지요. 그리고 당신도 알다시피, 사람들은 익숙한 일로는 힘들어 하지 않습니다. 또 당신은 보병은 보병과도 싸우고 기병과도 싸울 줄 알아야 한다는 것을 이해해야 합니다. 기병의 공격에 버티지 못하는 병사는 언제나 쓸모없습니다. 보병은 기병을 버틸 수 있다 하더라도 자신보다 무장을 더 잘 하고 조직이 더 잘 되어 있는 보병을 두려워합니다.

지금 만약에 독일 보병과 로마 보병을 고려한다면, 당신은 독일 보병에서 기병을 정복하는 능력을 발견할 것이지만, 그들이 자신들처럼 조직되고 로마 보병처럼 무장한 보병과 싸울 때는 심각한 단점을 드러낸다는 것을 확인할 것입니다. 그렇다면 독일 보병과 로마 보병에게는 각각 이런 장점이 있을 것입니다. 로마 보병은 보병과 기병을 똑같이 이길 수 있고, 독일 보병은 기병만을 이길 수 있다는 점이지요.

코시모: 좀 더 쉽게 이해할 수 있도록, 구체적으로 예를 제시해 주시길 바랍니다.

기병이 보병을 이기지 못하는 이유

파브리치오: 이렇게 말하고 싶군요. 당신은 우리 역사 속에서 로마군 보병이 수많은 곳에서 무수히 많은 기병을 패퇴시킨 것을 발견할 것입니다.

그러나 로마 보병이 그들의 무기가 안고 있었을 수 있는 결함이나 적의 무기가 가졌을 수 있는 이점 때문에 다른 보병에게 패배하는 예를 발견하지는 못할 것입니다. 만약 로마 보병의 무장 방법에 결함이 있었다면, 그들은 두 가지 길 중 하나를 밟았을 것입니다. 로마 보병이 자신보다 무장을 더 잘 갖춘 보병을 발견한 탓에 정복을 추가로 더 성취하지 못했거나, 외국의 방법을 채택하며 자신의 방법을 버렸을 것입니다. 그러나 이 두 가지 중 어느 것도 일어나지 않았기 때문에, 이 무장 방법이 다른 어떤 방법보다 더 우수했다고 쉽게 짐작할 수 있지요.

독일 보병에는 아직 이런 일이 일어나지 않았습니다. 독일 보병은 그들만큼 잘 조직되어 있고 완강하게 버티는 보병과 싸워야 했을 때마다 언제나 나쁜 성적을 보였지요. 그것은 독일 보병이 적의 무기에 맞서는 데 있어서 불리한 입장에 놓인 결과입니다.

밀라노 공작 필리포 비스콘티(Filippo Visconti: 1392-1447)가 스위스 군인 18,000명의 공격을 받았을 때, 그는 그들에 맞서 당시에 자신의 지휘관 카르마뇰라(Carmagnola) 백작(1382(?)-1432)을 보냈지요. 카르마뇰라 백작은 6,000명의 기병과 소수의 보병을 이끌고 스위스 군인들과 싸우러 나가서 백병전을 벌이다가 엄청난 손실을 입고 격퇴당하고 말았습니다. 그러자 카르마뇰라는 신중한 사람으로서 재빨리 적의 무기의 힘을 간파했지요. 적들이 기병보다 훨씬 더 우세하다는 것을, 기병이 그런 식으로 조직된 보병에 비하면 약하다는 것을 파악했던 것이지요.

이어 그는 자신의 군대를 재조직하고, 다시 스위스 군인들과 붙으러 갔답니다. 스위스 병사들이 가까이 다가오자, 그는 자신의 군인들에게 말에서 내리라고 명령했으며, 그런 식으로 그의 군인들은 스위스 병사들과 싸워 3,000명을 제외하고 거의 모두를 죽였지요. 이 3,000명은 목숨을 구할 길이 전혀 보이지 않자 무기를 버리고 항복했답니다.

코시모: 그런 열세는 어디서 비롯됩니까?

대대들이 연합해서 싸우는 방법

파브리치오: 조금 전에 설명했는데 이해하지 못한 것 같으니, 다시 설명하도록 하지요. 독일 보병은 이미 말한 바와 같이 자신을 방어할 갑옷을 거의 갖추지 않은 채 공격에 창과 칼을 씁니다. 독일 보병은 이런 무기와 전투 대형을 갖춘 채 적군을 찾아나서지요. 이때 적군은, 말에서 내렸던 카르마뇰라의 중기병이 그랬듯이 무장을 잘 갖추었다면, 칼과 전투 대형을 갖춘 채 독일 보병을 찾으러 옵니다. 적군은 칼로 교전을 벌이기 위해 스위스 군인들 가까이 다가가는 것 외에 별다른 어려움을 느끼지 않습니다. 스위스 군인들과 붙기만 하면 안전하게 싸울 수 있기 때문이지요.[23] 독일군이 바로 옆에 있는 적에게 자루의 긴이 때문에 창을 휘두르지 못하니까요. 그래서 독일군은 칼을 써야 하는데, 갑옷을 전혀 입고 있지 않은 채 갑옷으로 완전히 가린 적을 만나야 하기 때문에, 그 칼도 아무 소용이 없지요.

그렇기 때문에 이쪽과 저쪽의 강점과 약점을 충분히 고려하는 사람은 누구나 갑옷을 갖추지 않은 쪽은 구제책을 전혀 갖추지 않은 상태이고, 갑옷을 잘 갖추고 있는 쪽은 첫 충돌과 첫 번째 창들을 극복하는 데 그리 큰 어려움을 겪지 않는다는 사실을 알게 될 것입니다.

대대들이 전진할 때(병사들이 어떤 식으로 배치되는지를 보여주기만 하면 이해가 더 쉬워진다), 병사들은 반드시 가슴이 서로 부딪칠 정도로 밀착

23 마키아벨리는 서로 비슷한 무기와 전술을 썼던 스위스 군인과 독일 군인을 번갈아 가며 논하고 있다. 가끔 스위스가 독일의 한 작은 부분으로 다뤄지기도 한다.

하게 됩니다. 그런 상황에서 누군가가 창에 찔려 죽거나 땅바닥으로 쓰러지진다 하더라도, 그때 멀쩡한 상태로 남은 병력은 승리를 거두고도 남을 정도로 많습니다. 카르마뇰라가 스위스 병사들을 대량으로 죽이는 한편으로 자신의 군인들의 희생을 최소화할 수 있었던 것도 바로 그런 전술 덕분이었지요.

코시모: 카르마뇰라가 거느렸던 병사들이 중기병이었고, 그들이 걸어 다녀야 했을 때에도 갑옷을 두르고 있었던 덕분에 그런 공격을 할 수 있었던 것 같습니다. 그렇다면, 보병도 그와 비슷한 전투를 시도하는 경우에 똑같이 무장할 필요가 있을 것 같습니다.

파브리치오: 내가 로마 군인들이 무장한 방식에 대해 한 말을 기억한다면, 당신은 그런 식으로 생각하지 않을 것입니다. 머리를 쇠로 덮고, 가슴을 흉갑과 방패로 보호하고, 팔과 다리를 갑옷으로 보호하는 보병은 걷는 중기병에 비해 창병들로부터 자신을 더 잘 보호하고 창병들 속으로 훨씬 더 쉽게 들어가기 때문입니다.

그와 비슷한 현대적인 예를 하나 제시하지요. 스페인 보병이 바를레타에서 프랑스 군에게 포위되어 있던 곤잘로(Gonzalo Fernadez de Cordoba: 1453-1515)를 찾기 위해 시칠리아에서 나폴리 왕국으로 갔습니다. 스페인 보병은 중기병과 4,000명 정도의 독일 보병을 거느리던 오비니의 영주(Monsignor D'Obigni)[24]와 마주치게 되었습니다. 스페인 보병은 독일 병사들과 백병전을 벌였지요. 독일군 병사들이 창을 낮춘 채 스페인 보병의 대열을 뚫었습니다. 그러나 스페인 보병은 둥근 방패와 육체적 민첩성 덕분에 독일군 병사들과 뒤엉킬 수 있었지요. 그래서 스페인 병사들은 칼로 독일군 병사와 전투를 벌일 수 있었습니다. 그 결과, 독일군 병사들 거의 전

---

24   오비니의 로버트 스튜어트(Robert Stuart D'Aubigny: 1470-1544)를 말한다.

부가 죽고 스페인 병사들이 승리를 거둘 수 있었지요.

모든 사람이 라벤나 전투[25]에서 얼마나 많은 독일 보병들이 죽었는지 알고 있습니다. 이 패배 또한 똑같은 원인들에서 비롯되었지요. 스페인 병사들이 칼을 쓸 수 있을 만큼 독일 보병에게 가까이 다가갔기 때문입니다. 만약 독일 보병이 프랑스 기병대에게 구조되지 않았더라면, 스페인 보병은 아마 독일 보병을 모두 죽였을지도 모릅니다. 그럼에도 불구하고, 스페인 보병은 한곳으로 모여 안전한 곳으로 물러났지요. 따라서 나는 훌륭한 보병이라면 기병도 막을 수 있어야 할 뿐만 아니라, 보병을 무서워하지 않을 수 있어야 한다고 결론을 내립니다. 내가 여러 차례 말한 바와 같이, 그런 결과는 무기(갑옷)와 조직(규율)에서 비롯됩니다.

고대 로마식으로 군인들을 무장하는 방법

코시모: 그렇다면 장군님께서는 병력을 어떤 식으로 무장시킬 것인지 말씀해 주시길 바랍니다.

파브리치오: 로마인들의 무기와 독일인들의 무기를 동시에 선택하겠습니다. 반은 로마 병사처럼, 반은 독일 병사처럼 무장시키겠다는 뜻이지요. 6,000명의 보병 중에서 3,000명을 로마 병사처럼 방패로, 2,000명을 독일 병사처럼 창으로 무장시키고 1,000명을 화승총병으로 만들면, 나에게는 그들로서 충분할 것입니다.

그러면 나는 창병을 군대의 맨 앞이나 기병의 공격이 예상되는 곳에 배치하고, 방패와 칼로 무장한 병사들을 창병을 뒷받침하는 데 이용하며 전

---

25 1512년 4월 1일 이탈리아 북부 라벤나에서 프랑스와 스페인 사이에 벌어진 전투를 말한다. 프랑스에 맞서 싸우던 파브리치오는 이 전투에서 많은 병력을 야전포에 잃었다.

투를 승리로 이끌겠습니다. 이 부분에 대해서는 앞으로 설명할 기회가 있을 겁니다. 그런 식으로 조직되는 보병은 오늘날 어떤 보병도 이길 수 있다고 나는 믿습니다.

코시모: 장군님께서 하신 말씀은 보병에 관한 한 충분합니다만, 기병에 대해 여쭙고 싶습니다. 장군님께서 보시기에 우리의 기병과 고대의 기병 중 어느 쪽이 더 튼튼하게 무장된 것 같습니까?

기병의 역할

파브리치오: 고대인들이 사용하지 않은 등자와 둥근형의 안장 때문에, 나는 지금의 기병을 더 믿습니다. 그런 장치들 덕분에, 오늘날에는 그때보다 더 안전하게 말을 탈 수 있지요. 지금 우리가 무장을 더 안전하게 하고 있습니다. 그래서 오늘날 매우 무겁게 무장한 중기병 1개 중대는 고대의 기병에 비해 훨씬 더 큰 어려움을 견뎌낼 수 있지요.

이 모든 것들에도 불구하고, 나는 기병을 고대보다 더 중요하게 여겨서는 안 된다고 판단합니다. 왜냐하면 앞에서도 보았듯이 우리 시대에 기병이 앞에 소개한 것처럼 무장하고 조직된 보병에게 치욕적일 만큼 심하게 당하는 예가 종종 있기 때문이지요.

루쿨루스(Lucius Licinius Lucullus: B.C. 118-B.C. 57(?))가 지휘하던 로마 병사와 맞설 때, 아르메니아의 왕 티그라네스(Tigranes: B.C. 140-B.C. 50)는 15만 명의 기병을 거느리고 있었습니다. 그 기병들 중에는 우리의 중기병처럼 무장한 병사들이 많았지요. 그런 중기병을 그들은 '카타프라티'(catafratti)라고 불렀지요. 반면에, 로마의 병사들은 기병이 6,000명을 넘지 않았고 보병이 15,000명이었습니다. 그래서 티그라네스는 적의 군대를 보고 "대사관을 지킬 정도의 기병이로군!"이라고 말했답니다.

그럼에도 불구하고, 양측이 맞붙었을 때, 티그라네스가 패주하고 말았지요. 그 전투에 관한 기록을 남긴 사람은 그 원인으로 무용지물이라는 사실을 보여준 기병을 꼽고 있습니다. 저자에 따르면, 기병들은 얼굴을 가린 상태였기 때문에 시야가 제대로 확보되지 않아 적을 정확히 보고 공격하는 일에 뛰어날 수 없었으며, 갑옷으로 무겁게 무장했기 때문에 쓰러지기라도 하면 다시 일어설 수 없었던 탓에 어떤 식으로든 육체를 이용할 수 없었지요. 그러므로 나는 기병을 보병보다 더 중요하게 여기는 사람 또는 왕국은, 우리 시대의 이탈리아에서 관찰되고 있는 것처럼, 언제나 허약하고 완전한 파괴의 위험에 노출되고 있다고 말합니다.

이탈리아가 외국인들에게 약탈당하고, 파괴되고, 짓밟히고 있는데, 그것은 다른 잘못 때문이 아닙니다. 바로 이탈리아 사람들이 보병에 거의 관심을 두지 않고 모든 군인들을 말에 태웠기 때문입니다. 기병도 활용해야 합니다만, 기병은 군대가 가장 먼저 의존하는 조직이 아니라 두 번째로 의존하는 조직이어야 합니다. 기병은 정찰을 맡거나 적국을 파괴하거나 약탈하는 일에, 그리고 적군이 지속적으로 무장 상태를 유지하도록 하기 위해 적군을 괴롭히거나 보급로를 끊는 일에 필요합니다. 전쟁에서 중요하고 군대가 조직되는 목적인 야전에서의 교전과 전투에 대해 말하자면, 기병은 적을 패주시키는 일보다 적을 뒤쫓는 일에 더 유용합니다. 적을 패주시키는 데는 기병이 보병에 비해 많이 뒤지지요.

코시모: 그러나 두 가지 의문이 생겼습니다. 한 가지는 파르티아인들은 기병만으로 전투를 벌인 것으로 알고 있는데, 그럼에도 그들은 로마인들과 함께 세계를 나눠 지배했습니다. 다른 한 가지는 보병이 기병의 공격을 어떻게 막아낼 수 있는지, 보병의 강함과 기병의 약함은 어디서 비롯되는

지가 궁금합니다.

보병이 기병을 이길 수 있는 이유

파브리치오: 전쟁 문제에 관한 나의 토론은 유럽의 범위를 넘어서지 않을 것이라는 뜻을 전했던 것 같습니다. 그렇기 때문에 아시아의 관습에 대해 그 이유를 제시할 의무가 나에게는 없습니다. 그럼에도 이것만은 말하고 싶습니다. 파르티아의 군대는 로마인의 군대와 정반대입니다. 파르티아인들이 전적으로 말을 탄 채 싸웠기 때문에, 그들은 전투를 벌이며 혼란스럽고 산만하게 전진했습니다. 불안정하고, 불확실성이 두드러진 전투 방식이었지요.

로마의 군인들은 거의 전부 보병이었으며, 서로 밀집한 상태에서 싸웠습니다. 싸우는 장소가 어디냐에 따라 로마 군대와 파르티아 군대가 번갈아 승리를 거뒀지요. 좁은 공간에서는 로마 군인들이 우수했고, 확 트인 공간에서는 파르티아 군인들이 우수했지요.

파르티아인들은 지켜야 했던 지역이 매우 넓은 덕분에 그런 군대로 큰 성과를 거둘 수 있었습니다. 해안선 길이가 1,000마일이나 되고, 강들 사이의 거리가 이틀이나 사흘을 여행해야 하는 거리이고, 도시도 마찬가지로 서로 거리가 멀고 거주자들이 드물었으니 말입니다. 로마 병사들은 무기와 조직 탓에 무겁고 느렸으며, 따라서 큰 피해를 입지 않고는 파르티아 병사를 뒤쫓을 수 없었지요. 그 나라를 방어하던 병사들이 말을 타고 매우 빨리 이동했기 때문입니다.

그래서 파르티아 병사들은 오늘 이 자리에 있었다면 내일은 거기서 50마일 떨어진 지점에 있었습니다. 이 때문에, 파르티아 군대는 기병만으로도 지배할 수 있었으며, 따라서 마르쿠스 리키니우스 크라수스(Marcus Licinius Crassus: B.C. 115- B.C. 53) 군대의 파괴를 불렀고, 마르쿠스 안토니우스(Marcus Antonius: B.C. 83- B.C. 30)의 군대에도 파괴의 위험을 안겼지요. 그러나 나는 이 토론에서 유럽 이외의 군대에 대해 논하지 않을 것입니다. 그래서 로마인들과 그리스인들이 그들의 시대에 조직했던 것들에 대해, 그리고 독일인들이 오늘날 조직하고 있는 것들에 대해 계속 설명할 것입니다.

당신의 다른 질문을 다루도록 하지요. 당신은 어떤 조직 또는 어떤 자연적 강점이 기병보다 보병을 더 탁월하게 만드는지 알고 싶어 했습니다. 먼저, 기병은 보병이 가는 모든 곳에 다 가지는 못합니다. 앞으로 나아가다가 뒤로 돌아갈 필요가 생기거나, 뒤로 이동하다가 앞으로 가야 할 필요가 있거나, 정지해 있다가 이동하게 되거나, 이동하는 중에 정지할 필요가 생길 때, 기병은 틀림없이 그런 행위를 보병만큼 정확히 해내지 못합니다. 말들이 어떤 공격으로 인해 무질서한 상태에 빠졌다 하면, 대열의 질서가 절대로 쉽게 찾아지지 않습니다. 공격이 일어나지 않은 때라도 마찬가지입니다. 반면에 보병은 질서를 꽤 빨리 찾지요.

이 외에, 용맹스런 사람이 성질 나쁜 말을 타고, 성질 나쁜 사람이 용맹스런 말을 타는 경우가 종종 있습니다. 바로 이 용기의 불균형이 무질서를 야기합니다. 어느 보병 집단이 기병의 모든 공격을 버텨낸다고 해도 절대로 놀라운 일이 아닙니다. 말이 감각 능력을 가진 동물이고, 위험을 아는 상태에서 마지못해 앞으로 나아가기 때문입니다. 만약 당신이 어떤 힘이 말을 앞으로 나아가게 하고 어떤 힘이 말을 제지하는지에 대해 깊이 생각한다면, 틀림없이 당신은 말이 머뭇거리게 하는 힘이 앞으로 나아가게 하는 힘보다 훨씬 더 강하다는 사실을 확인할 것입니다. 박차가 앞으로 나아가게 하는 한편, 칼과 창은 말을 머뭇거리게 하지요.

그렇다면 고대의 경험과 현대의 경험을 근거로 할 때, 소규모의 보병 집단이 기병으로부터 안전할 수 있고, 심지어 기병에 패배하지 않는다는 것이 확인됩니다. 만약 당신이 이 의견에 반대하면서, 기병의 돌진이 오히려 말을 더욱 격렬하게 만들어 공격에 맞서는 사람들 쪽으로 돌격하도록 하고, 따라서 말이 창보다 박차에 더 민감하게 반응할 것이라고 주장한다면, 나는 말이 창끝에 찔려야 한다는 사실을 멀리서 확인하기 시작하는 경우에 그 말이 걸음걸이를 스스로 줄이고 찔리려는 순간에 걸음을 멈추거나, 말이 창에 찔리는 순간에 오른쪽이나 왼쪽으로 방향을 틀 것이라고 말하고 싶습니다.

이것을 실험으로 확인하고 싶다면, 말을 담 쪽으로 몰아보기만 하면 됩니다. 당신이 아무리 돌진하려 노력해도 말은 담을 뚫고 들어갈 기세를 보이지 않을 것입니다. 카이사르도 갈리아 지방에서 스위스 병사들과 전쟁을 벌여야 했을 때 말에서 내렸고, 그의 병사들에게도 똑같이 모두 말에서 내리게 하고는 말들을 대열에서 제외시켰습니다. 말들이 싸우는 것보다 달아나는 것에 더 능숙하기 때문이지요.

그러나 말들이 가진 이런 자연적 장애들에도 불구하고, 보병을 이끄는 지휘관은 말에게 방해될 것이 가장 많은 길을 선택해야 합니다. 사람이 지형 때문에 자신을 안전하게 지키지 못하는 예는 드물게 일어날 것입니다. 만약 구릉지를 통과한다면, 행군할 위치는 당신이 우려하는 공격으로부터 자유로울 수 있는 지점이어야 합니다. 평원을 지난다면, 거기엔 거의 틀림없이 당신에게 안전을 제공할 농작물이나 숲이 있기 마련이지요. 모든 관목과 둑은 작을지라도 돌격을 방해하고, 포도나무나 다양한 나무들이 있는 경작지는 말을 방해하지요. 당신이 교전을 벌인다면, 행군할 때와 똑같은 일이 벌어질 것입니다. 말이 직면하는 온갖 사소한 방해는 반드시 말이 광포한 성격을 잃도록 하기 때문이지요.

그럼에도 불구하고, 나는 이 한 가지만은 꼭 전하고 싶습니다. 로마인들이 자신들의 규율을 상당히 높이 평가하고 자신들의 무기를 믿었다 할지라도, 만약 그들이 어떤 장소를 선택해야 하는 상황에 처한다면, 다시 말해 자신들을 기병으로부터 보호하기 위해 병력을 배치하기 힘들 정도로 거친 곳과, 기병의 공격을 걱정해야 하지만 그래도 자신들이 쉽게 전개할 수 있는 곳을 놓고 선택해야 한다면, 그들은 언제나 후자를 택하고 전자를 버릴 것입니다.

이제 병력을 대상으로 한 훈련으로 넘어갈 때가 되었군요. 보병을 고대의 방식과 현대의 방식에 따라 무장시켰으니, 이제는 로마의 보병을 전쟁터로 데려 가기 전에 어떤 훈련을 시켰는지를 살펴보겠습니다. 우수한 병력이 선택되고 무장을 잘 갖췄다 할지라도, 그들을 훈련시키는 과정에도 엄청난 주의를 기울여야 합니다. 훈련을 거치지 않은 군인은 절대로 훌륭한 군인이 되지 못하기 때문입니다.

훈련은 세 부분으로 이뤄졌습니다. 첫 부분은 육체를 단단하게 단련시키는 것입니다. 육체가 고난을 잘 견뎌내고, 보다 빠르고 보다 능란하게 움직이도록 적응시키는 것이지요. 그 다음은 무기의 사용법을 가르치는 것입니다. 세 번째 부분은 전투와 숙영뿐만 아니라 행군에서도 질서를 지키도록 가르치는 것입니다. 이것들은 군대가 하는 3가지 중요한 활동이지요.

어떤 군대가 질서정연하게 훈련된 상태로 행군하고 숙영하고 전투를 벌인다면, 그 군대의 지휘관은 교전에서 좋은 성과를 얻지 못하더라도 자신의 명예를 지킬 수는 있습니다. 그래서 고대의 모든 공화국은 그런 훈련을 실시했으며, 관습과 법에 의해, 어느 한 부분도 배제하지 않았답니다. 따라서 고대의 공화국들은 자기 나라 젊은이들이 빨리 달리고, 민첩하게 도약하고, 격투를 잘 하도록 훈련시켰지요.

이 3가지 능력은 군인에게 반드시 필요합니다. 속도가 빠르면 적군보다 앞서 중요한 지점을 점령하고, 적을 불시에 덮칠 수 있고, 달아나는 적을 쫓을 수 있기 때문이지요. 민첩함은 군인이 타격을 피하고, 구덩이를 뛰어넘고, 둑을 잘 기어오르도록 합니다. 힘이 세면 무기를 더 잘 들고 다니고, 적을 향해 몸을 날리고, 공격을 잘 버텨낼 수 있습니다. 무엇보다, 육체가 고난에 이골이 나도록 하기 위해서, 군인들은 대단히 무거운 것을 잘 들도록 단련되었지요.

이런 식으로 무게에 익숙하게 하는 훈련은 꼭 필요합니다. 힘든 원정에 나서다 보면, 군인이 오랫동안 자신의 무기 외에 보급품을 날라야 하는 일이 종종 벌어지기 때문입니다. 고된 일에 익숙하지 않은 군인이라면, 이 일을 해낼 수 없을 것이고, 따라서 그 군인은 위험을 피하지도 못하고 명예롭게 승리를 거두지도 못합니다.

이제 무기 사용법을 가르치는 문제로 넘어갑니다. 무기 사용에 대한 훈련은 이런 식으로 전개됩니다. 젊은이들이 갑옷을 걸치도록 합니다. 이 갑옷은 실전에서 입는 갑옷보다 배 이상 더 무겁습니다. 칼 대신에 젊은이들에게 납으로 무겁게 만든 곤봉이 주어집니다. 이것도 실제 칼에 비해 대단히 무겁습니다.

그리고 젊은이들 각자에게 기둥을 하나씩 땅에 박도록 했습니다. 땅 위로 3브라초 정도 튀어 나오도록 했지요. 아주 단단히 고정시켰기 때문에, 타격을 가해도 기둥이 한쪽으로 기울거나 땅으로 쓰러지지 않습니다. 이 기둥을 상대로, 청년들은 방패와 곤봉을 들고 적을 대하듯 훈련했습니다. 그들은 가끔은 머리나 얼굴을 깨부수듯이, 또 어떤 때는 옆구리를 찌르듯이, 또 어떤 때는 다리를 찌르듯이 기둥을 찔렀습니다. 어떤 때는 뒤로 물러났고, 어떤 때는 앞으로 돌진했지요.

젊은이들은 이런 훈련을 받으며 자신을 보호하고 적에게 상처를 입히는 데 능숙해지려고 노력했습니다. 훈련용 무기가 매우 무겁기 때문에 훗날 병사들이 받는 진짜 무기는 가벼울 수밖에 없었지요. 로마인들은 그들의 군인들이 적을 베기보다는 찔러서 부상을 입히기를 바랐습니다. 그런 방식의 일격이 더 치명적이고, 적에게 방어 기회를 덜 주기 때문이기도 하고, 적에게 부상을 입히고 있는 병사가 적의 공격을 피할 가능성을 높임과 동시에 베는 행위보다 공격을 되풀이하는 것을 더 용이하게 하기 때문이기도 합니다.

고대인들이 이런 세부 사항까지 생각했다는 사실이 이상하게 들리지는 않겠지요. 병사들이 백병전을 벌여야 하는 상황에서는 모든 사소한 이점이 대단한 중요성을 지닌다고 생각했기 때문입니다. 나는 그것을 당신에게 직접적으로 가르치기보다는 저자들이 그것에 대해 한 말을 상기시키고 싶습니다.

고대인들은 공화국 안에 무기를 다루는 훈련을 받은 사람들을 많이 두는 것보다 더 행복한 일은 없다고 생각했지요. 당신의 적이 당신에게 복종하도록 만드는 것은 황금과 보석의 찬란함이 아니라 무기에 대한 두려움이기 때문이지요. 게다가, 다른 일들에서 저질러진 오류들은 훗날 간혹 바로잡아질 수 있지만, 전쟁에서 저질러진 오류들은, 처벌이 즉각적으로 일어나기 때문에, 바로잡아질 수 없답니다. 이 외에, 전투하는 방법에 대한 지식은 병사들을 더욱 담대하게 만듭니다. 어떤 사람도 제대로 처리할 줄 아는 것을 놓고 두려워하지는 않는 법이니까요.

그래서 고대인들은 시민들이 모든 군사 활동에서 훈련을 받기를 원했고,

심지어 시민들이 기둥을 향해 실제보다 훨씬 더 무거운 다트를 던지도록 했습니다. 이 훈련은 던지기에 능숙하도록 만드는 외에 팔을 보다 유연하고 강하게 만들어 주었답니다.

고대인들은 또한 시민들에게 활과 투석기를 당기는 것을 가르쳤으며, 이 모든 것을 가르치는 책임을 진 교관들을 배치했지요. 그렇기 때문에 전쟁터로 나가는 병사로 선택된 남자들은 기백이나 성향 면에서는 이미 군인이 되어 있었지요. 그들에게는 행군을 하든 전투를 벌이든, 열을 맞춰 이동하고 대열에서 벗어나지 않는 방법을 배우는 일밖에 남지 않았지요. 그 남자들은 이것을 쉽게 배웠습니다. 그들이 군대 생활 경험이 많아서 이미 대열을 지킬 줄 아는 사람들과 섞여 있었기 때문이지요.

코시모: 장군님께서는 지금 병사들에게 어떤 훈련을 시킵니까?

군인들이 꼭 거쳐야 하는 훈련

파브리치오: 지금까지 언급한 것들 대부분을 훈련시키고 있어요. 병사들이 달리고, 격투하고, 도약하고, 실제보다 무거운 무기를 착용한 채 걷도록 하고, 활과 투석기를 당기도록 하지요. 거기에다가 꼭 필요한 새로운 무기인 화승총을 다루는 법을 가르칩니다. 그리고 나는 나의 국가의 모든 젊은 이들이 이 훈련을 받도록 할 것이지만, 그들 중에서 내가 전투 요원으로 등록시킨 젊은이들을 특별히 정성 들여 훈련시킵니다. 나는 그들을 언제나 한가한 날에 훈련시킵니다.

나는 또한 그들이 수영을 배울 수 있기를 바랍니다. 수영이야말로 매우 유용한 능력이지요. 강에 언제나 다리가 놓여 있는 것도 아니고, 배가 준비되어 있는 것도 아니니 말입니다. 그래서 만약 당신의 군대가 수영을 할 줄

모른다면, 그 같은 사실 때문에 많은 이점을 빼앗기게 되고, 잘 할 수 있는 기회를 놓치게 됩니다. 따라서 로마인들은 청년들이 마르티우스 평야에서 훈련을 하도록 조정했지요. 그러면 근처에 테베레 강이 있었기 때문에 젊은이들은 육상에서 고된 훈련을 끝낸 뒤에 물속에서 스스로 생기를 찾으며 쉽게 수영을 익힐 수 있었지요.

나는 또한 고대인들처럼 말을 타는 병력도 훈련시키겠습니다. 이 훈련은 절실히 필요합니다. 그런 병력들은 말을 타는 방법 외에 말을 자유자재로 다루는 방법을 알아야 하기 때문입니다. 그래서 고대인들은 목마를 배열해 놓았지요. 기병들은 목마에 걸터앉거나, 무장하거나 무장하지 않은 채 어떤 도움도 받지 않고 목마 위로 뛰어오르며 훈련했지요. 그 덕분에, 지휘관의 몸짓에 따라 기병이 한 순간에 보병이 되고, 또 다른 몸짓에 따라 보병이 다시 기병이 될 수 있었답니다. 그리고 기병이 보병으로, 다시 보병이 기병으로 전환하는 훈련이 그 시대에 쉬웠기 때문에, 이 제도들과 비슷한 방법들이 지금도 시행되고 있는 서쪽 도시들의 경험을 통해 알 수 있듯이, 지금도 공화국이나 군주가 청년들에게 그런 훈련을 시키는 것이 어려워서는 안 됩니다.

그 도시들은 모든 주민을 몇 개의 부분으로 나누고, 각 부분에 전시에 사용할 무기를 한 종류씩 할당하고 있습니다. 시민들이 창과 미늘창, 활, 화승총을 사용하기 때문에, 창병, 미늘창병, 궁병, 화승총병으로 불립니다. 따라서 모든 주민은 어느 조직에 등록되기를 원하는지를 밝혀야 합니다. 그리고 나이 때문이든 다른 장애 때문이든 모두가 전투에 적합한 것은 아니기 때문에, 도시들은 각 조직으로부터 선택했으며, 그렇게 선택된 사람들은 '주라티'(giurati: '선서한 사람들'이란 뜻)라 불립니다.

이들은 한가한 날에 자신이 맡기로 한 무기로 훈련할 의무를 지며, 각자는 그런 훈련을 받을 장소를 공식적으로 할당 받습니다. 그 조직에 속하지만 '주라티'가 아닌 사람들은 그런 훈련에 필요한 돈을 기부하는 방식으로 훈련에 참여했지요. 따라서 그들이 하는 것을 우리도 할 수 있지만, 우리가 신중하지 못한 탓에 좋은 정책을 채택하지 않고 있습니다.

이런 훈련을 실시한 결과, 고대인들은 훌륭한 보병을 확보했으며, 지금 서쪽 도시들은 우리의 보병보다 더 훌륭한 보병을 두고 있습니다. 고대인들은 보병들을 공화국들이 그랬듯이 집에서 훈련을 시키거나, 앞에서 말한 이유들 때문에 황제들이 그랬듯이 군대에서 훈련을 시켰지요. 그러나 우리는 보병들을 집에서도 훈련시키지 않고 들판에서도 훈련시키지 못합니다. 그들이 우리의 신민이 아니기 때문이지요. 그래서 우리는 그들에게 그들이 원하는 것 외에 다른 훈련을 강요하지 못합니다. 이 같은 사실은 먼저 훈련을, 이어서 조직을 간과하도록 만들었습니다. 그래서 왕국들과 공화국들, 특히 이탈리아의 공화국들이 오늘날 대단히 허약한 상태로 존재하게 되었지요.

그러나 우리의 주제로 돌아가도록 합시다. 훈련 문제를 다루면서, 나는 훌륭한 군대를 만들기 위해서는 병사들을 단련시키고, 병사들을 강하고 빠르고 능숙하도록 다듬는 것으로는 충분하지 않으며, 그들에게 규율을 지키고 신호와 나팔 소리와 지휘관의 목소리를 따르는 것도 가르쳐야 한다는 점을 강조합니다. 아울러 병사들은 멈추고, 후퇴하고, 앞으로 나아갈 때를, 그리고 전투하고, 행군하고, 대열을 지킬 때를 알아야 합니다. 이런 규율을 최대한 준수하고 실천하지 않는 군대는 절대로 훌륭한 군대가 되지 못했지요. 틀림없이, 포악하고 무질서한 남자들이 소심하지만 규율을 잘 아는 남자들보다 훨씬 더 약합니다. 규율이 남자들에게서 두려움을 몰아내고, 규율의 결여는 용감한 사람마저 바보처럼 행동하도록 하기 때문이지요.

다음에 언급할 내용을 보다 쉽게 이해하기 위해서, 당신은 모든 나라가 전쟁에 대비해 자국 남자들을 조직하면서 군대 안에 중요한 집단을 하나씩 만든다는 사실을 알아야 합니다. 각 나라가 이 집단을 다양한 이름으로 부를지라도, 거기에 소속된 병사들의 숫자는 거의 비슷합니다. 모두가 6,000명 내지 8,000명으로 구성되지요. 이 숫자를 로마인들은 '레기온'(legion)[26]이라고 부르고, 그리스인들은 '팔랑크스'라고 부르고, 갈리아 사람들은 '카테르나'(caterna)라고 불렀습니다. 이와 동일한 숫자는, 유일하게 고대의 군사적 흔적을 보여주고 있는 스위스인에 의해, 우리의 언어로 여단을 뜻하는 용어로 불리지요.

각 여단은 다시 여러 개의 대대로 나뉘고 목적에 맞게 조직되는 것이 사실입니다. 그래서 나에게는 우리의 토론을 보다 잘 알려진 이름인 여단에 바탕을 두다가, 나중에 고대와 현대의 체계에 따라 그것을 최대한 훌륭하게 배열하는 것이 더 적절할 것 같습니다.

로마인들이 5,000명 내지 6,000명으로 구성된 레기온을 10개의 보병대로 나눴기 때문에, 나는 우리의 여단을 10개의 대대로 나누고, 여단을 6,000명의 보병으로 구성하길 원합니다. 각 대대에 450명을 할당하고, 그중에서 400명은 무겁게 무장시키고 50명은 가볍게 무장시킬 것입니다. 중무장 보병들은 방패와 검을 무장한 300명과 창을 무장한 100명으로 구성될 것입니다. 전자는 방패병이라 불리고, 후자는 창병이라 불립니다. 경무장 보병은 화승총과 석궁, 미늘창, 둥근 방패로 무장한 50명으로 구성됩니다. 이들은 고대의 이름을 따서 정규 벨리테스(경무장 보병)라 불립니다.

따라서 10개의 대대 전체는 3,000명의 방패병과 1,000명의 정규 창병,

26 군단이라는 뜻의 라틴어.

그리고 500명의 정규 벨리테스로, 총 4,500명의 보병으로 이뤄집니다. 앞에서 6,000명 규모의 여단을 만들기를 원한다고 했지요. 때문에 1,500명의 보병이 더 필요합니다. 나는 그들 중 1,000명을 창으로 무장시키고 그들을 정예 창병이라고 부를 것입니다. 그리고 500명을 가볍게 무장시키고 그들을 정예 벨리테스라고 부를 것입니다. 따라서 나의 보병은 조금 전에 말한 바와 같이 방패를 가진 병력 반과 창이나 다른 무기를 가진 병력 반으로 구성될 것입니다.

대대마다 무관장 1명과 백인대장(centurion) 4명, 십인대장(decurion) 40명을 두고, 별도로 정규 벨리테스의 지휘관 1명과 십인대장 5명을 둘 것입니다. 정예 창병 1,000명에게 무관장 3명과 백인대장 10명, 십인대장 100명을 할당하고, 정예 벨리테스에게는 무관장 2명과 백인대장 5명, 십인대장 50명을 할당하지요. 또한 나는 전체 여단의 지휘관으로 장군을 임명하고, 각 무관장은 서로 뚜렷이 구별되는 깃발과 소리(나팔)를 갖게 될 것입니다.

요약하면, 1개 여단은 10개 대대로, 그러니까 3,000명의 방패병과 1,000명의 정규 창병, 1,000명의 정예 창병, 500명의 정규 벨리테스, 500명의 정예 벨리테스로 구성됩니다. 따라서 1개 여단은 6,000명의 보병을 갖게 되고, 그들 중에 십인대장 1,500명과 무관장 15명, 나팔수 15명과 깃발병 15명, 백인대장 55명, 정규 벨리테스의 지휘관 10명, 깃발병과 나팔수를 거느리는, 전체 여단 지휘관 1명이 포함될 것입니다. 지금 나는 일부러 이 배열을 몇 차례 되풀이하고 있습니다. 그렇게 하면 내가 대대와 군대를 조직하는 방법을 보여줄 때, 당신이 헷갈리지 않을 테니까요.

따라서 나는 신민들을 무장시켜 군대로 조직하길 원하는 왕이나 공화국은 신민들에게 이런 무기들을 제공하고 그들을 조직함으로써 나라 안에 최대한 많은 여단을 창설해야 한다고 강조합니다. 만약 왕 또는 공화국이 앞에 설명한 분류에 따라서 신민을 조직하여 훈련시키길 원한다면, 그때는 대대별로 훈련을 시키기만 하면 될 것입니다. 그리고 각 대대의 병력의 숫자가 그 자체로 하나의 완전한 군대가 되지 않더라도, 그럼에도 불구하고 각 병사는 구체적으로 자신에게 주어진 일을 하는 방법을 배울 수 있지요. 군대에서 두 가지 종류의 명령이 지켜지기 때문입니다. 한 가지 명령은 병사들이 각 대대 안에서 해야 하는 것들이고, 다른 한 가지 명령은 대대가 훗날 군대 안에서 다른 대대들과 함께 해야 하는 것들이지요.

첫 번째 명령을 실천하는 병사들은 두 번째 명령을 쉽게 준수할 것이지만, 첫 번째 명령을 준수하지 않고는 절대로 두 번째 규율을 실천하지 못합니다. 따라서 이 대대들 각자는 온갖 장소에서 벌어지는 모든 종류의 행위에서 대열을 지키는 방법을 스스로 배울 수 있습니다. 이어 집합하는 방법을 배우고, 대대의 고유한 나팔 신호를 배울 수 있지요. 전투 중에는 이 나팔 신호를 통해 명령이 이뤄집니다. 이 신호를 통해서, 병사들은 자신이 해야 할 것을, 말하자면 움직이지 않아야 하는지, 앞으로 나아가야 하는지, 돌아가야 하는지를 알고, 무기를 사용할 시간과 장소를 알게 됩니다.

대열을 잘 유지하기 위해서, 또 휴식이나 행동이 질서를 깨뜨리지 않도록 하기 위해서, 병사들은 나팔 소리를 듣고 지휘관의 명령을 잘 이해해야 합니다. 재빨리 다시 집결하는 방법을 알고 있기 때문에, 이 대대들은 여러 대대들이 함께 모여 있을 때에도 합리적으로 조직된 하나의 군대로서 작전을 펴며 다른 대대들과 함께 해야 할 것들을 쉽게 알 수 있습니다. 그리고 그런 전체적인 훈련도 무시해서는 안 되기 때문에, 모든 대대들은 평화의 시기에 1년에 한두 번 함께 모여 스스로 완전한 군대의 형태를 이룰 수 있습니다. 전면과 측면, 보조 병력을 적절한 곳에 배치해 놓고 며칠 동안

실제로 전투를 벌이는 것처럼 훈련하면서 말입니다.

지휘관이 적의 규모를 눈으로 직접 보고 병력을 배치하거나 눈으로 보지 못하는 적의 규모를 예상하여 병력을 배치하기 때문에, 군대는 두 가지 사태 모두에 대비해야 하며, 행군을 하다가도 위급한 상황이 닥치면 곧바로 싸울 수 있도록 훈련이 되어 있어야 합니다. 이런 훈련을 할 때, 병사들에게 이런 집단 또는 저런 집단의 공격을 받는 경우에 어떤 식으로 행동해야 하는지를 보여 줄 수 있어야 합니다.

지휘관이 눈에 보이는 적과 싸우며 병사들에게 지시를 내릴 때, 그 지휘관은 병사들에게 전투 개시를 어떻게 할 것인지, 격퇴당하는 경우에 어디로 후퇴할 것인지, 누가 그들의 자리를 대신할 것인지, 어떤 신호와 나팔 소리와 목소리를 따라야 하는지를 알려줘야 합니다. 그리고 대대들과 함께 모의 공격을 벌이며 병사들이 진짜 전투에 대한 욕망을 키우도록 만들어야 하지요.

용맹스런 군대는 소속 병사들이 용맹스러워서 그렇게 되는 것이 아니라 대열 속의 병사들이 훈련이 잘 되어 있기 때문에 용맹스러운 군대가 되는 것입니다. 만약 내가 최전선의 전투병인데 적에게 압도당하고 있다면, 어디로 후퇴해야 하는지, 누가 나의 자리를 대신하게 되어 있는지를 잘 알고 있기 때문에, 나는 나를 구조할 사람이 가까이 있다는 사실을 아는 상태에서 언제나 용감하게 싸울 것입니다. 만약 내가 두 번째 줄의 전사라면, 나는 첫 번째 줄이 밀리며 격퇴당해도 실망하지 않을 것입니다. 나 자신이 그런 일이 일어날 수 있다고 짐작했고, 어쩌면 나의 후원자에게 승리를 안겨 줄 존재가 되기 위해서 그런 상황을 바랐을 수도 있으니까요.

군대가 새로 창설되는 곳에서, 그런 훈련이 가장 필요합니다. 군대가 이미 존재하는 곳에서도 마찬가지로 그런 훈련이 필요하지요. 로마인들이 어릴 적부터 군대 조직을 잘 알았다 하더라도, 그럼에도 불구하고 지휘관들은 적을 맞닥뜨리기 전에 끊임없이 병사들에게 그런 훈련을 시켰지요. 요세푸스(Flavius Josephus: A.D. 37(?)-100(?))는 자신의 역사서에서 로마 군대들이 지속적으로 훈련한 결과 돈을 벌기 위해 숙영지를 따라다니는 비전투 인력까지 전투에 도움이 될 수 있었다고 적고 있습니다. 왜냐하면 그들 모두가 명령에 복종하는 방법과 명령을 준수하며 싸우는 방법을 알았기 때문이지요.

그러나 그 당시에 당신이 전투할 목적으로 조직하거나 때가 되면 싸우기 위해 민병대로 조직하는, 새로운 병사들로 이뤄진 군대에서는 이런 훈련 없이는 전체 군대에서나 대대에서나 똑같이 어떤 일도 행해질 수 없습니다. 규율이 반드시 필요하기 때문에, 정성과 노력을 기울여 규율을 모르는 병사들에게 그것을 가르쳐야 하고 그것을 알고 있는 병사들도 그것을 계속 지키도록 해야 합니다. 많은 탁월한 지휘관들이 규율을 지키고 가르치는 일에 매진한다는 사실에서 규율의 중요성이 확인됩니다.

코시모: 이 논의가 장군님께서 본론에서 다소 벗어나도록 한 것 같습니다. 대대들을 훈련시키는 방법에 대해 아직 설명하지 않으셨는데, 장군님께서는 전체 군대와 전투에 대해 논하셨습니다.

훈련의 중요성

파브리치오: 옳은 지적입니다. 진정으로 말하건대, 그 원인이 내가 이 훈련 체계에 애착을 느낀다는 사실에 있지요. 그 체계가 현실로 실현되지 않고 있다는 사실을 확인할 때 느끼는 슬픔도 그 원인이지요. 그럼에도 불구하고, 걱정은 하지 마시길 바랍니다. 곧 그 주제로 돌아갈 것입니다. 당신

에게 말했듯이, 대대를 훈련시키는 일에서 가장 중요한 것은 열을 지키는 방법을 아는 것입니다. 그러기 위해서는 그 체계 속에서 대형을 짓는 것을 연습할 필요가 있지요. 그들은 그 대형을 달팽이라고 불렀습니다.

내가 이 대대들 각각은 400명의 중무장 보병으로 구성되어야 한다고 말했기 때문에, 나는 이 숫자를 고수할 것입니다. 그러므로 대대는 한 줄에 5명이 서는 80개의 열로 정렬되어야 합니다. 그런 다음에 빠르거나 늦게 행진하면서, 그들을 서로 밀집하거나 분산시킵니다. 이렇게 하는 방법을 나는 말보다 동작으로 더 잘 보여줄 수 있지요. 그러고 나면 그에 대한 설명이 덜 필요해집니다. 왜냐하면 군대 경험이 있는 사람이라면 누구나 이 대형이 어떤 식으로 돌아가는지 알기 때문이지요. 이 대형은 군인들이 열을 유지하도록 하는 것 외에는 아무 쓸모가 없습니다. 그래도 대대 하나를 구성해 보도록 하지요.

대대들은 3가지 형태로 조직될 수 있습니다. 가장 유용한 첫 번째 방법은 두 개의 사각형 모양으로, 아주 단단하게 만드는 것입니다(그림 1(87쪽) 참고). 두 번째 방법은 전면이 뿔 모양인 그런 사각형으로 만드는 것이고(그림 3(278쪽) 위 참고), 세 번째 방법은 중앙에 '광장'(piazza)이라 불리는 공간을 가진 형태로 만드는 것입니다(그림 3 아래 참고).

첫 번째 형태(그림 1 오른쪽)를 만드는 방법은 두 가지입니다. 한 가지 방법은 횡렬 하나의 크기를 배로 키우는 것입니다. 말하자면, 두 번째 열이 첫 번째 열 속으로, 네 번째 열이 세 번째 열 속으로, 여섯 번째 열이 다섯 번째 열 속으로, 그런 식으로 연속적으로 들어갑니다. 그러면 5명씩 두었던 80개의 횡렬이 10명씩 40개의 횡렬로 바뀝니다. 그런 다음에 똑같은 방법으로, 한 열이 다른 열 속으로 들어가는 식으로 횡렬의 크기를 다시 배로 만듭니다. 따라서 대대는 20명씩으로 된 20개의 횡렬이 됩니다. 그러면 대대는 거의 2개의 정사각형[27]이 됩니다.

사각형의 한쪽 면에 있는 병사들의 숫자와 다른 쪽 면에 있는 병사들의 숫자가 같을지라도, 앞면은 병사들이 옆 사람과 닿을 정도로 밀집하지만, 옆면은 병사들이 서로 2브라초 정도 떨어져 있습니다. 그렇기 때문에 사각형은 앞 열에서 마지막 열까지의 거리가 이쪽 옆면에서 저쪽 옆면까지의 거리보다 더 멀지요. 이런 식으로 형성된 사각형은 2개의 정사각형이라 불립니다.

오늘 우리가 대대와 전체 군대의 앞쪽과 뒤쪽, 옆쪽에 자리 잡는 부분들에 대해 종종 말해야 하기 때문에, 당신은 내가 머리 또는 전면에 대해 이야기할 때면 앞쪽을 의미한다는 것을 이해할 것입니다. 내가 등이라고 표현할 때, 그것은 뒤쪽을 의미하고, 내가 옆구리라고 말할 때, 그것은 옆쪽을 의미합니다.

대대의 정규 벨리테스 50명은 다른 열들 속에 섞이지 않으며, 대대가 조직될 때, 그들은 대대의 측면을 따라 전개합니다.

대대를 조직하는 또 다른 방법은 이렇습니다. 이것이 첫 번째 방법보다 더 우수하기 때문에, 나는 이 방법으로 대대를 조직하는 과정을 세세하게 소개하고자 합니다. 대대를 구성하는 병사들과 지휘관의 숫자, 그리고 대대를 형성하는 무기들의 종류를 당신은 기억하고 있을 것입니다. 내가 말한 바와 같이, 이 대대가 갖춰야 하는 형태는 20명으로 이뤄진 20개의 횡렬입니다. 앞부분 5개의 횡렬은 창병이고, 그 뒤의 15개의 횡렬은 방패병이지요. 백인대장은 앞쪽에 2명, 뒤쪽에 2명 배치되며, 뒤쪽의 백인대장은 고대인들이 '테르기둣토레'(Tergiduttori: '후미의 지도자들'이란 뜻)라고 불렀던 임무를 맡습니다.

27 즉 하나의 직사각형.

무관장은 깃발병과 나팔수와 함께, 창을 든 5개 횡렬의 병사들과 방패를 든 15개 횡렬의 병사들 사이의 공간에 자리를 잡습니다. 열마다 맨 옆에 십인대장이 서며, 따라서 십인대장은 자신이 맡은 병사들을 바로 옆에 두게 되지요. 그래서 왼쪽 측면에 서는 십인대장은 지휘해야 할 병사들을 오른쪽에 두고, 오른쪽 측면에 서는 십인대장은 지휘해야 할 병사들을 왼쪽에 두게 됩니다. 50명의 벨리테스는 대대의 옆과 뒤에 섭니다.

만약 지금 정규 보병이 동원되는 가운데 대대를 이 형태로 집합시키길 원한다면, 대대는 이런 식으로 조직해야 합니다. 조금 전에 말한 바와 같이, 보병을 5명씩 80개의 열로 세워야 합니다. 벨리테스는 이 배열 밖에 있더라도 머리나 꼬리 부분에 남겨 둬야 합니다. 각 백인대장은 자신의 뒤로 20개의 열을 거느리며, 백인대장 바로 뒤의 5개의 열은 창병이고 나머지는 방패병이 되도록 정렬되어야 합니다. 깃발병과 나팔수를 거느리는 무관장은 두 번째 백인대장의 창병과 방패병 사이의 공간에 서며 방패병 3명의 자리를 차지합니다.

십인대장 중 20명은 왼쪽에 있는 첫 번째 백인대의 옆구리에, 다른 20명은 오른쪽의 마지막 백인대의 옆구리에 섭니다. 그리고 창병을 이끄는 십인대장은 창을 가져야 하고, 방패병을 이끄는 십인대장은 비슷한 무기를 가져야 한다는 것을 당신은 이해해야 합니다.

따라서 이런 식으로 정렬된 열들이 행군을 통해 대대를 이루면서 전면을 형성하길 원한다면, 당신은 첫 번째 백인대장이 첫 20개의 열과 함께 멈추도록 해야 합니다. 그러면 두 번째 백인대장은 행군을 계속하며 오른쪽으로 방향을 바꿨다가 정지해 있는 20개의 열을 따라 다른 백인대장과 나란한 선까지 나아갑니다. 두 번째 백인대장이 첫 번째 백인대장과 나란해지는 지점에서 멈출 때, 세 번째 백인대장은 행군을 계속하다가 마찬가지로 오른쪽으로 방향을 바꿔 정지한 열들을 따라 행군하다가 2명의 백인대장과 나란해지는 자리에서 행군을 멈추지요. 세 번째 백인대장이 멈추면, 다른 백인대장이 자신의 열들과 함께 행군하다가 마찬가지로 오른쪽으로 방향을 전환한 뒤 정지한 열들을 따라 행군하다가 다른 백인대장들과 나란해지는 지점에 이르러 정지합니다. 그 즉시, 백인대장 2명은 병력은 그대로 두고 혼자서 앞쪽의 자리를 떠나 대대의 뒤쪽으로 갑니다. 이것이 우리가 조금 전에 보여주었던 방식에 따라 대대를 조직하는 방법입니다. 벨리테스들은 첫 번째 방법에서 배치되었던 그대로 대대의 옆쪽을 따라 쭉 배열됩니다. 이 첫 번째 방법은 직선 방식의 배증(倍增)이라 불리고, 마지막에 설명한 방법은 측면에 의한 배증이라 불립니다.

첫 번째 방법이 더 쉬운 반면에, 두 번째 방법은 보다 조직적이고, 보다 유연하고, 통제가 보다 쉽습니다. 첫 번째 방법이 더 쉬운 것은 그것이 숫자에 의해 실행되기 때문이지요. 5명을 10명으로 만들고, 10명을 20명으로 만들고, 20명을 40명으로 만드는 식이지요. 그런 식으로 배로 늘리기 때문에, 전면을 15명이나 25명, 30명이나 35명으로 만들지는 못하고, 정해진 숫자를 따르는 수밖에 없습니다. 그럼에도 특별한 상황에 처하는 경우에 60명 내지 80명의 보병으로 전면을 구성해야 하는 수도 있습니다. 그런 때라면, 단순히 직선적으로 배로 만드는 방식은 당신에게 혼란을 안길 수 있습니다. 따라서 나는 첫 번째 방법보다 두 번째 방법을 더 좋아합니다. 이 방법이 야기할 수 있는 어려움은 그것을 적절히 훈련하고 실천하면 쉽게 극복될 수 있습니다.

따라서 나는 재빨리 대형을 이루는 방법을 아는 군인들을 확보하는 것이 그 어떤 일보다 더 중요하다고 말합니다. 군인들을 대대로 편성한 상태에서 철저히 훈련시키고, 앞으로나 뒤로 용감하게 진군하도록 하고, 질서를 깨뜨리지 않고 힘든 지역을 통과하도록 훈련시키는 것이 반드시 필요하지요. 이것을 잘 할 줄 아는 군인들은 경험 많은 군인들이며, 적을 직접 대면한 적이 한 번도 없다 할지라도 숙련된 군인이라 불릴 수 있습니다. 반대로, 이 대형을 지키는 방법을 모르는 군인들은 전투 경험이 천 번에 이를지라도 언제나 신병으로 여겨져야 합니다. 이 말은 군인들이 작은 규모로 행군하기 위해 대열을 이룰 때에도 그대로 적용됩니다.

그러나 군인들이 대열을 이뤘는데 지형이나 적 때문에 일어난 어떤 사건으로 인해 대열이 깨어졌다면, 군인들이 즉시 스스로를 재조직하는 것은 중요한 일이면서 어려운 일입니다. 이 재조직이 부드럽게 이뤄지려면 엄청난 훈련과 연습이 필요하며, 고대인들은 군인들이 스스로 재조직하도록 훈련시키는 것을 대단히 중요하게 여겼습니다.

따라서 두 가지를 할 필요가 있습니다. 첫째는 대대 안에 암호를 다양하게 갖는 것이고, 둘째는 언제나 이 배열을 유지하는 것입니다. 말하자면, 동일한 보병은 언제나 동일한 열에 남아야 합니다. 예를 들어, 어떤 보병이 두 번째 열에 있으라는 명령을 받았다면, 그 후로 그는 언제나 거기에 머물 것이며, 동일한 열에 있어야 할 뿐만 아니라 열 안에서도 동일한 자리에 있어야 합니다. 그렇게 하기 위해서, 내가 말한 바와 같이, 많은 표시들이 필요합니다.

첫째, 깃발을 여러 개 가질 필요가 있다는 사실이 관찰될 것입니다. 여러 대대들이 뒤섞이는 경우에 깃발로 대대를 확인할 수 있기 때문이지요.

둘째, 무관장과 백인대장은 머리 장식의 깃털 다발을 서로 뚜렷이 구별되도록 해야 하며, 더욱 중요한 것은 십인대장들이 서로 구별될 수 있도록 배열하는 것입니다. 고대인들은 여기에 많은 주의를 기울였지요. 그래서 십인대장의 투구에 숫자까지 적어놓고 첫째, 둘째, 셋째, 넷째 등으로 불렀습니다. 고대인들은 이것으로 만족하지 않았습니다. 각 군인은 자신의 방패에 열의 숫자와 그 열 안에서 자신에게 주어진 자리의 번호를 적어야 했습니다. 따라서 군인들은 자신에게 주어진 자리를 지키는 데 익숙했지요. 그랬기 때문에, 군인들이 질서가 깨어지는 상황에 처한다 하더라도, 그들을 재빨리 조직하는 것은 쉬운 일입니다.

깃발이 고정된 채 있기 때문에, 백인대장들과 십인대장들은 눈으로 자신의 위치를 판단할 수 있었으며, 왼쪽에 있던 백인대장이나 십인대장은 평소의 거리를 둔 채 왼쪽에 정렬하고, 오른쪽에 있었던 백인대장이나 십인대장은 오른쪽에 정렬합니다. 규칙과 깃발을 따르는 보병은 쉽게 자신의 자리를 찾을 수 있습니다. 그것은 나무 물통을 만드는 데 쓰이는 널빤지마다 일련번호를 적어놓을 경우에 혹시 흐트러지기라도 하면 쉽게 다시 맞출 수 있지만 번호를 적어 놓지 않을 경우에는 그것을 다시 맞추는 것이 불가능한 것과 다르지 않습니다.

열심히 연습하며 노력하기만 하면, 이 방법은 쉽게 가르쳐질 수 있고 배울 수 있지요. 한번 익히기만 하면, 잘 잊히지 않습니다. 새로 들어오는 병사들은 경험 있는 병사들의 안내를 받고, 그런 훈련을 실시하는 속주는 전체가 전쟁의 전문가가 됩니다. 병사들에게 보조를 맞추며 방향을 전환하는 방법도 가르칠 필요가 있습니다. 필요하다면, 옆쪽과 뒤쪽의 병력으로 전면을 조직하거나, 전면의 병력으로 옆쪽과 뒤쪽을 조직해야 합니다. 이것은 매우 쉬운 일입니다. 각 병사가 명령 받은 쪽으로 몸을 돌리기만 하면 되기 때문입니다. 병사들이 몸을 돌리는 방향이 곧 전면이 되지요.

병사들이 옆으로 방향을 바꿀 때, 열들이 평소의 균형에서 벗어나는 것은 사실입니다. 왜냐하면 앞쪽에서 후미까지의 거리는 가까운데, 이쪽 측면에서 저쪽 측면까지의 거리는 훨씬 더 멀기 때문입니다. 이것은 대대의 정규 대형과는 너무나 다르지요. 그러므로 병사들은 연습을 충분히 하고 신중을 기해야 합니다. 그러나 이보다 더 중요하고, 더욱 많은 연습이 필요한 것은 대대가 마치 하나의 단단한 몸처럼 그대로 방향을 전환하는 때입니다. 이 대목에서 많은 연습과 세심한 주의가 필요하지요. 예를 들어, 왼쪽으로 이동하길 원한다면, 왼쪽 뿔은 멈출 필요가 있으며(그림 3(278쪽) 참고), 멈춘 병사들과 가까운 병사들은 천천히 행진해야 하고 오른쪽의 병사들은 거의 뛰다시피 해야 합니다. 그렇게 하지 않으면 모든 것이 엉망이 되고 말지요.

그러나 군대가 이곳에서 저곳으로 행군할 때, 전면에 위치하지 않아 전면에서 전투할 필요가 없었던 대대들이 측면 또는 후미로부터 전면으로 신속히 이동해야 하는 상황이 언제나 일어납니다. 그런 상황에서 전면으로 이동해야 하는 대대들이 우리가 앞에서 암시한 바와 같이 필요한 공간을 확보하고 있을 때, 측면의 창병들이 전면이 되고, 측면에 속했던 십인대장과 백인대장, 무관장 등의 지휘자들은 다시 적절한 자리를 찾습니다. 따라서 이렇게 하기 위해서, 병사들을 조직할 때, 5명씩 80개의 열로 배열할 필요가 있습니다. 이때 창병들은 모두 앞쪽 20개의 열에 놓고, 그 병사들의 십인대장 10명 중 5명은 앞에 놓고 5명은 뒤에 놓습니다. 그 뒤의 60개의 열은 모두 방패병입니다. 총 300명이지요. 따라서 모든 백인대의 첫 줄과 마지막 줄은 십인대장이고, 깃발병과 나팔수를 거느리는 무관장은 방패병들의 첫 백인대의 한가운데에 위치하며, 백인대장들은 모든 백인대의 앞에 섭니다.

병력을 이런 식으로 정렬할 때, 만약 창병을 왼쪽 옆구리 쪽에 두길 원한다면, 당신은 오른쪽 옆구리에 백인대 옆에 다른 백인대를 두는 방식으로 그 병력을 배로 늘려야 합니다. 만약 창병들을 오른쪽 옆구리 쪽에 두길 원한다면, 당신은 왼쪽 옆구리에 백인대 옆에 다른 백인대를 둠으로써 그 병력을 배로 늘려야 합니다. 따라서 이 대대는 창병들이 옆쪽에 있고 십인대장들이 앞과 뒤에 있고 백인대장들이 십인대장들의 앞에 있고 무관장이 한가운데에 있는 그런 조직이 됩니다.

앞으로 이동하는 동안에 이 대형이 유지되겠지만, 군대가 옆구리를 전면으로 만들기를 원하거나 적이 접근해 올 때, 군대는 모든 병사들의 얼굴을 창병이 있는 옆구리 쪽으로 돌리도록 하는 것 외에 달리 할 것은 없습니다. 그런 다음에 대대는 앞에서 묘사한 대로 병사들이 열을 짓도록 하고 지휘관들이 각자의 자리를 찾도록 합니다. 백인대장들을 제외하고 모두가 자신의 자리에 있기 때문에, 백인대장들도 별 어려움 없이 금방 자신의 자리로 들어갈 수 있지요.

그러나 군대가 앞으로 행군하는 중에 뒤쪽에서 전투를 벌여야 하는 상황이 벌어진다면, 그때는 병사들을 대대로 구성하면서 창병이 후미에 위치하도록 배열해야 합니다. 그렇게 하기 위해서, 대대를 조직할 때, 모든 백인대가 4개 열의 창병을 대체로 앞에 두는데 이번만은 뒤에 둡니다. 그 외에 다른 부분들은 내가 언급한 순서 그대로입니다.

코시모: 저의 기억이 정확하다면, 장군님께서는 이 훈련 방법을 이용하면 대대들을 하나의 군대로 조직하는 것이 가능하다고 말씀하셨습니다. 또 이 훈련은 대대들이 군대 안에서 스스로를 조직하는 데도 도움을 준다고 하셨습니다. 그러나 이 450명의 보병들이 별도로 전투를 벌여야 한다면, 장군님께서는 그들을 어떤 식으로 조직할 것입니까?

2개의 뿔을 가진 여단을 조직하는 방법

파브리치오: 그 병력을 지휘하는 사람은 누구나 창병을 어디에 배치할 것인지를 판단하고 그 병력을 그 자리에 배치해야 합니다. 이것은 앞에서 설명한 배열과 어떤 점에서도 모순되지 않습니다. 비록 그것이 다른 대대들과 함께 힘을 합해 교전을 벌이는 때에 지켜야 하는 방식일지라도, 그것이 당신이 다뤄야 하는 모든 유형에 유익한 원칙은 아닙니다. 그러나 내가 고안한, 대대를 조직하는 다른 두 가지 방법을 더 보여주면서, 나는 당신의 질문에 더욱 만족스러운 대답을 내놓을 것입니다. 어느 대대가 다른 대대들과 함께 있지 않고 따로 있을 때, 그 방법들을 이용하든지 이용하지 않든지 둘 중 하나일 것이기 때문이지요.

2개의 뿔을 가진 대대를 구성하는 방법에 대해 말하자면, 각각 5명씩인 80개의 열을 다음과 같은 방식으로 구성해야 합니다. 백인대장을 한가운데에 놓고, 그 백인대장 뒤로 25개의 열을 배치하지요. 이 열 중 왼쪽 두 사람은 창병이고, 오른쪽 세 사람은 방패병입니다. 첫 5개의 열 뒤에 오는 20개의 열 안에 십인대장 20명이 배치되고, 십인대장들은 모두 창병과 방패병 사이에 섭니다. 창을 든 십인대장은 예외입니다. 그들은 창병들과 함께 있을 수 있지요.

이런 식으로 배열된 25개의 열 뒤에 또 다른 백인대장이 배치됩니다. 이 백인대장 뒤로 15개 열의 방패병이 자리 잡지요. 이들 뒤에, 무관장이 깃발병과 나팔수 사이에 섭니다. 무관장 뒤로도 15개 열의 방패병이 따릅니다. 그들 뒤에 세 번째 백인대장이 섭니다. 그는 뒤로 25개의 열을 거느리지요. 이 열 각각은 왼쪽의 방패병 3명과 오른쪽의 창병 2명으로 이뤄집니다. 첫 5개의 열 뒤로 20명의 십인대장이 창병과 방패병 사이에 섭니다. 이 열들 뒤에 네 번째 백인대장이 옵니다.

따라서 이 열들을 2개의 뿔을 가진 대대로 배열하길 원한다면, 첫 번째 백인대장은 뒤에 따르고 있는 25개의 열과 함께 멈춰야 합니다. 그러면 두 번째 백인대장은 뒤에 있는 15개 열의 방패병들과 함께 움직이며 첫 25개 열의 오른쪽으로 방향을 바꿔야 합니다. 그런 다음에 25개의 열의 오른쪽 옆구리를 따라 15번째 열까지 간 다음에 거기서 멈춰야 합니다.

그 다음에, 무관장이 뒤쪽의 방패병 15개의 열과 함께 오른쪽으로 방향을 바꿔 앞서 이동한 15개 열의 오른쪽 옆구리를 따라 그 열의 선두까지 가서 멈춥니다. 이제는 세 번째 백인대장이 25개의 열과 그들의 뒤에 있는 네 번째 백인대장과 함께 오른쪽으로 방향을 바꾸고 마지막으로 이동한 15개 열의 방패병의 오른쪽 옆구리를 따라 행군합니다. 이 백인대장은 그 방패병들의 맨 앞줄에서 멈추지 않고 자신의 25개 열중 마지막 열이 그 15개의 열 중 마지막 열과 나란해질 때까지 행군을 계속합니다. 여기까지 진행한 다음에, 첫 15개 열의 방패병들의 지휘자였던 백인대장은 그때까지 서 있던 자리를 벗어나서 왼쪽 귀퉁이 뒤로 갑니다. 그러면 전면의 양쪽에 각각 하나씩 2개의 뿔이 있고, 보병이 20명씩 25개의 열을 이루는 하나의 대대가 완성됩니다.

각 뿔은 5명씩 10개의 열로 구성되었으며, 두 뿔 사이에 10명이 나란히 설 수 있는 공간이 남지요. 지휘관은 두 개의 뿔 사이에 설 것이며, 백부장은 뿔의 귀퉁이마다 설 것입니다. 또한 뒤편의 양쪽에도 백부장이 설 것입니다. 이제 양쪽 옆구리에는 똑같이 창병으로 구성된 2개의 열과 20명의 십인대장이 서게 되지요.

대대가 포병을 두는 경우에 포병과 마차들이 2개의 뿔 사이에 자리를 잡습니다. 벨리테스는 창병들을 끼고 측면에 있어야 합니다. 그러나 뿔을 가진 이런 대대 형태를 광장의 형태로 바꾸길 원한다면, 20명씩으로 구성된 15개의 열들 중에서 8개를 빼내서 두 개의 뿔 사이에 배치하기만 하면 됩니다(그림 3(278쪽) 참고). 그러면 뿔은 이제 광장의 후미가 되지요. 마차들은 광장에 그대로 있고, 지휘관과 깃발병도 거기에 있지만 포병은 거기 있지 않고 전면이나 측면을 따라 배치됩니다.

이것들은 대대가 의심스러운 지역을 통과하는 때에 이용할 수 있는 방법들입니다. 그럼에도 불구하고, 뿔도 없고 광장도 없는, 단단한 대대가 최고입니다. 그러나 무장하지 않은 인력을 안전하게 지키길 원한다면, 뿔을 가진 대대 편성이 필요합니다.

스위스도 마찬가지로 다양한 형태의 대대들을 두고 있습니다. 그 중에는 십자형으로 만드는 방법도 있습니다. 스위스인은 십자가의 팔들 사이의 공간에 화승총병을 배치하여 그들을 적의 공격으로부터 안전하게 지키지요. 그러나 그런 대대들은 단독으로 전투하는 데 용이하고, 나의 의도는 연합한 몇 개의 대대들이 적에 맞서 어떻게 함께 싸우는지를 보여주는 것이기 때문에, 나는 그것에 대해 묘사하며 나 자신을 추가로 더 힘들게 만들고 싶지 않습니다.

코시모: 이 대대들에 속하는 병사들을 훈련시키는 방식은 잘 이해하게 된 것 같습니다만, 제 기억이 정확하다면, 장군님께서는 여단에 10개의 대대 외에 정예 창병 1,000명과 정예 벨리테스 500명을 추가하겠다고 하셨습니다. 이들을 훈련시키는 방법에 대해서는 설명하지 않으실 것입니까?

정예 창병과 정예 벨리테스의 목적

파브리치오: 아주 열심히 설명하도록 하지요. 나는 정예 창병들을 소속

대대별로 나눠서 다른 창병들과 마찬가지로 훈련시킬 것입니다. 나는 호위하거나 약탈하거나 그와 비슷한 모든 특별한 활동에 그들을 정규 대대 그 이상으로 활용할 것입니다. 그러나 정예 벨리테스는 특별히 다른 사람들과 한자리에 집합시키지 않고 집에서 훈련시킬 생각입니다. 흩어져 싸우는 것이 그들의 임무이기 때문에, 그들이 한자리에 모여 합동으로 훈련할 필요는 없지요. 그들은 특정한 훈련을 받는 것으로 충분할 것입니다.

따라서 내가 처음에 말한 바가 있어서 반복하기가 좀 뭣하지만, 지휘관은 대대 안에서 병사들이 자신의 열을 지키고, 자신의 자리를 알고, 적이나 장소가 대열을 무너뜨리는 즉시 다시 그 자리로 돌아가는 방법을 알도록 훈련시켜야 합니다. 이 과정을 거치고 나면, 병사들에게 대대가 고수해야 하는 장소와 대대가 군대 안에서 맡은 임무를 쉽게 가르칠 수 있습니다.

만약 어떤 군주 또는 공화국이 이 같은 조직과 훈련의 측면에서 열심히 연구하고 노력한다면, 그 나라에 훌륭한 군인들이 언제나 존재하는 그런 성과가 나타날 것입니다. 아마 그 군인들은 이웃 국가들의 군인들보다 더 우수할 것이고, 다른 나라 군인들의 명령을 받는 사람이 아니라 그들에게 명령을 내리는 사람이 될 것입니다. 그러나 내가 말했듯이 지휘관이 오늘날 일상적으로 경험하는 무질서가 그로 하여금 이런 것들에 신경을 쓰지 않고 무시하도록 할 것입니다. 따라서 우리의 군대는 훌륭하지 않습니다. 선천적으로 역량을 갖춘 지도자나 구성원이 있다 하더라도, 그 사람들은 그런 특성을 발휘하지 못할 것입니다.

코시모: 장군님께서는 이 대대들이 어떤 마차를 갖길 바랍니까?

백인대장이나 십인대장은 말을 타지 말아야

파브리치오: 내가 가장 바라는 것은 백인대장이나 십인대장은 말을 않는 것입니다. 만약 무관장들이 말을 타기를 원한다면, 말이 아니라 노새를 갖기를 바랍니다. 나는 무관장에게 마차 두 대를, 백인대장 각자에게 한 대를, 십인대장 3명마다 두 대를 허용할 것입니다. 그들이 숙영지에서 많은 물건을 실어야 하니까요. 이 부분에 대해서는 다시 논하게 될 것입니다. 그렇게 배당하면 각 대대는 마차 36대를 갖게 됩니다. 텐트와 조리용 도구, 손도끼, 숙영장 만드는 데 필요한 쇠막대기 등을 먼저 싣고, 여유가 있으면 편의를 위한 물건을 싣게 될 것입니다.

코시모: 저도 장군님이 대대에 배치한 지도자들이 필요하다고 믿습니다. 그럼에도 불구하고, 그렇게 많은 지도자들이 서로 혼란을 일으키지 않을까 하는 걱정이 있습니다.

지도자들이 많아야 군대를 지배할 수 있다

파브리치오: 만약 그 지도자들이 한 사람의 개인에게 책임을 지지 않는다면, 그런 혼란이 일어날 수 있을 겁니다. 그러나 그들은 책임을 지기 때문에 명령할 수 있지요. 정말로, 그들이 없으면, 대대가 완강하게 버티는 것은 불가능합니다. 사방에서 기우는 벽이 있다면 많은 지지대가 긴급히 필요하기 때문이지요. 이때는 강한 몇 개의 지지대보다 그렇게 강하지 않더라도 많은 지지대가 더 효과적입니다. 단 한 사람의 역량은 멀찍이서 그 벽을 붕괴로부터 구해내지 못합니다. 그렇기 때문에, 군대 안에서 병사 10명마다 보다 생동감 넘치고 보다 용감하고 보다 큰 권위를 가진 한 사람이

있어야 합니다. 그 사람은 용기와 말과 실제 예를 통해서 병사들을 흔들리지 않게 지키고 싸울 태세를 유지하도록 이끌어야 합니다. 그리고 내가 필요한 것으로 언급한 지휘자들과 깃발병, 나팔수 등은 군대에 반드시 있어야 합니다.

현재 우리 군대에도 이들이 있지만, 누구도 자신의 의무를 다하지 않고 있지요. 첫째, 십인대장들이 명령 받은 것을 해내기 위해서는, 내가 말한 바와 같이, 십인대장 각자가 자신만의 병사들을 거느리고, 그들과 함께 자고, 명령 받은 것을 함께 수행하고, 동일한 열에 포함되는 것이 반드시 필요합니다. 그래야 그들이 자신의 위치에서 지휘자로서 대열을 견실하고 일관되게 지킬 수 있습니다. 그러면 그들이 대열을 무너뜨리거나, 무너질 경우에 대열의 질서를 다시 찾지 못하는 일은 거의 일어나지 않지요. 그러나 오늘날 우리는 십인대장들이 다른 병사들보다 돈을 더 많이 받도록 하고 특별한 행위를 하도록 하는 외에 그들을 달리 이용하지 않고 있지요.

깃발병들도 마찬가지입니다. 그들이 군사적인 목적보다는 아름다운 겉모습을 위해 유지되고 있으니 말입니다. 고대인들은 깃발병을 병사들을 재조직하는 안내자로 이용했지요. 깃발이 흔들림 없이 서 있을 때, 모든 병사들은 깃발 근처에 자신이 서야 할 자리를 알고 언제든 그곳으로 돌아갈 수 있었지요. 병사들은 또한 깃발이 이동하거나 서면, 자신도 이동하거나 서야 한다는 것을 알았습니다. 그러므로 하나의 군대 안에는 많은 집단들이 있어야 하고, 또 그 집단들은 저마다 깃발과 안내자를 둘 필요가 있습니다. 만약 군대 안의 집단들이 깃발을 갖고 있으면, 그들은 용기가 더 높아지고, 더 팔팔하게 움직이게 됩니다. 따라서 보병은 깃발을 따라 행군해야 하고, 깃발은 나팔 소리에 따라 움직여야 합니다.

나팔 소리는 제대로 이용하는 경우에 군대를 지휘할 수 있습니다. 군대는 나팔 소리에 맞춰 행진하며 질서를 쉽게 유지할 수 있지요. 이것이 고대인들이 피리와 파이프와 나팔, 그리고 완벽하게 조율된 악기들을 가졌던 이유입니다. 춤을 추는 사람이 음악을 잘 따르는 사이에 실수를 저지르지 않듯이, 군대도 이동하며 음악을 따르는 경우에 질서를 잃지 않지요.

따라서 고대인들은 병사들의 감정에 불을 붙이거나 감정을 가라앉히거나 용기를 북돋우거나 할 때, 상황에 따라 악기 소리를 다양하게 썼지요. 소리가 다양했던 만큼, 그 소리를 부르는 이름도 달랐답니다. 도리아의 음악은 충성을 불러일으키고, 프리기아의 음악은 분노를 불러일으켰습니다. 그래서 알렉산드로스(Alexandros) 대왕이 테이블에 앉아 있을 때면 어떤 사람이 프리기아 음악을 연주했다는 이야기가 전해 오지요. 그 음악이 그의 정신에 불을 뜨겁게 질렀기 때문에 그가 무기를 들지 않을 수 없게 되었다고 합니다.

이런 모든 방법들을 다시 발견할 필요가 있습니다. 재발견이 어렵다면, 적어도 군인들에게 복종하라고 가르치는 사람들이 그런 것들을 완전히 무시하는 일만은 없어야겠습니다. 그러면 그들 각자는 훈련을 통해서 군인들의 귀가 소리에 익숙해지도록 하면서 자신만의 방법으로 소리를 활용할 수 있지요. 그러나 오늘날에는 이 소리들이 대부분 소음을 일으키는 외에 다른 효과는 전혀 발휘하지 못하고 있습니다.

코시모: 우리 시대의 이런 천박과 무질서, 훈련 무시는 어디서 비롯되는지, 장군님을 통해서 알고 싶습니다. 이런 것들에 대해 깊이 생각해 보셨습니까?

파브리치오: 내가 생각하는 바를 기꺼이 밝히도록 하겠습니다. 당신도 전쟁에 탁월한 인물들에 대해 알고 있습니다. 유럽에는 유명한 인물들이 많고, 아프리카와 아시아에는 그런 인물들이 적었지요. 이런 결과는 아프

리카와 아시아에는 한두 개의 공국과 극소수의 공화국밖에 없었지만 유럽에는 몇 개의 왕국과 무수히 많은 공화국이 있었다는 사실에서 비롯됩니다. 그리고 남자들은 군주나 공화국이나 왕에게 고용되고 인정받게 되면서 탁월해지고 자신의 역량을 보여주게 됩니다. 그러므로 권력이 막강한 곳에서 용감한 남자들이 많이 나타나고, 권력이 약한 곳에서 그런 남자들이 드물게 나타나게 됩니다.

아시아에서는 니누스(Ninus)[28]와 페르시아의 키루스(Cyrus: B.C. 6세기)와 아르타크세르크세스(Artaxerxes: B.C. 5세기), 미트리다테스(Mithridates: B.C. 135-B.C. 63)[29]와 이들과 대등한 극소수의 인물들이 발견됩니다. 아프리카에도 고대 이집트의 인물들을 제외하면, 마시니사(Massinissa: B.C. 239-B.C. 148)[30]와 유구르타(Jugurtha: B.C. 160(?)-B.C. 104)[31], 그리고 카르타고 공화국의 지휘관들이 있지만, 이들은 유럽의 탁월한 인물들의 숫자와 비교하면 극소수이지요. 유럽에는 탁월한 남자들이 무수히 많으며, 만약 시대의 증오 때문에 망각된 탁월한 인물까지 포함시킨다면, 숫자는 훨씬 더 많아집니다.

세상은 역량을 선호하는 국가들이 많을 때 필요에 의해서나 다른 인간적인 열정에 의해서 역량을 더욱 강하게 보여 왔습니다. 따라서 아시아에는 탁월한 남자들이 극히 적었지요. 그 지역이 한 왕국에 전적으로 종속되었

---

28 B.C. 13세기의 인물로 대체로 니네베의 창건자로 여겨진다.

29 아나톨리아 북부 폰투스 왕국의 왕으로, 로마 공화정 말기에 로마 장군 술라(Lucius Cornelius Sulla: B.C. 138-B.C. 78)와 루쿨루스, 폼페이우스와 격돌한 것으로 유명하다.

30 누미디아의 왕으로 제2차 포에니 전쟁에서 카르타고를 지원하다가 나중에 로마 공화정에 가담하여 로마가 카르타고를 멸망시키는 데 도움을 주었다.

31 누미디아의 왕으로, 사촌을 죽이고 권좌를 차지했으며, 그 과정에 로마 공화정과 갈등을 빚었다.

는데, 이 왕국이 위대했던 탓에 전반적으로 나태했으며, 따라서 남자들이 탁월한 활동을 펼치기가 어려웠기 때문이지요. 이와 똑같은 현상이 아프리카에도 나타났습니다. 그러나 아프리카가 탁월한 인물들을 조금 더 많이 배출했다면, 그것은 카르타고 공화국 덕분입니다.

탁월한 인간들은 왕국보다 공화국에서 더 많이 나옵니다. 공화국의 경우에 역량이 대부분의 시대에 높이 평가받고, 왕국에서는 역량이 두려움의 대상이 되기 때문입니다. 따라서 공화국에서는 역량을 갖춘 남자들이 양성되고, 왕국에서는 역량을 갖춘 남자들이 소멸됩니다. 그러므로 유럽의 예들을 고려하는 사람이라면 누구나 유럽이 공화국과 공국으로 가득했으며, 다른 공화국들이나 공국들에 대한 두려움 때문에 군사 조직을 생생하게 유지했으며 군사 조직을 지배하는 자들을 존경했다는 사실을 발견할 것입니다.

그리스에는 마케도니아 왕국 외에 많은 공화국이 있었으며, 각 공화국에서 매우 탁월한 남자들이 많이 나왔습니다. 이탈리아에는 로마인들과 삼니움족, 토스카나인, 알프스 이남의 갈리아인이 있었습니다. 프랑스와 독일은 공화국들과 군주들로 가득했지요. 스페인도 마찬가지였습니다. 그리고 다른 민족들 중에서 유명한 인물의 수가 로마인들에 비해 소수인데, 그것은 관련 글을 남긴 저자들의 악의에 따른 결과일 뿐입니다. 물질적 부를 추구했던 그 저자들에게는 종종 승자들에게 영광을 안기는 것으로 충분했으니까요.

패배하기 전까지 로마 사람들과 50년이나 싸웠던 삼니움족과 토스카나인들 사이에 탁월한 남자들이 많이 나타나지 않았다는 주장은 합리적이지 않습니다. 프랑스와 스페인에서도 똑같은 일이 벌어졌습니다. 그러나 개별 남자들에게서 발견해 칭송하지 않은 그 역량을 저자들은 민족을 대상으로 포괄적으로 칭송합니다. 그 민족들이 자유를 지키기 위해 보여주었던 집요함을 높이 칭찬하는 것입니다.

제국들이 많은 곳에서 용맹스런 남자들이 더 많이 나타나는 것이 사실이기 때문에, 제국들이 점진적으로 사라지면, 역량도 사라지게 됩니다. 남자들이 역량을 갖추도록 할 동기들이 줄어들기 때문이지요. 후에 로마 제국이 성장을 계속하며 유럽과 아프리카와 아시아의 대부분 지역의 공화국들과 공국들을 모두 소멸시켰을 때, 로마를 제외하곤 역량을 갖출 길이 전혀 남지 않게 되었습니다. 그래서 역량 있는 남자들이 아시아에서와 마찬가지로 유럽에서도 적어지기 시작했지요. 그러다가 역량이라는 미덕이 최종적으로 쇠퇴하게 되었지요. 왜냐하면 모든 역량이 로마로 몰렸을 때, 로마가 부패하자 세계가 거의 전부 쇠락하게 되었고, 따라서 스키타이인이 로마 제국을 약탈할 수 있었지요.

로마 제국은 다른 민족들의 역량을 소멸시켰지만 자신의 역량을 지켜나가는 방법을 몰랐던 것입니다. 훗날 로마 제국이 몰려드는 야만인들로 인해 몇 개의 부분으로 나뉘게 되지만, 나뉜 지역에서 역량이 다시 살아나지는 않았지요.

고대의 조직이 무시되는 이유

첫 번째 이유는 망가진 제도를 되살리기 위해서는 대가를 치러야 하기 때문이고, 또 다른 이유는 오늘날 삶의 방식이 기독교 종교 때문에 고대에 존재했던 역량을 옹호하지 않기 때문입니다. 고대에는 전쟁에 패배한 남자들은 사형에 처해지거나 종신 노예가 되어 비참한 삶을 살았습니다. 정복당한 땅은 황폐케 하고, 그곳의 거주자들은 쫓겨났지요. 그들은 재산을 몰수당하고 세계 각지로 흩어졌지요. 그랬기 때문에 전쟁에서 진 사람들은 더없이 비참한 삶을 살았습니다. 남자들은 그런 운명을 두려워했으며, 따라서 그들은 군사 훈련을 확실히 받고, 탁월한 사람들을 존경했지요.

그러나 오늘날 이 두려움은 대부분 사라졌으며, 패배한 남자들 중에서 사형에 처해지는 사람은 극소수이며, 오랫동안 죄수로 지내는 사람은 전혀 없습니다. 그들이 쉽게 자유의 몸이 되니 말입니다. 도시들은 반란을 천번을 일으켜도 파괴되지 않으며, 재산은 도시의 사람들에게 남지요. 그래서 가장 무서운 악은 몸값이며, 남자들은 무섭지 않은 군사 조직에 복종하기를 바라지 않으며, 별로 두렵지 않은 위험으로부터 벗어나려고 온갖 꾀를 쓰고 있습니다.

그래서 유럽의 이 지역들은 과거와 비교할 때 소수의 지도자 아래에서 존재하고 있습니다. 프랑스의 모든 지역이 한 사람의 왕에게 복종하고 있고, 스페인의 모든 지역이 또 다른 왕에게 복종하고 있으며, 이탈리아도 몇 개의 부분으로 존재하고 있으니까요. 그래서 약한 도시들은 누구든 승자들의 편에 섬으로써 자신을 지키고, 강한 국가들은 앞에서 언급한 이유들 때문에 종국적 파멸을 두려워하지 않지요.

코시모: 지난 25년 동안[32] 많은 도시들이 약탈당하고 왕국을 상실한 것이 확인되었습니다. 그 예는 다른 도시들에게 생존 방법을 가르쳐야 할 뿐만 아니라, 고대의 조직 일부를 다시 채택하도록 가르쳐야 합니다.

파브리치오: 당신이 말한 대로입니다. 그러나 어느 도시들이 약탈당했는지를 살핀다면, 그 도시들이 국가의 지도자급에 속하지 않고 구성원에 지나지 않는다는 사실이 확인될 것입니다. 밀라노가 아니라 토르토나가, 나폴리가 아니라 카푸아가, 베네치아가 아니라 브레시아가, 로마가 아니라

---

32 이 토론이 있기 25년 전인 1494년에 샤를 8세 프랑스 왕이 이탈리아를 침공했다.

라벤나가 약탈당했지요. 어떤 예도 현재 통치하고 있는 사람들이 사고방식을 바꾸도록 하지 못하며, 오히려 배상금으로 피해를 복구할 수 있다는 의견을 더 강하게 품도록 할 것입니다. 그런 사고방식 때문에, 그들은 군사 훈련이라는 귀찮은 일을 떠안으려 하지 않습니다. 부분적으로 그런 훈련이 그들에게 불필요해 보이고, 또 부분적으로는 그들이 이해하지 못하는 분쟁처럼 보이기 때문이지요.

　노예 상태에 있는 다른 사람들은 그런 예들 앞에서 경각심을 느끼겠지만, 그들에게는 상황을 타개할 힘이 전혀 없습니다. 국가를 잃은 군주들은 국가를 잃었기 때문에 더 이상 시간이 없으며, 국가를 가진 군주들은 군사 훈련을 하지 않거나 군사 훈련을 하길 원하지 않습니다. 그런 군주들은 역량을 통해 권좌를 지키는 것이 아니라 힘든 일을 하지 않고 그냥 운 좋게 권좌를 지키기를 원하지요. 역량이 너무나 부족하기 때문에, 그런 군주들은 운이 모든 것을 지배하는 것을 그냥 보고만 있습니다. 따라서 그들은 운이 자신을 지배해주길 바라며 자신이 운을 지배하길 원하지 않습니다. 지금 내가 말하고 있는 내용은 사실입니다.

　독일을 보십시오. 거기엔 공국과 공화국들이 많기 때문에, 역량이 풍부합니다. 현재 우리 군대에서 훌륭한 것은 모두 그들의 예를 따르고 있지요. 다른 곳에서는 예속을 두려워하지 않는데, 그들은 모두가 예속을 두려워하는 까닭에 자기 나라를 소중히 여기며 스스로 명예롭게 처신하고 있습니다. 이것으로 현재 나타나고 있는 타락의 원인들에 대한 설명은 충분할 것으로 생각합니다. 당신에게도 충분해 보이는지, 아니면 설명을 듣는 사이에 또 의문이 떠올랐는지 궁금합니다.

　코시모: 의문이 전혀 없습니다. 저는 모든 것에 대단히 만족하고 있습니다. 우리의 주요 주제로 돌아가면서, 장군님께서는 대대의 기병을 어떻게

배열할 것인지, 병력은 몇 명으로 할 것인지, 지휘는 어떻게 하고, 또 무장은 어떻게 할 것인지 알고 싶습니다.

기병의 무장

파브리치오: 당신에게는 내가 그런 내용을 제외시킨 것처럼 느껴지는가 봅니다. 그래도 놀라지 마십시오. 두 가지 이유로 그런 것에 대해서는 별로 이야기하고 싶지 않으니까요. 한 가지 이유는 군대의 이 부분은 보병보다 덜 타락했기 때문입니다. 기병은 고대보다 더 강하지는 않아도 비슷한 수준입니다. 그러나 조금 전에 그들을 훈련시키는 방법이 언급되었습니다. 그리고 기병을 무장시키는 것에 대해서라면, 나는 중기병과 경기병을 현재 하고 있는 것처럼 무장시킬 겁니다. 그러나 경기병은 모두 궁병으로 조직하기를 원하지요. 그들 중 약간만 화승총병으로 할 것입니다.

화승총병은 전쟁의 다른 활동에는 거의 쓸모가 없지만 농민들을 겁먹게 하여 그들이 지키고 있는 길에서 나오도록 하는 데는 대단한 효과를 발휘합니다. 한 사람의 화승총병은 적에게 다른 무장 군인 20명보다 더 큰 두려움을 안기지요.

기병의 숫자에 대해 말하자면, 나는 로마 군대를 모방하여 대대마다 유능한 기병을 300명 이상 두지 않을 것입니다. 그 중 중기병을 150명으로, 경기병을 150명으로 할 것입니다. 중기병과 경기병에 지휘관을 한 사람씩 두고, 깃발병과 나팔수를 둘 것이며, 15명의 십인대장을 둘 것입니다. 중기병 10명마다 마차가 5대 주어지고, 경기병 10명마다 마차가 2대 주어질 것입니다. 그 마차들도 보병의 것이나 마찬가지로 텐트와 조리 도구, 도끼와 쇠막대기 등을 싣게 되지요.

오늘날 중기병들이 말 4마리를 이용하는 것을 보면서, 경기병에게 마차를 인색하게 할당하는 것이 부적절하다고 생각하지는 마십시오. 그런 예는 타락하고 있는 관행입니다. 독일에서, 중기병들이 말만 이용하고, 20명마다 필요한 짐을 싣는 마차가 하나씩 할당되고 있으니까요. 로마 군대에서도 마찬가지로 기병들은 말만 가졌습니다. '트리아리'(triarii: 중창병)가 기병 근처에서 야영하며 말의 관리를 도왔던 것이 사실입니다.

숙영지 할당에 대해 설명할 때 당신에게 보여주겠지만, 이것은 우리도 쉽게 모방할 수 있지요. 로마 병사들이 과거에 했고 독일 병사들이 지금 하고 있는 것은 우리도 할 수 있습니다. 그렇게 하지 않는 것은 실수입니다. 여단과 함께 징집되고 조직되는 이 기병들은 대대들이 모일 때 종종 함께 모여서 그들끼리 공격 연습을 하도록 할 수 있습니다. 이것은 다른 필요성보다 그들이 서로를 잘 알게 되는 기회가 될 것입니다. 그러나 이 주제에 대해서는 이것으로 충분한 것 같으니, 이제는 적과 전쟁을 벌여 군대의 목적인 승리를 기대할 수 있는 그런 군대를 다듬어내는 문제를 다룰까 합니다. 거기에 대한 공부는 아주 깊어야 합니다.

3장

군대의 조직과 전투

코시모: 토론 주제를 바꾸었으니, 질문자도 바꿨으면 합니다. 제가 건방지다는 소리를 듣기 싫어 하기 때문이기도 합니다. 제가 다른 사람들을 비난했던 것이 바로 그 점이었으니까요. 따라서 저는 독재권을 내려놓고 이 권리를 저의 친구들 중 원하는 사람에게 넘길 생각입니다.

자노비: 선생님께서 계속 맡아주시면 더없이 고맙겠습니다만, 그러고 싶지 않으시다니 어쩔 수 없군요. 적어도 선생님께서는 저희 중에 누가 그 자리를 맡으면 좋을지에 대해 말씀하실 수 있을 겁니다.

코시모: 그 일을 파브리치오 장군님께 넘기고 싶습니다.

파브리치오: 기꺼이 받아들이겠소. 가장 젊은 사람이 가장 먼저 말하는 베네치아의 관습을 따르겠소이다. 이 훈련이 젊은이들을 위한 것이기도 하니까요. 나는 젊은이들이 타인의 추론을 따르는 그 이상으로 추론에도

110

능하다고 알고 있습니다.

코시모: 그렇다면 루이지 자네야. 자네가 질문자의 입장에 만족한다면, 나는 후임자를 크게 환영하네.

고대 그리스인과 로마인은 어떤 식으로 싸웠나

파브리치오: 군대가 교전을 잘 하도록 조직하는 방법을 보여주길 원하는 경우에, 그리스인들과 로마인들이 자신의 군대의 열을 어떤 식으로 배열했는지에 대해 이야기하는 것이 반드시 필요합니다. 그럼에도 불구하고, 당신 스스로 고대 저자들의 책을 통해서 그런 문제에 관한 글을 읽으며 생각할 수 있기 때문에, 구체적인 많은 것들을 생략하고 오직 우리 시대에 우리 군대를 어느 정도 완벽하게 다듬기 위해 모방할 필요가 있는 것들에 대해서만 언급할까 합니다. 그 과정에, 군대가 교전을 위해서 어떻게 배열되고, 실제 전투를 어떤 식으로 벌이는지, 그리고 그 전투를 위한 훈련은 모의 전투를 통해 어떤 식으로 전개되는지에 대해 말하게 될 것입니다.

교전을 위해 군대를 배열하는 사람들이 저지르는 최대의 실수는 군대에게 오직 하나의 전선(戰線)만을 주고, 오직 한 차례의 돌격과 성공만을 강요한다는 사실입니다. 이런 실수는 고대인들이 하나의 열을 또 다른 열 속으로 받아들일 때 이용했던 방법을 잊어버렸다는 사실에서 비롯되지요. 이 방법을 동원하지 않으면, 전선의 병사들을 돕지도 못하고, 그들을 방어하지도 못하고, 전투 중에 그들의 자리를 대체하지도 못합니다. 이것을 로마인들은 철저히 실천했지요.

이 방법을 설명하면서, 나는 로마인들이 각 레기온을 어떤 식으로 세 파트로, 즉 하스타티(hastati: 경보병)와 프린키페스(principes: 중보병), 트리아리(중창병)로 나눴는지에 대해 말하고 싶습니다. 그 중에서 하스타티가 밀집 대형을 이룬 군대의 맨 앞에 배치되었지요. 그들 뒤에 프린키페스가 배치되었지만, 이들의 횡렬은 사람들 사이의 공간이 더 넓었습니다. 그 뒤에 트리아리가 배치되었는데, 이들의 횡렬은 아주 넓었기 때문에 필요하다면 그들 사이에 프린키페스와 하스타티를 받아들일 수 있었지요.

이들 외에 투석병들과 궁병, 가볍게 무장한 병사들이 있었습니다. 이들은 대열 안에 있지 않고 기병과 보병 사이에 군대의 머리 부분에 자리 잡았지요. 따라서 가볍게 무장한 이 병사들이 전투에 불을 붙였고, 매우 드문 일이지만 혹시 이기기라도 하면, 그들은 계속 승리를 추구했지요. 만약 격퇴당하면, 그들은 군대의 옆쪽을 따라서, 또는 그런 결과를 예상하고 열어 놓은 공간을 통해 무장하지 않은 사람들 사이로 물러났지요.

그들이 떠난 뒤에, 하스타티가 적과 백병전을 벌입니다. 거기서 압도당할 것처럼 보이면, 그들은 프린키페스의 열들 속의 열린 공간을 통해서 조금씩 물러나며 프린키페스와 함께 싸움을 다시 시작하지요. 만약 이들도 어쩔 수 없이 물러나야 하는 상황이라면, 그들 모두는 트리아리의 듬성한 열들 속으로 후퇴했으며, 그들 모두는 거기서 집단으로 전투를 다시 시작했습니다. 이 병력마저 패배한다면, 그들을 위한 다른 방법은 전혀 없습니다. 그들을 재조직할 수 있는 길이 없으니까요.

몸의 두 날개처럼 자리 잡은 기병은 군대의 측면에 배치되었으며, 그들은 필요에 따라서 어떤 때는 말을 타고 싸웠고, 어떤 때는 보병을 도왔지요. 스스로를 세 번 재조직하는 이 방법을 능가하는 방법은 불가능에 가깝지요. 운이 당신을 세 번 버리고, 적이 당신을 세 번 정복할 만큼 큰 역량을 갖춰야 하기 때문입니다.

팔랑크스를 이용했던 그리스인들은 스스로 재조직하는 이 방법을 채택하지 않았습니다. 비록 팔랑크스에도 많은 서열과 지휘관이 있었지만, 그럼에도 불구하고, 그것은 기본적으로 하나의 몸, 아니 하나의 머리를 이뤘습니다. 그랬기 때문에 그들은 서로를 돕기 위해 로마 병사들처럼 이 열에서 다른 열로 물러나지 않았으며, 한 병사가 다른 병사를 대체하는 방법을 취했습니다.

그리스인들은 그것을 이런 식으로 처리했지요. 그리스인들의 팔랑크스는 횡렬로 구성되었습니다. 횡렬 하나당 50명의 병사를 배치한다고 가정하면, 그들의 앞부분이 적군과 맞닥뜨릴 때, 모든 열들 중에서 첫 6개의 열이 싸울 수 있었습니다. '사리사'라고 부른 창이 아주 길어서 여섯 번째 열에 있는 병사들의 창끝이 첫 번째 열을 벗어났기 때문이지요.

따라서 그들이 전투를 벌일 때, 만약 첫 번째 열의 누군가가 죽거나 다쳐서 쓰러지면, 그 병사 뒤에 있던, 두 번째 열의 병사가 즉시 그의 자리로 들어갔지요. 이어 세 번째 열의 병사가 두 번째 열을 채우는 식으로 하면, 빈 공간은 짧은 시간 안에 채워집니다. 그 결과, 열은 언제나 완전한 상태로 남을 수 있었지요. 마지막 열을 제외하고는, 비어 있는 전투병의 자리는 없었습니다. 마지막 열은 채울 병사가 없기 때문에 결국엔 없어지겠지요. 그래서 첫 번째 열에 발생하는 부상은 마지막 열을 지웠으며, 첫 번째 열은 언제나 완전한 상태로 남았습니다. 따라서 팔랑크스는 그 배열 때문에 파괴되기보다는 지워진다고 할 수 있지요. 팔랑크스의 밀집한 몸체가 병사들을 더욱 움직일 수 없게 만들었으니까요.

로마인들도 처음에는 팔랑크스를 이용하며, 군단의 병사들에게 팔랑크스와 비슷하게 가르쳤지요. 후에 로마인들은 이 배열에 만족하지 못하고, 군단을 몇 개의 집단, 즉, '코호르스'(cohors)[33]와 '마니풀루스'

---

[33] 로마 군대에서 300명 내지 600명 정도로 구성된 보병 대대를 말한다.

(manipulus)[34]로 나눴지요. 조금 전에 말한 바와 같이, 그 조직이 보다 강한 생명(보다 활동적이라는 뜻)을 가져야 한다고 판단했기 때문입니다. 그런 생명은 당연히 보다 많은 영혼을 가져야 하고, 보다 많은 부분으로 구성되어야 하지요. 그래야만 완강히 버틸 수 있을 테니까요.

이 시대에 스위스의 여단들은 팔랑크스의 모든 방법을 채택했습니다. 하나의 전체로서 거대한 덩어리로 조직하는 것뿐만 아니라 서로를 돕는 방법까지 말입니다. 전투에 임할 때, 스위스 사람들은 한 여단을 다른 여단의 옆에 배치합니다. 한 여단을 다른 여단 뒤에 배치하면, 첫 번째 여단이 후퇴할 때 두 번째 여단이 이 여단을 받아들일 길이 없습니다. 대신에 여단이 서로 도울 수 있도록 하기 위해서, 스위스 사람들은 한 여단을 앞에 배치하고 다른 여단을 그 여단의 뒤쪽 오른쪽에 배치합니다. 그렇게 하는 경우에, 만약 첫 번째 여단이 도움이 필요하다면, 두 번째 여단이 앞으로 나아가며 그 여단을 구조할 수 있지요. 세 번째 여단은 두 여단 뒤에 자리 잡지만 화승총이 닿을 수 있는 거리만큼 떨어져 있습니다. 그렇게 하는 이유는 다른 2개 여단이 격퇴당하는 경우에 이 세 번째 여단이 앞으로 진격하고 다른 2개 여단이 진격하는 여단을 피함과 동시에 후퇴할 공간을 확보할 수 있기 때문이지요. 대규모의 집단이 작은 집단처럼 받아들여질 수는 없으며, 따라서 로마 군단 안의 작은 별개의 집단들은 서로를 받아들이고 서로를 쉽게 도울 수 있도록 배치되었지요.

스위스 사람들의 이 배열이 고대 로마인들의 배열만큼 훌륭하지 않다는 것은 로마 군단이 그리스의 팔랑크스와 전투를 벌이며 보여준 많은 예들에 의해 증명되고 있습니다. 그리스의 팔랑크스가 언제나 로마 군단에게 파괴되었지요. 이유는 내가 앞에서 언급한 바와 같이, 무기의 종류와 스스

---

34 로마 군대에서 60명 또는 120명으로 구성된 보병 중대를 말한다.

로를 재조직하는 이 방법이 팔랑크스의 견고성보다 더 많은 것을 해낼 수 있었기 때문이지요.

따라서 이 예들에 맞춰 군대를 조직해야 한다면, 나의 의견에는 무기와 형태를 팔랑크스에서 일부를 취하고 로마 군단에서 일부를 취하는 것이 훌륭해 보입니다. 그렇다면 나는 1개 여단에 마케도니아 팔랑크스의 무기인 창 2,000개와 로마 군단의 무기인 검과 방패 3,000개를 포함시키겠습니다. 나는 로마인들처럼 1개 여단을 10개 대대로 나눴습니다. 로마인들은 1개 군단을 10개의 보병대로 나눴지요. 로마인들이 그랬던 것처럼, 나는 가볍게 무장한 병사들인 벨리테스가 전투에 불을 붙이도록 조직했습니다. 따라서 무기와 조직을 두 나라의 것을 혼용해 쓰기 때문에, 나는 각 대대에 앞부분의 5개 열을 창병으로 배치하고 나머지를 방패병(방패와 검을 가진 병사)으로 배치했습니다. 앞부분의 병사들로 기병에 맞서며 적의 대대를 쉽게 뚫고 들어가기 위해서지요. 이때 적은 첫 번째 조우에서 창병을 만나게 될 것이며, 나는 창병들이 적에게 충분히 저항할 것이라고 기대합니다. 이어서 방패병들이 적을 물리치게 되지요.

이 배열의 장점에 주목한다면, 당신은 이 무기들이 맡은 임무를 완벽하게 수행할 것이라는 점을 알게 될 것입니다. 첫째, 기병과 맞설 때 창병이 유리하기 때문이고, 창병이 보병을 마주할 때에도 전투가 밀집 형태로 전개되기 전까지 임무를 잘 처리하기 때문입니다. 창병들이 좁은 공간으로 몰리게 되는 경우에 쓸모가 없어지니 말입니다.

그래서 스위스인들은 이런 불리한 점을 피하기 위해 창병 3개 열마다 미늘창병 1개 열을 배치하지요. 그렇게 하면 창병이 충분하지는 않아도 활동 가능한 공간을 확보하게 됩니다. 그러므로 전면에 배치된 우리의 창병들과 뒤에 배치된 우리의 방패병들은 기병에 그럭저럭 저항하고, 전투에 불을 붙이며 적 보병의 대열을 깨뜨리며 공격하지만, 전투가 밀집한 상태에서 전개될 때에는 그 병사들은 쓸모가 없어집니다. 그때는 좁은 공간에서도 공격이 가능한 방패와 검이 창의 자리를 대신합니다.

루이지: 지금 장군님께서 이 무기와 조직으로 전투를 위한 군대를 어떤 식으로 구성할 것인지 알고 싶습니다.

로마인들은 군단을 어떤 식으로 조직했나

파브리치오: 지금 당신에게 이것 한 가지만 보여주고 싶군요. 당신은 로마인들이 집정관의 군대라고 부른 정규 로마 군대에 로마 시민으로 구성된 2개의 군단밖에 없었던 이유를 이해해야 합니다. 로마 군대의 군단 하나는 600명의 기병과 약 11,000명의 보병으로 이뤄졌지요.

로마인들은 또 우방들과 동맹들이 보낸 동일한 수의 기병과 보병을 두고 있었습니다. 우방들과 동맹들이 보낸 병력을 로마인들은 두 부분으로 나눴지요. 그 중 하나를 오른쪽 뿔이라고 부르고 다른 하나를 왼쪽 뿔이라고 불렀습니다. 로마들은 이 보조적인 보병이 군단 소속 보병의 숫자를 넘는 것을 절대로 허용하지 않았습니다. 그래도 로마인들은 보조적인 기병의 숫자가 더 많은 데 대해서는 꽤 만족했습니다. 22,000명의 보병과 약 2,000명 정도의 기병으로 구성된 군대를 이끌고, 집정관은 온갖 전투를 벌이고 원정에 나섰지요. 그리고 강력한 군사력을 마주해야 할 때, 2명의 집정관이 2개의 군대를 이끌고 힘을 모았습니다.

당신은 또한 군대가 평소에 하는 3가지 주요 활동, 즉 행군과 숙영과 전투에서 로마인들이 군단을 가운데에 놓았다는 점에 주목해야 합니다. 이 3가지 활동에 대해 토론할 때 보여주겠지만, 그들이 신뢰하는 역량을 더욱 강하게 결집시키길 원했기 때문이지요. 보조적인 보병은 로마 군단의 보병들과 함께 훈련하는 덕분에 로마의 보병만큼 유능해집니다. 그들도 로마 군대와 똑같이 훈련을 받으니까요. 따라서 로마인들은 전투를 위해 보조병을 조직할 때 자신들과 아주 비슷하게 배열합니다.

로마인들이 전투를 위해 군단을 조직하는 방법을 잘 아는 사람은 로마인들이 군대 전체를 어떻게 배열하는지도 알게 됩니다. 로마인들이 군단을 어떤 식으로 3개 부분으로 나누는지, 그리고 한 부분이 다른 부분을 어떤 식으로 받아들이는지에 대해서는 이미 설명했기에, 이제는 전체 군대가 교전을 위해서 어떻게 조직되는지에 대해 설명하도록 하지요.

만약 내가 로마인들을 모방하며 교전을 위해 군대를 조직하길 원한다면, 그들이 2개의 군단을 가졌듯이, 나는 2개의 여단을 동원할 것입니다. 이 병력들이 배치되면, 전체 군대의 성향이 드러날 것입니다. 여기에다가 더 많은 병사들을 보태는 것은 조직의 확장 외에 다른 의미를 지니지 못합니다. 하나의 여단에는 보병이 몇 명인지, 하나의 여단은 10개의 대대로 구성된다는 사실, 그리고 대대마다 어떤 지휘관이 있는지, 정규 창병과 벨리테스는 어떤 병력인지, 또 정예 창병과 벨리테스는 어떤 병력인지에 대해서는 굳이 당신에게 상기시킬 필요가 없을 것 같습니다. 조금 전에 틀림없이 설명했으니까요. 그때 나는 다른 모든 조직들을 이해하길 원한다면 그런 것들을 꼭 기억해 두라고 당부했습니다. 따라서 나는 그런 것들을 반복하지 않고 곧바로 배열을 보여줄 생각입니다(그림 4(279쪽) 참고).

내가 보기에, 한 여단의 10개 대대는 왼쪽에 배치하고, 다른 여단의 10개 대대는 오른쪽에 배치해야 할 것 같습니다. 왼쪽의 10개 대대는 이런 식으로 배열해야 합니다. 5개 대대는 서로 나란히 앞부분에 배치합니다. 그때 한 대대와 옆 대대 사이에 4브라초 정도의 공간이 있어야 하며, 한 대대가 차지하는 면적은 길이 141브라초, 폭 40브라초 정도입니다.

이 5개 대대들 뒤에 나는 3개 대대를 놓을 것입니다. 첫 번째 대대들로부터 40브라초 정도 떨어진 거리에 옆으로 직선으로 놓을 것입니다. 이 3개 대대들 중 2개는 5개 대대들의 양쪽 끝부분 뒤에 자리 잡고, 나머지 1개는 중앙의 공간에 자리 잡아야 합니다. 따라서 이 3개 대대는 폭과 길이에서 앞의 5개 대대와 동일한 공간을 차지할 것입니다. 그러나 5개 대대가 대대들 사이에 4브라초의 거리를 두는 곳에서, 이 3개 대대는 서로 33브라초의 거리를 둘 것입니다.

이 대대들 뒤에, 나는 마지막 2개 대대를 배치할 것입니다. 마찬가지로 3개 대대 바로 뒤에 옆으로 직선으로 놓지요. 3개 대대로부터 40브라초 떨어지게 될 것입니다. 나는 이 2개 대대를 3개 대대들의 오른쪽과 왼쪽 맨 끝에 배치할 것입니다. 그러면 2개 대대 사이에 생기는 공간의 길이가 91브라초가 되겠지요. 이런 식으로 배열된 이 모든 대대들은 길이 141브라초, 폭 200브라초의 넓이를 차지할 것입니다.

정예 창병들을 나는 왼쪽에 이 대대들의 옆구리를 따라 배치할 것입니다. 이 대대들로부터 20브라초의 거리를 두고 말입니다. 그러면 정예 창병들은 7명씩 143개의 열을 이루고, 따라서 그들은 내가 앞에서 묘사한 대로 배치된 10개 대대의 길이를 완전히 커버할 수 있을 것입니다. 그리고 거기엔 군대의 끝부분에 있는 마차와 비무장 인력을 보호하고, 십인대장과 백인대장을 적절히 배치할 40개의 열이 남을 것입니다. 3명의 무관장 중에서 1명은 선두에, 다른 1명은 가운데에, 나머지 1명은 마지막 열에 배치할 것입니다. 마지막 열에 배치되는 무관장은 고대인들이 군대의 후미를 책임지게 했던 '테르기둣토레'의 임무를 맡아야 합니다.

그러나 군대의 앞부분으로 돌아간다면, 나는 당신도 알다시피 500명인

정예 벨리테스를 정예 창병 옆에 나란히 배치할 것이며, 그들에게 40브라 초의 공간을 줄 것입니다. 이들 옆에, 그러니까 다시 왼쪽에, 나는 중기병을 배치하고 그들에게 150브라초의 공간을 줄 것입니다. 이들 뒤로, 경기병이 올 것이며, 그들에게도 중기병과 동일한 공간이 주어질 것입니다. 정규 벨리테스를 나는 그들의 대대 주위에 둘 것이며, 그들은 한 대대와 다른 대대 사이에 남겨둔 공간을 차지할 것이며, 만약 내가 그 대대들을 정예 벨리테스의 보호 아래에 두지 않는다면, 정규 벨리테스가 그 대대들의 보호자 역할을 할 것입니다. 나는 나의 계획에 필요한지 여부에 따라 대대를 정예 벨리테스의 아래에 두든지 할 것입니다.

전체 여단의 최고 지휘관을 나는 첫 번째 대대와 두 번째 대대 사이에, 또는 머리 부분에, 그리고 나의 계획에 유리하다면 첫 5개 대대 중 마지막 대대와 정예 창병 사이에 생기는 공간에 배치할 것입니다. 최고 지휘관의 옆에는, 임무 수행에 신중하고 공격에 버티는 힘을 지녀 특별히 선발된 30명 내지 40명의 병력을 둘 것입니다. 최고 지휘관은 또한 깃발병과 나팔수 가운데에 있어야 합니다. 이것은 내가 왼쪽에 1개 여단을 배치하는 순서입니다. 군대의 반을 배치하는 것에 해당하지요. 그 병사들은 가로와 세로가 각각 511브라초에 이르는 면적을 차지할 것입니다. 이것은 무장하지 않은 인력들의 방패 역할을 하는 정예 창병들이 차지하는 100브라초 정도 되는 공간을 포함시키지 않은 것입니다.

다른 한 여단을 나는 왼쪽과 똑같이 오른쪽에 배치할 것입니다. 여단 사이의 거리는 30브라초가 될 것입니다. 이 공간의 앞부분에 포병용 마차를 몇 대 배치하고, 그 뒤에 전체 군대의 총 지휘관이 자리 잡을 것입니다. 이 지휘관은 주위에 나팔수와 깃발병 외에 적어도 200명의 선발된 병사들을 둘 것입니다. 이들 중에는 보병이 많을 것이며, 모든 명령을 수행하는 데 탁월한 병사들이 10명 이상은 있어야 합니다. 이 병사들은 무기와 말만 주어지면 필요에 따라 말을 타기도 하고 걷기도 할 수 있어야 합니다.

군대의 포병에 대해 말하자면, 마을을 공격하는 데는 포탄의 무게가 50파운드를 넘지 않는 대포 10문이면 충분합니다. 대포를 나는 들판에서 전쟁을 벌이는 때보다 숙영지를 방어하는 데 더 많이 이용할 것입니다. 다른 대포의 포는 15파운드가 될 것입니다. 만약 대포를 군대의 옆에 배치하여 적의 공격으로부터 안전하게 지킬 수 있는 지형이 아니라면, 나는 포병을 전체 군대의 앞에 배치할 것입니다.

이런 식으로 배열된 군대의 대형은 전투 중에 팔랑크스와 로마 군단의 질서를 똑같이 유지할 수 있습니다. 왜냐하면 창병들이 앞에 있고, 모든 보병들이 적과 싸우며 저항할 때 팔랑크스의 방법에 따라서 첫 번째 열을 그 뒤의 열로 다시 형성할 수 있도록 대열을 짓기 때문입니다. 한편, 대열을 깨뜨리고 후퇴하지 않을 수 없을 만큼 공격을 받았다면, 그들은 자신들 뒤에 있는 두 번째 대대의 공간으로 들어가서, 집단으로 저항하며 적과 다시 싸울 수 있습니다. 만약에 이것으로도 충분하지 않다면, 그들은 똑같은 방법으로 다시 후퇴하며 세 번째 전투를 벌일 수 있습니다. 그렇기 때문에 이 배열 속에서 전투를 벌이는 한, 그들은 그리스 방법과 로마 방법을 동시에 이용하며 전열을 다시 가다듬을 수 있지요.

군대의 힘에 대해 말하자면, 군대가 이보다 더 강하게 배열될 수는 없습니다. 양쪽 뿔에 지휘관과 무기가 풍부하게 제공되고 있고, 무장하지 않은 상태로 있는 부분을 빼고는 어떤 부분도 약한 상태로 남지 않으며, 비무장인 그 부분도 옆구리를 정예 창병들의 보호를 받고 있지요. 적이 조직이 잘되지 않았다고 판단되는 부분을 찾아 공격하기가 어려운 상황입니다. 뒷부분은 공격 받을 수 없지요. 이유는 사방을 똑같은 힘으로 공격할 수 있을 만큼 강력한 무력을 가진 적은 없기 때문이지요. 만약 적이 그런 무력을 갖고 있다면, 당신은 적에 맞서 들판에 나갈 필요조차 없습니다. 그러나 적이 당신보다 3분의 1 정도 더 강하고 당신의 부대만큼 조직이 잘 되어 있다면, 그런 상황에서 만약 적이 당신의 군대 몇 곳을 공격함으로써 스스로를 약화시키고 당신이 그 중 어느 한 부분을 물리치기만 한다면, 모든 상황은 적에게 불리하게 돌아갈 것입니다.

적의 기병이 당신의 기병보다 규모가 더 크다 하더라도, 기병에 대해서는 안심해도 좋습니다. 왜냐하면 당신의 기병이 격퇴당하더라도 당신을 둘러싸고 있는 창병들의 조직이 적들의 모든 돌격으로부터 당신을 방어할 것이기 때문입니다. 이 외에도, 당신 군대의 지휘자들이 쉽게 명령하고 쉽게 복종할 수 있는 장소에 배치되어 있습니다. 그리고 한 대대와 그 다음 대대 사이에 존재하는 공간과 열과 열 사이의 공간은 이 대대가 저 대대를, 이 집단이 저 집단을 받아들일 수 있게 할 뿐만 아니라, 지휘관의 명령에 따라 오가는 전령들에게 필요한 공간까지 제공합니다.

이전에 말했듯이, 로마인들이 하나의 군대에 24,000명 정도의 병력을 두었듯이, 이 군대도 그 만한 병력을 둬야 합니다. 그리고 다른 군인들이 로마 군단들로부터 전투 유형과 군대의 형태를 차용했듯이, 당신이 2개의 여단으로 집합시킨 군인들도 로마 군단들의 형태와 조직을 차용할 것입니다. 이런 것들을 보여주는 예가 있기 때문에 그것을 모방하는 것은 쉬운 일이지요. 군대가 2개 여단을 더 두거나 거기에 포함된 병사들만큼 덩치를 더 키운다면, 그 배열을 배로 키우는 것 외에 달리 할 일이 없습니다. 10개의 대대를 배치했던 곳에, 지형이나 적과의 대치 상황이 요구하는 바에 따라 확장시키며 20개 대대를 배치하면 됩니다.

루이지: 정말로, 저는 이런 군대를 자주 상상했습니다. 그것을 지금 보고

있습니다. 그 군대가 공격하는 모습을 보고 싶은 마음이 너무나 간절합니다. 장군님께서 적의 접근을 막으며 교전을 늦추는 파비우스 막시무스 베루코수스(Quintus Fabius Maximus Verrucosus: B.C. 280(?)- B.C. 203) 같은 사람이 되는 일만은 없었으면 합니다. 그러면 저는 로마인들이 그에 대해서 말한 것보다 더 나쁘게 장군님에 대해 말할 것입니다.

전투는 어떻게 벌이는가

파브리치오: 그런 걱정은 단단히 묶어 놓으십시오. 대포 소리가 들리지 않습니까? 우리의 대포가 이미 포탄을 발사했지만, 적에게 거의 피해를 입히지 못했으며, 정예 벨리테스가 경기병과 함께 자리에서 앞으로 빠져 나와 옆으로 전개하면서, 목청껏 함성을 지르며 맹렬하게 적을 공격하고 있습니다. 적의 대포는 한 번 발사했으며, 탄환은 우리 보병들에게 부상을 입히지 않고 머리 위로 날아갔습니다. 그리고 그 대포가 두 번째 탄환을 쏘지 못하도록 하기 위해, 우리의 벨리테스와 기병이 이미 대포를 장악했으며, 적들이 그것을 지키기 위해 앞으로 나왔지요. 그래서 우리의 대포나 적의 대포나 똑같이 더 이상 임무를 수행할 수 없게 되었답니다.

우리의 병사들이 얼마나 탁월한 역량으로 싸우는지 보고 있습니다. 우리의 병사들이 규율에 얼마나 익숙한지도 보고 있습니다. 훈련 덕분에 이제 규율을 지키는 것이 습관이 되었지요. 넓은 보폭의 당당한 걸음걸이를 보십시오. 군대에 대한 확신이 느껴집니다. 중기병과 나란히 적과 맞서 싸우러 나아가고 있습니다.

우리의 포병이 병사들에게 편하게 활동할 공간을 열어주기 위해 벨리테스가 빠져나온 곳을 통해 철수하는 것을 보십시오. 지휘관이 병사들에게 용기를 불어넣고, 승리의 길을 안내하는 것을 보십시오. 벨리테스와 경기병들이 펼쳐졌다가 군대의 측면으로 돌아와서 적들의 측면에 피해를 입혔는지 확인하는 모습을 보십시오.

군대들이 서로를 어떻게 공격하는지 보십시오. 적의 돌격을 얼마나 무거운 침묵으로, 또 얼마나 큰 역량으로 버티는지를 보십시오. 지휘관이 중기병들에게 공격하지 말고 버티라고, 또 보병 대열로부터 떨어지지 말라고 명령하는 것을 보십시오. 우리의 경기병이 우리의 옆구리를 공격하려는 적의 화승총병 무리를 공격하러 가는 것을, 또 적의 기병이 자신의 화승총병들을 구조하는 것을 보십시오. 그런 탓에 적의 화승총병들은 우리의 기병과 자신들의 기병 사이에 갇혀 총을 쏘지도 못하고 자신의 대대 뒤로 후퇴하지도 못하고 있군요.

우리의 창병들이 적들을 얼마나 맹렬하게 공격하는지 보십시오. 보병은 이미 서로 아주 가까운 상태입니다. 더 이상 창을 쓸 수 없는 상황입니다. 그래서 우리의 창병들은 평소에 배운 훈련에 따라 조금씩 방패병들 사이로 물러나고 있습니다. 이 교전에서, 그 많은 적의 중기병 집단이 어떻게 왼쪽에서 우리의 중기병을 뒤로 밀어붙였는지를, 그리고 우리의 중기병이 훈련에 따라 어떻게 정예 창병들의 보호 아래 물러났다가 창병들의 도움으로 전면을 재조직하여 적들을 격퇴하며 얼마나 많은 수의 적들을 죽였는지 보십시오.

한편, 첫 번째 대대의 정규 창병들은 방패병들 틈에 몸을 숨기고 전투를 방패병들에게 넘겼지요. 그러면 방패병들이 맘껏 역량을 발휘하며 안전한 상태에서 적을 죽이지요. 전투를 벌일 때, 열과 열 사이의 공간이 너무나 좁아져서 방패병들이 안간힘을 써야만 겨우 검을 사용할 수 있게 된다는 사실이 확인되지 않습니까? 적들이 얼마나 급히 이동하는지 보십시오.

너무 길어서 쓸 수 없게 된 창과 마찬가지로 상대방이 갑옷을 잘 갖춰 입은 탓에 쓸모없게 된 검을 무장한 채, 일부 적들은 부상당하거나 죽어 쓰러졌고, 일부 적들은 달아나고 있습니다. 오른쪽에서 그들이 도망치는 것을 보십시오. 왼쪽에서도 마찬가지로 적들이 달아나고 있습니다. 보십시오, 승리는 우리의 것입니다. 한 차례의 교전을 아주 멋지게 이기지 않았습니까? 그러나 병력을 적절히 배치하는 권한이 나에게 허용되었다면, 그 교전은 훨씬 더 멋진 승리로 끝났을 것입니다. 둘째 또는 셋째 시나리오는 이용할 필요조차 없었다는 것을, 첫 번째 시나리오만으로도 적을 무찌르는 데 충분했다는 사실을 확인할 수 있었을 것입니다. 우리의 첫 번째 전선이 적들을 정복하기에 충분했기 때문이지요. 이 대목에서, 나는 당신의 내면에 생겨나는 의문을 해소시키는 것 외에는 달리 할 것이 없습니다.

야전에서 적의 공격으로부터 피해를 최소화하는 방법

루이지: 장군님께서는 이 전투를 너무나 격렬하게 싸워 승리를 거두셨습니다. 놀랄 정도였습니다. 사실 저는 멍해진 나머지 저의 마음에 의문이 남더라도 그 의문 자체를 표현할 수 있을지 자신이 서지 않습니다. 그럼에도 장군님의 신중을 믿으면서, 저는 감히 용기를 내어 생각하는 바를 말씀드리겠습니다. 먼저, 장군님께서 대포를 두 번 이상 쏘지 않은 이유를 설명해 주시길 바랍니다.

장군님께서 즉시 대포를 군대의 뒤로 철수하고는 그 후에 그것에 대해 전혀 언급하지 않으신 이유가 무엇입니까? 저에게는 장군님께서 장군님에게 유리하게 적의 대포가 높은 곳을 조준하도록 한 것처럼 보입니다. 그럼에도 만약 대열이 뚫리는 일이 발생한다면, 장군님께서는 어떤 해결책을 제시할 것입니까? 저는 그런 일이 종종 일어날 것이라고 믿습니다. 그리고 제가 대포로 질문을 시작했기 때문에 다시 그 문제를 들추는 일이 없도록 관련 질문을 다 제기하고 싶습니다.

많은 사람들이 오늘날 고대의 무기와 조직은 별로 쓸모가 없다거나, 그것들이 대포의 맹위 앞에 무용지물이라고 주장하며 고대 군대들의 무기와 조직을 비판하고 있습니다. 대포가 고대의 무기보다 더 탁월하고, 대열을 깨뜨릴 수 있으니 말입니다. 그런 사람들에게는 지켜질 수 없는 조직을 만들고, 장군님을 지켜주지 않을 갑옷을 걸치고 다니는 고충을 견뎌내는 것이 마치 미친 짓처럼 보입니다.

파브리치오: 당신의 질문은 많은 항목을 건드리고 있어서 긴 설명을 요구합니다. 내가 대포를 한 번 이상 쏘지 않은 것은 사실이며, 누구나 그 점에 대해 이상하게 생각할 수 있지요. 이유는 병사가 적을 쏘는 것보다 적에게 포탄을 맞지 않도록 자신을 보호하는 것이 더 중요하기 때문입니다.

만약 대포에 부상을 입고 싶지 않다면, 당신은 대포가 닿을 수 없는 곳에 머물거나, 벽이나 둑 뒤로 몸을 숨길 필요가 있다는 것을 이해해야 합니다. 그 외에 어떤 것도 대포를 차단하지 못할 것이지만, 벽이나 둑은 당연히 매우 튼튼해야 합니다. 교전을 벌여야 하는 지휘관들은 벽이나 둑 뒤에 머물 수도 없으며, 대포가 닿을 수 없는 곳에 머물 수도 없습니다. 따라서 지휘관은 자신을 보호할 수 있는 방법을 확보하지 않은 상태에서 부상을 덜 입을 길을 찾아야 합니다.

지휘관들에게는 적의 대포를 즉시 장악하는 방법 외에 다른 길은 없습니다. 그렇게 하는 방법은 병사들이 조심스럽게 집단으로 움직이는 것이 아니라 산개한 상태에서 재빨리 직접적으로 적의 대포를 찾아내는 것입니다. 속도감 있게 움직이면 적들이 대포를 다시 쏘지 못하게 할 수 있지요.

당신의 병사들이 흩어져서 공격하기 때문에, 대포는 작은 수의 병사들에게만 부상을 입힐 수 있을 뿐입니다. 조직적인 병사들의 집단으로는 이 일을 해내지 못합니다. 그 병사들이 일직선으로 행진하는 경우에 스스로 지리멸렬해지게 되고, 병사들이 흩어져 공격하면, 결과적으로 적에게 병사들을 패주시키는 힘든 일을 면제해 주게 되기 때문입니다. 그 병사들이 스스로 패주한 것이나 마찬가지니까요.

따라서 나는 군대를 그 두 가지를 다 할 수 있는 방향으로 조직할 것입니다. 1,000명의 벨리테스를 군대의 뿔에 배치하고, 우리의 대포가 포탄을 발사한 뒤에, 그 벨리테스들에게 경기병과 함께 앞으로 나가서 적의 대포를 점령하라고 명령할 것입니다. 그래서 나는 적에게 시간을 주지 않기 위해 대포를 다시 쏘지 않도록 했지요. 나만 시간을 누리고 타인들로부터는 시간을 빼앗을 수 있는 길은 없으니까요. 내가 우리 포병에게 대포를 다시 쏘도록 명령하지 않았던 것과 똑같은 이유로, 나는 우리 포병이 첫 번째 포탄도 발사하지 않도록 할 작정이었지요. 적의 대포를 무용지물로 만들기 위해서는 대포를 맹렬히 공격하는 외에 달리 방법이 없기 때문입니다. 만약 적이 대포를 포기하면, 당신이 그것을 빼앗으면 되고, 적들이 그것을 지키기를 원한다면, 그들은 대포를 뒤쪽에 둬야 합니다. 그러면 적의 수중에 있든 아군의 수중에 있든, 그 대포는 발사할 수 없게 되지요.

예들을 제시하지 않더라도, 이 토론은 이것으로 충분하다고 믿지만, 그래도 고대인들의 예를 몇 가지 제시할 수는 있지요. 대부분 활과 창으로 무장한 파르티아 병사들과 전투를 벌일 준비를 하면서, 로마의 푸블리우스 벤티디우스(Publius Ventidius: B.C. 89(?)-B.C. 38(?)) 장군은 파르티아 군대가 숙영지 코앞까지 다가오도록 가만 내버려 두었다가 그때서야 군대를 끌고 나갔지요. 목적은 파르티아 병사들을 재빨리 공격하여 그들에게 대포를 쏠 시간을 주지 않기 위해서였답니다. 카이사르는 갈리아에서 전투를 벌이면서 적들로부터 너무나 맹렬하게 공격을 당한 탓에 자신의 병사들이 로마의 관습에 따라 화살을 끄집어낼 시간조차 없었다고 합니다. 그러므로 들판에 있을 때 만약 당신에게 부상을 입힐 수 있는 거리에서 무엇인가가 발사되기를 원하지 않는다면, 그 무기를 최대한 신속하게 빼앗는 방법 외에 달리 방법이 없습니다.

내가 가능한 한 대포를 쏘지 않으려 하는 데는 또 다른 이유가 있습니다. 당신은 비웃을지 몰라도, 나는 절대로 우습게 볼 일이 아니라고 판단하지요. 군대에서 군인들의 시야를 방해하는 것보다 더 큰 혼란을 야기하는 것은 없습니다. 따라서 많은 강력한 군대들이 먼지나 태양 때문에 시야가 방해를 받은 탓에 패주했지요. 대포가 발사할 때 일으키는 연기보다 시야를 더 심하게 방해하는 것은 없습니다. 그래서 나는 당신이 맹인처럼 손으로 더듬으며 적을 발견하러 가는 것보다는 적이 스스로 앞을 보지 못하는 상황에 처하도록 내버려두는 것이 더 신중하다고 생각하지요.

그런 이유로 나는 대포를 발사하지 않거나, (이것이 대포가 가진 명성 때문에 인정을 받지 못할 것이기 때문에) 그것을 군대의 뿔에 배치할 겁니다. 그러면 대포를 쏴도, 그 포연이 우리의 군사력 중에서 가장 중요한 최전열의 시야를 흐리지는 않겠지요. 그러나 적의 시야를 방해하는 일은 유익한 일이며, 그 같은 사실은 에파메이논다스(Epaminondas:B.C. 410(?)-B.C. 362)[35]의 예에서 확인됩니다. 그는 교전을 벌이러 오던 적의 군대가 앞을 보지 못하도록 하기 위해서 자신의 경기병이 적군의 앞을 달리며 먼지를 크게 일으키도록 했지요. 이 먼지가 적의 시야를 방해하면서 교전에서 에파메이논다스에게 승리를 안겨주었답니다.

35　고대 테바이의 정치가이자 장군.

내 마음대로 적의 대포의 탄환이 보병의 머리 위를 날아가도록 한 것 같다는 지적에 대해, 나는 중포가 보병을 맞히는 예보다 맞히지 못하는 예가 월등히 더 많다고 대답하고 싶군요. 보병의 높이가 너무 낮은데다가 대포 자체가 워낙 발사하기가 어렵기 때문에, 대포를 조금만 위로 올려도 포탄이 보병의 머리 위를 날아가게 되고, 조금만 낮춰도 쉽게 땅에 떨어져 보병까지 닿지 않지요. 또 울퉁불퉁한 지형도 보병들에게 유리하게 작용하지요. 보병과 대포 사이의 온갖 둔덕과 언덕도 대포를 방해합니다.

기병, 특히 중기병에 대해 말하자면, 그들은 높이가 높아 포탄에 쉽게 맞을 수 있기 때문에 대포가 발사될 때까지는 군대의 후미에 있어야 합니다. 화승총과 경포가 적에게 더 많은 피해를 안기는 것은 사실이지요. 이에 대한 최고의 해결책은 적을 정면으로 마주할 수 있는 곳까지 신속히 접근하는 것입니다. 첫 공격에서 아군 몇 사람이 죽는다 하더라도, (언제나 몇 사람이 죽게 되어 있기 때문에) 훌륭한 지휘관과 훌륭한 군대는 제한적인 부상을 두려워할 것이 아니라 전반적인 부상을 두려워해야 합니다.

훌륭한 지휘관과 군대는 스위스인들을 모방해야 합니다. 스위스인들은 대포에 대한 공포가 무시무시한 상황에서도 교전을 결코 피하지 않습니다. 스위스인들은 대포에 대한 두려움 때문에 대열에서 이탈하거나 몸으로 두려움을 표시하는 병사들을 사형으로 다스리지요. 만약 대포를 쐈다면, 나는 대포를 군대 속으로 철수시킵니다. 그러면 대대들이 자유롭게 이동할 수 있는 통로가 생기게 되지요. 대포는 전투가 시작되기만 하면 쓸모없게 되기 때문에, 그것에 대해서는 더 이상 언급하지 않고 싶군요.

당신은 또한 이 무기의 맹위 때문에 많은 사람들이 고대인들의 무기와 조직을 소용없는 것으로 여긴다고 했습니다. 당신의 말을 근거로 한다면, 현대인이 대포에 맞설 수 있는 무기와 조직을 발견한 것처럼 들립니다. 만약 당신이 그런 것을 알고 있다면, 나에게 보여주길 바랍니다. 지금까지 나는 그런 무기와 조직을 목격하지 못했으며, 그런 것이 발견될 것이라고 믿지도 않습니다. 그렇기 때문에, 나는 고대의 무기와 조직을 비판하는 사람들로부터 우리 시대의 보병들이 가슴받이나 몸통 갑옷을 입고 기병들이 갑옷으로 몸을 완전히 가리는 이유를 듣고 싶습니다. 대포 때문에 고대의 무장 방식을 비판한다면, 그런 사람들은 가슴받이나 몸통 갑옷 같은 것도 피해야 하기 때문이지요.

나는 또 스위스인들이 고대의 제도를 모방하며 고대의 조직과 비슷하게 6,000명 내지 8,000명의 보병으로 밀집 군대를 만든 이유가 무엇인지, 그리고 그 외의 다른 민족들이 고대의 제도를 모방하는 이유가 무엇인지 알고 싶습니다. 스위스인들이 채택한 새로운 조직도 대포 때문에 고대로부터 모방한 다른 조직과 똑같은 위험을 안고 있으니 말입니다. 나는 그 사람들이 대답을 제시하지 못할 것이라고 믿습니다. 그러나 약간의 경험을 가진 군인들에게 묻는다면, 그들은 이런 식으로 대답할 것입니다. 먼저, 대포로부터 자신을 보호해 주지 못하더라도 석궁과 창, 칼, 돌, 그리고 그 외의 다른 모든 부상을 막아주기 때문에 갑옷으로 무장한다고 말입니다. 경험 있는 군인들은 또한 보병들을 더 잘 공격하고, 기병에게 더 강하게 저항하고, 적들이 자신들을 돌파하는 데 더 많은 어려움을 겪도록 하기 위해서 스위스 군대처럼 밀집 대형을 이룬다고 대답할 것입니다. 그렇다면 군인들이 대포 외에도 많은 것을 두려워해야 한다는 사실이 확인되고 있습니다. 그런 것들로부터 군인들은 갑옷과 조직으로 자신을 지킵니다.

이것을 근거로 할 때, 군대가 무장을 잘 갖추고 군대의 대열이 밀접하게 정렬되어 강할수록, 군대의 안전도 그만큼 더 커진다고 말할 수 있지요. 그렇기 때문에 당신이 언급한 그런 의견을 가진 사람은 모두 신중하지 못하거나, 이 문제에 대해 거의 생각해 보지 않았다고 봐도 무방합니다.

오늘날 쓰이고 있는 고대의 무장 방법 중 아주 작은 부분인 창병과, 고대의 조직 중 작은 부분에 해당하는 스위스의 대대들이 우리에게 대단히 이롭게 작용하고, 우리의 군대들에게 막강한 힘을 안겨주는 것이 확인되고 있는데, 고대인들이 남긴 다른 무기와 제도들도 마찬가지로 유익할 수 있다고 생각하지 말아야 할 이유가 있습니까? 게다가, 만약 우리가 스위스 군대처럼 밀집 대형을 이루면서 대포를 고려하지 않는다면, 그것 아닌 다른 어떤 조직이 우리로 하여금 대포를 두려워하도록 만들겠습니까? 병사들을 오밀조밀하게 배치하는 조직보다 대포를 더 무서워해야 하는 배열은 없습니다.

이 외에, 내가 어떤 도시를 포위하고 있는 상황이 벌어질 수도 있습니다. 그때 적은 대단히 안전한 장소에서 나에게 부상을 입힐 수 있지요. 그때도 적의 대포가 나를 놀라게 하지 않는다면(이때 나는 대포를 노획하지 못한다. 그것이 성벽에 의해 보호받고 있기 때문이다. 정말로, 시간을 두고 나의 대포가 적이 대포를 마음대로 발사하지 못하도록 방해하는 방법밖에 없다), 내가 재빨리 대포를 점령할 수 있는 들판에서 대포를 두려워해야 할 이유가 무엇입니까?

따라서 나의 결론은 이렇습니다. 대포는 고대인들의 방법을 이용할 줄 알고 고대인의 역량을 증명해 보이는 사람에게는 방해가 되지 않는다는 것입니다. 이 무기와 관련해서 내가 다른 때에 당신과 얘기를 나누지 않았다면 더 길게 설명할 수도 있겠지만, 여기서 조금 전에 논하던 문제로 돌아가고 싶군요.

루이지: 장군님께서 대포에 대해 많이 이야기해 주신 덕분에, 저희는 아주 많은 것을 이해하게 되었습니다. 장군님의 말씀을 요약하자면, 병사가

들판에서 어느 군대를 상대로 전투를 벌이는 때에 대포를 처리하는 최선의 방법은 최대한 빨리 대포를 노획하는 것이라는 뜻으로 들립니다.

그런데 한 가지 의문이 생깁니다. 적이 자신의 군대 안에서 장군님에게 부상을 입힐 수 있는 쪽에 대포를 설치하고 다른 쪽을 이용해 그것을 보호한다면, 대포를 노획하는 것이 불가능해 보입니다. 제 기억이 맞다면, 장군님께서는 군대를 전투 대형으로 조직하면서 대대 사이에 4브라초의 간격을, 대대와 정예 창병 사이에 20브라초의 간격을 두었습니다. 만약 적이 군대를 장군님의 군대와 비슷하게 조직하면서 대포를 그 간격 안의 뒤쪽에 배치한다면, 적의 대포가 거기서 매우 안전한 상태에서 장군님에게 부상을 입힐 수 있을 것으로 생각됩니다. 대포를 노획하러 적의 병사들을 뚫고 들어가는 것이 가능하지 않을 테니 말입니다.

대포를 피하는 일반 원칙

파브리치오: 의심도 매우 신중하게 하시는군요. 그 의문을 해소시키든가 해결책을 제시하든가 하겠습니다. 이 대대들은 행군을 하든 전투를 벌이든 계속 이동하고 있으며, 따라서 그들은 틀림없이 언제나 서로 밀접하게 붙어 있게 되어 있습니다. 그렇기 때문에 당신이 대포를 설치하는 공간의 간격을 좁게 잡는다면, 금방 그 간격이 지나치게 좁아질 것이고, 그러면 대포는 더 이상 제 기능을 발휘하지 못하게 됩니다. 만약 이런 위험을 피하기 위해 간격을 넓게 잡는다면, 당신은 그보다 더 큰 위험을 부르게 됩니다. 그 간격 때문에 당신은 적에게 대포를 노획할 기회를 줄 뿐만 아니라 당신을 패주시킬 기회까지 주게 되지요.

그러나 당신은 대포를 대열 사이에 두는 것은 불가능하다는 사실을 알아야 합니다. 특히 마차 위에 장치된 대포는 더욱더 불가능합니다. 대포는 이쪽 방향으로 이동하는데 탄환은 반대 방향으로 날아가야 하기 때문이지요. 그래서 만약에 이동 중에 대포를 쏘기를 원한다면, 미리 대포의 방향을 돌릴 필요가 있습니다. 대포를 돌릴 때 넓은 공간이 요구됩니다. 그러면 포병의 마차 50대가 군대 전체를 혼란에 빠뜨릴 것입니다. 그러므로 그 마차들을 대열 밖에 둘 필요가 있으며, 거기서 대포는 조금 전에 말한 방법대로 작동할 수 있지요.

그러나 대포가 대열 안에 있을 수 있다고, 또 밀집한 공간에서 대포를 방해하지 않으면서도 적에게 통로를 열어주지 않을 만큼 넓은 그런 중도의 길이 있다고 가정합시다. 그것은 적과 조우할 때 당신의 군대 안에 공간을 만들면 쉽게 가능해집니다. 그 공간을 통해 대포의 포탄이 날아갈 것이고, 따라서 대포의 맹위는 쓸모없게 되겠지요. 이런 일은 매우 쉽게 일어날 수 있습니다. 왜냐하면 적이 대포를 안전하게 지키길 원하는 경우에 그것을 공간의 마지막 부분에 배치해야 하고, 그러면 대포의 포탄은 아군에게 피해를 입히지 않기 위해서 언제나 같은 코스로 날아가야 하기 때문이지요. 따라서 포탄들이 떨어질 자리만 내주면, 대포를 쉽게 피할 수 있답니다. 이것이 일반적인 규칙이기 때문에, 고대인들이 코끼리들과 낫을 단 전차들을 다룰 때 그랬듯이, 당신도 저항할 수 없는 것들에게는 그냥 양보하는 것이 상책입니다.

당신에게는 내가 나 자신의 방식대로 준비해서 전투에서 승리를 거두는 것처럼 보였을 것임에 틀림없습니다. 그럼에도 불구하고, 내가 지금까지 한 말로 충분하지 않다면, 나는 당신에게 이렇게 답하겠습니다. 이런 식으로 조직되고 무장된 군대가 현대의 군대처럼 조직된 적과의 첫 번째 조우에서 승리를 거두지 못하는 것은 불가능한 일이라고 말입니다.

현대의 군대들은 대부분 한 개의 전면만을 갖고 있고, 방패를 전혀 갖고 있지 않으며, 무장이 너무나 형편없는 탓에 가까운 거리의 적으로부터 자신을 보호하지 못합니다. 만약 현대의 군대들이 대대들을 서로 옆으로 나란히 배치한다면, 그들은 자신의 군대를 얇게 만들게 되지요. 만약 대대들을 뒤로 일렬로 배치한다면, 그들은 비상시에 서로를 받아들이는 방법을 갖추고 있지 않기 때문에 쉽게 혼란에 빠지게 됩니다. 그리고 그들이 군대에 3개의 이름을 부여하고 3개의 부분으로, 말하자면 전위와 본대, 후위로 나눌지라도, 그 구분은 행군과 숙영에서 서로를 구분하는 외에 다른 의미를 전혀 지니지 않으며, 교전에서는 모두가 첫 번째 운에 모든 것을 걸고 첫 번째 공격에 나서지 않을 수 없습니다.

루이지: 전투를 벌이다가, 장군님의 기병이 적의 기병에게 격퇴 당했던 것으로 기억합니다. 장군님의 기병은 정예 창병들 사이로 물러났지요. 이어서 장군님의 창병은 기병의 도움으로 적의 공격을 버티며 격퇴했습니다. 저는 장군님께서 말씀하신 대로 창병도 기병을 이길 수 있다고 믿지만, 그것은 스위스 여단처럼 단단하게 밀집 조직된 여단에서나 가능한 일입니다. 그러나 장군님께서는 군대 안에서 창병을 머리 부분에 5개의 열을, 옆구리에 7개의 열을 두고 있습니다. 그렇기 때문에 저는 창병이 어떻게 적의 기병을 이길 수 있는지 잘 모르겠습니다.

파브리치오: 옛날에 마케도니아의 팔랑크스에서 한 번에 6개의 열이 이용되었다고 내가 말한 바 있지만, 당신은 스위스의 여단이 종종 1,000개의 열로 구성되었을지라도 그 중에서 4개 또는 많아야 5개의 열밖에 이용할 수 없었다는 것을 알아야 합니다. 창의 길이가 9브라초이기 때문이지요. 그 중 1.5브라초가 손으로 잡는 부분이고, 따라서 첫 열의 창 중에서 7.5브라초가 자유롭게 쓸 수 있는 부분입니다. 두 번째 열에서는 손이 사용하는

1.5브라초 외에 첫째 열과 둘째 열 사이의 간격 1.5브라초를 빼야 하기 때문에, 활용할 수 있는 창의 길이는 6브라초에 지나지 않습니다.

동일한 이유로, 이 수치는 셋째 열에서 4.5브라초가 되고, 넷째 열에서 3브라초가 되고, 다섯째 열에서 1.5브라초가 되지요. 다른 열들은 적에게 부상을 입히는 데는 아무런 도움이 되지 않지만, 우리가 말한 바와 같이, 그들은 앞의 다섯 열을 대체하고 강화할 수 있지요. 따라서 만약 그들의 다섯 개의 열이 기병에 저항할 수 있다면, 왜 우리의 다섯 개 열이 기병에 저항할 수 없겠습니까?

우리의 다섯 개의 열도 뒤에 그들을 받치고 지원하는 병사들을 똑같이 두고 있습니다. 그들이 앞의 열들처럼 창을 갖고 있지는 않더라도 말입니다. 그리고 만약 옆구리에 위치한 정예 창병들이 당신의 눈에 산재해 있는 것처럼 보인다면, 그들을 사각형으로 조직하여 내가 군대의 후위에 배치한 2개 대대의 옆에 놓을 수 있습니다. 그곳에서, 모두가 힘을 합쳐 군대의 전위와 후위를 쉽게 보호하며 기병들에게 필요에 따라 도움을 줄 수도 있을 것입니다.

루이지: 전투를 벌이길 원할 때, 장군님께서는 언제나 이런 형태의 조직을 이용할 것입니까?

야전을 위한 병사들의 배치

파브리치오: 언제나 그런 것은 아닙니다. 장소나 적군의 특징과 숫자에 따라서 군대의 형태를 바꿔야 합니다. 그런 식으로 조직의 형태를 바꾸는 예는 이 토론이 끝나기 전에 보여줄 것입니다. 그러나 여기서 제시하고 있는 형태는 다른 조직들보다 더 튼튼해서가 아니라 거기서 다른 군대들이

조직된 방식을 파악하는 데 필요한 어떤 규칙과 체계를 파악할 수 있다는 이유로 당신에게 소개하고 있습니다. 모든 방법이 상당 부분 일반 법칙에 의존하니까요.

그럼에도, 여기서 다루고 있는 형태는 사실 아주 강합니다. 당신에게 한 가지만 강조하고 싶군요. 전위에서 싸우는 병사들이 뒤에 위치한 병사들의 도움을 받을 수 없는 군대는 절대로 조직하지 말라는 것입니다. 이런 실수를 저지르는 사람은 누구나 군대의 상당 부분을 무용지물로 만들어 버리기 때문이지요. 군대의 역량을 제거하는 사람은 절대로 전투에서 이기지 못합니다.

루이지: 이 대목에서 의문이 생깁니다. 저는 장군님께서 조직한 대대들의 배열에서 5개 대대를 옆으로 일렬로 세워 전위를 만들고, 3개 대대로 중앙을, 2개 대대로 후위를 만드는 것을 보았습니다. 저는 그 대대들을 반대로 배열하는 것이 더 낫다고 믿습니다. 왜냐하면 그렇게 할 경우에 적이 군대를 패주시키기가 더 힘들어지기 때문이지요. 어느 군대를 공격하는 적은 그 군대를 침투할수록 뚫기가 어렵다고 느껴야 하는데, 장군님의 배열은 적을 파고들수록 더 약하다는 인상을 줄 것 같습니다.

군대의 전위와 중간, 후위를 조직하는 방법

파브리치오: 로마 군단의 세 번째 순서였던 트리아리가 600명 이상의 병사를 배당받지 않았다는 사실을 기억한다면, 당신의 의문이 다소 해소될 것 같습니다. 그들이 맨 마지막에 배치되었으니까요. 이제 당신은 내가 이 예를 따라 2개 대대를 마지막 순서에 배치했다는 것을 이해할 것입니다. 이 대대들은 900명의 보병으로 이뤄지지요. 그렇다면, 나는 로마의 순서를

따르면서도 지나치게 많은 병력을 배치하는 실수를 저지른 셈이지요.

이 예로도 충분하겠지만, 그래도 나는 그 이유들을 밝히고자 합니다. 이렇습니다. 그 군대의 앞부분은 밀집 상태로 단단하게 만들어졌습니다. 적의 공격을 물리쳐야 하기 때문이지요. 앞부분은 또 어떤 우군도 받아들일 필요가 없습니다. 이 때문에 거기엔 병사들이 많아야 합니다. 작은 수의 병사들은 그 숫자와 산재한 상태 때문에 그 부분을 약하게 만듭니다. 그러나 두 번째, 즉 가운데 부분은 적을 버텨낸 앞부분의 아군들을 받아들여야 하기 때문에 간격을 넓게 둬야 합니다. 그래서 가운데 부분은 앞부분보다 병력이 적어야 합니다. 가운데에 앞부분과 같거나 더 많은 병력이 있는 경우에, 병력 사이에 간격이 거의 없을 것이고, 따라서 무질서한 상태가 일어날 것입니다. 혹은 간격을 둔다면, 병력이 전면에 있는 병사들의 끝부분 그 너머까지 이어질 것이고, 따라서 군대의 형태가 불완전해질 것입니다.

그리고 당신이 말한 내용은 사실이 아닙니다. 적이 여단을 깊이 침투할수록 군대가 약하다고 느끼게 된다는 말 말입니다. 만약 첫 번째 전선이 두 번째 전선과 결합하지 않는다면, 적이 두 번째 전선과 절대로 전투를 벌이지 않게 되기 때문이지요. 그래서 적은 여단의 중심이 더 강하다고 느끼지 약하다고 느끼지 않습니다. 적이 첫 번째 부분과 두 번째 부분이 결합된 병력을 상대해야 하니까요.

만약 적이 세 번째 부분까지 닿는다면, 거기서도 똑같은 일이 벌어집니다. 왜냐하면 적이 2개의 새로운 대대와 싸워야 할 뿐만 아니라 전체 여단과도 싸워야 하기 때문이지요. 그리고 이 마지막 부분이 더 많은 병력을 받아들여야 하기 때문에, 그 공간은 더 커야 하고, 그 병력을 받는 병사들은 수적으로 적어야 합니다.

군대의 후미 부분을 조직하는 방법

루이지: 저는 장군님께서 하시는 말씀을 소중히 여깁니다만, 이 질문에도 대답해 주시길 바랍니다. 만약 첫 5개 대대가 두 번째의 3개 대대 사이로 철수하고, 다시 그 8개 대대가 세 번째의 2개 대대 사이로 철수한다면, 8개 대대를, 이어서 10개 대대를 함께 배열하는 것은 5개 대대가 차지했던 공간 안에서 가능하지 않아 보입니다.

파브리치오: 내가 할 수 있는 첫 번째 대답은 그것이 같은 크기의 공간이 아니라는 것입니다. 첫 5개 대대는 각 대대 사이에 4개의 공간을 두고 있습니다. 이 공간을 그 대대들이 두 번째의 3개 대대들과 세 번째의 2개 대대들 사이로 철수할 때 차지하게 됩니다. 게다가, 여단과 여단 사이에, 그리고 대대들과 정예 창병들 사이에도 공간이 있습니다. 이 공간이 아주 큰데, 모두 병사들이 들어갈 공간으로 사용되지요.

여기에, 대대들이 위치를 바꾸지 않고 대열 속에 있을 때 차지했던 공간을 더해야 합니다. 대대들이 위치를 바꾸는 경우에, 대열이 좁아지거나 넓어지기 때문이지요. 대대들이 두려움을 아주 강하게 느낀다면, 패주를 고려해야 하기 때문에 병사들 간의 간격이 느슨해질 것이고, 대대들이 패주가 아니라 방어를 통해 자신들을 구하고자 할 정도로 적당히 두려워한다면, 병사들 간의 간격은 좁아지게 됩니다. 그렇기 때문에 이 경우에 병사들은 간격을 좁히게 되지 산개하지 않을 것입니다.

여기에다가, 전위에 있는 5개 열의 창병들이 전쟁을 개시하기만 하면 싸울 수 있는 방패병들에게 자리를 내주기 위해 군대의 후미에 있는 자신의 대대로 물러납니다. 그들은 군대의 꼬리 부분으로 물러나면서 지휘관의 판단에 따라 적절한 역할을 맡게 됩니다.

한편, 전투가 본격 시작되기만 하면 창병들은 전면에서는 아무 쓸모가 없습니다. 따라서 이런 식으로 정리된 뒤의 공간은 남은 병력에게 꽤 넓지요. 그러나 이 공간이 충분하지 않더라도, 측면이 벽이 아니라 병사들로 이뤄져 있습니다. 그 쪽의 병사들이 간격을 넓히거나 좁힘으로써 그들을 받아들일 공간을 충분히 만들 수 있습니다.

루이지: 첫 번째 대대들이 두 번째 대대들 속으로 물러날 때, 장군님께서는 군대의 양쪽 옆구리에 배치한 정예 창병들의 대열이 그대로 견고하게 남아서 군대의 두 뿔이 되기를 원하십니까, 아니면 그 병력도 대대와 함께 물러나길 원하십니까? 만약 그 정예 창병들이 대대와 함께 물러나야 한다면, 그들 뒤에 그들을 받아들일 만큼 넓은 간격을 둔 대대들이 없는데, 그들이 어떻게 그렇게 할 수 있는지 궁금합니다.

파브리치오: 만약 적이 대대들을 후퇴하도록 밀어붙이면서도 정예 창병들과 싸우지 않는다면, 창병들은 거기에 흔들림 없이 남아 있다가 첫 번째 대대들이 철수하기만 하면 측면에서 적들에게 부상을 입힐 수 있습니다. 그러나 만약 적이 창병과도 싸우게 된다면, 그럴 가능성이 훨씬 더 높은데, 창병도 물러나야 합니다. 적이 아주 강하기 때문에 다른 병사들까지 몰아낼 수 있기 때문이지요.

이 창병들은 뒤에 그들을 받아줄 병사들이 전혀 없어도 이런 식의 후퇴를 아주 잘 할 수 있습니다. 오른쪽에서, 우리가 배증(倍增)하는 방식을 논할 때와 똑같은 방식으로, 한 열이 다른 열 속으로 들어가는 식으로 배증할 수 있기 때문이지요.

그 창병들이 배증의 방식으로 철수하고자 하는 경우에, 내가 당신에게 보여준 것과 다른 수단이 발견되어야 하는 것은 사실입니다. 그때는 두 번째 열이 첫 번째 열 속으로 들어가고, 네 번째 열이 세 번째 열 속으로 들어가는 식으로 진행되어야 한다고 했으니까요. 그러나 이번에는 앞에서부터 시작하지 않고 뒤에서부터 시작해야 합니다. 열들을 배로 키우면서, 그들은 앞으로 가는 것이 아니라 뒤로 물러나야 합니다.

그러나 당신이 내가 보여준 전투에 대해 물을 수 있는 모든 것에 대답하기 위해서, 내가 이 군대를 조직하고 이 전투를 보여준 것은 두 가지 이유 때문이라는 것을 다시 말해야 합니다. 한 가지 이유는 당신에게 군대가 조직되는 방식을 보여주고 싶었기 때문이고, 다른 한 가지 이유는 군대가 어떤 식으로 훈련을 받는지를 보여주고 싶었기 때문입니다.

나는 당신이 조직에 대해 매우 잘 이해했다고 믿습니다. 훈련과 관련해서, 나는 이 형태대로 자주 집합해 봐야 한다고 말하고 싶습니다. 지휘관들이 대대를 이런 식으로 유지하는 것을 배워야 하기 때문이지요.

각 대대의 배열을 잘 유지하는 것은 개별 군인의 의무이고, 대대를 군대의 각 부분 안에서 잘 지키며 총 지휘관의 명령을 따르는 방법을 잘 배우는 것은 대대 지휘관들의 의무입니다. 그러므로 지휘관들은 한 대대와 다른 대대를 결합시키는 방법과 즉각적으로 자신의 위치를 지키는 방법을 알아야 합니다. 따라서 각 대대의 깃발은 숫자를 모든 병사들이 다 볼 수 있도록, 또 지휘관과 군인들이 즉시 알아볼 수 있도록 적어야 합니다. 여단들도 번호를 매겨서 여단 깃발에 적어야 합니다. 누구나 왼쪽과 오른쪽에 배치된 여단들의 번호가 무엇인지, 전위와 후위에 배치된 대대들의 번호가 무엇인지 알아야 합니다.

나는 또한 이 숫자들이 군대 안에서 지위의 등급을 반영할 수 있기를 바랍니다. 예를 들어, 첫째 등급은 십인대장, 둘째 등급은 정규 벨리테스 50명의 지휘관, 셋째 등급은 백인대장, 넷째 등급은 1대대의 지휘관, 다섯째 등급은 2대대의 지휘관, 여섯째 등급은 3대대의 지휘관, 이런 식으로 10대대까지 이어집니다. 10대대의 지휘관은 여단의 총지휘관 다음으로 지위가 높습니다. 이 다양한 계급을 밟지 않은 사람은 누구도 총지휘관에 오르지 못합니다.

이들 지휘관 외에, 정예 창병을 지휘하는 3명의 무관장이 있고, 정예 벨리테스를 지휘하는 2명의 무관장이 있으며, 이들을 나는 1대대의 무관장의 계급과 동일하게 여길 것입니다. 이 6명이 2대대로 승진하기 위해 경쟁을 벌여야 하는 한, 나는 그들이 동급의 계급인지에 대해 신경을 쓰지 않습니다. 따라서 이 지휘관들 각자는 자신의 대대가 서야 하는 위치를 잘 알고 있기 때문에, 나팔 소리에 맞춰 총지휘관의 깃발이 올라가기만 하면, 당연히 군대 전체가 적절한 자리에 서게 됩니다. 이것이 군대가 잘 해내야만 하는 첫 번째 훈련입니다. 말하자면, 신속하게 집합하는 훈련입니다. 이를 위해서, 당신은 매일 병력을 집합시켰다가 해산하는 훈련을 자주 반복해야 합니다.

루이지: 군대의 깃발이 숫자 외에 어떤 표시를 하기를 원하십니까?

깃발과 악기의 중요성

파브리치오: 나는 총 지휘관의 깃발이 군대의 문장(紋章)을 담기를 바랍니다. 다른 깃발들도 모두 동일한 문장을 가져야 하지만, 진영이나 편제에 따라 달라야 합니다. 군대의 주인에게 가장 멋져 보이는 것이어야 하겠지요. 그러나 깃발을 서로가 알아볼 수 있게만 한다면, 이 문제는 그다지 중요하지 않습니다.

그러니 군대가 반드시 거쳐야 하는 다른 훈련으로 넘어가겠습니다. 군대가 이동하는 훈련입니다. 적절한 발걸음으로 행군하고, 그렇게 움직이는 가운데 질서를 유지하는 것이 목표이지요. 세 번째 훈련은 병사들에게 훗날 교전이 벌어질 때 취할 행동을 가르치는 것입니다. 대포를 쏘고, 대포를 철수시키고, 정예 벨리테스를 출격시키고, 모의 공격 뒤에는 뒤로 물러나는 것을 가르쳐야 합니다. 또 1대대가 마치 강하게 밀리듯 2대대의 간격 속으로 철수하고, 이어서 2개 대대가 3대대 속으로 철수했다가 다시 원래의 위치로 돌아가는 것도 가르쳐야 합니다. 병사들에게 이 훈련을 잘 시키면, 각 병사에게 모든 것이 분명하게 다가오며 익숙해질 것입니다. 훈련을 거듭하면, 이 모든 것을 쉽게 배울 수 있지요.

네 번째 훈련은 병사들이 나팔 소리와 깃발을 통해서 지휘관의 명령을 이해하도록 가르치는 것입니다. 그러면 병사들은 다른 명령이 없어도 소리만으로 자신들에게 전달되는 내용을 이해할 것입니다. 명령의 중요성이 나팔 소리에 달려 있기 때문에, 나는 당신에게 고대인들이 어떤 소리를 이용했는지에 대해 들려주고 싶습니다.

투키디데스(Thucydides: B.C. 460(?)-B.C. 400(?))가 전하는 바에 따르면, 스파르타의 군대에서는 피리가 사용되었답니다. 스파르타의 군대가 맹렬하기보다는 진중하게 나아가게 하는 데 피리의 음색이 더 적절하다고 판단했기 때문이지요. 카르타고 사람들도 같은 이유로 첫 공격에서 치터라는 현악기를 이용했지요. 리디아의 왕 알리아테스(Alliates: B.C. 635(?)-B.C. 585)는 전쟁에서 치터와 피리를 이용했지만, 알렉산드로스 대왕과 로마 군인들은, 악기를 이용해서 군인들의 용기를 북돋움으로써 병사들이 더욱 용감하게 싸우게 할 수 있다고 믿으면서 뿔피리와 트럼펫을 이용했답니다.

병사들을 무장시키면서 그리스인과 로마인의 방법들을 차용한 것처럼, 소리를 선택할 때에도 두 나라의 관습을 똑같이 이용해야 합니다. 따라서 나는 총지휘관 옆에 나팔을 둘 것입니다. 나팔 소리가 군대를 쉽게 자극할 수 있을 뿐만 아니라 온갖 소음 속에서도 다른 어떤 소리보다 더 잘 들리기 때문입니다.

무관장과 대대의 지휘관들의 소리는 작은 북과 피리로 했으면 합니다. 단지 지금처럼 연주하는 것이 아니라, 연회장에서처럼 연주했으면 좋겠습니다. 따라서 지휘관은 트럼펫으로 병사들이 멈추거나 전진하거나 뒤돌아서야 할 때를, 또 대포를 쏠 때와 정예 벨리테스를 이동시켜야 하는 때를 알립니다. 악기를 바꿈으로써, 지휘관은 군대에 일반적으로 가능한 모든 동작을 알립니다. 나팔 뒤에 북이 따를 것입니다. 그리고 이런 것들을 훈련시키는 것이 대단히 중요하기 때문에, 나는 군대를 훈련시킬 때 그런 것을 절대로 배제하지 않을 것입니다. 기병에 대해 말하자면, 나는 동일한 나팔을 이용할 것이지만, 소리의 크기와 높이를 지휘관의 것과 달리할 것입니다. 이것이 군대의 조직과 훈련과 관련하여 나에게 떠오른 것 전부입니다.

루이지: 궁금한 것이 하나 더 있습니다만, 장군님께 큰 부담이 안 되었으면 합니다. 장군님께서는 경기병과 정예 벨리테스가 공격할 때 소리를 지르며 맹렬하게 날뛰도록 하지만, 군대의 나머지가 교전할 때에는 그 일이 무거운 침묵 속에 행해졌다는 점을 암시했는데, 그렇게 차이를 둔 이유가 무엇인지 궁금합니다.

파브리치오: 고대의 지휘관들은 공격과 관련해서, 소리를 이용해 병사들의 걸음에 속도를 올려야 하는지, 침묵 속에 서서히 걷도록 해야 하는지에 대해 다양한 의견들을 가졌습니다. 침묵 속에 걷는 것은 대열을 확실하게 유지하는 데, 또 병사들이 지휘관의 명령을 잘 이해하는 데 도움이 됩니다. 소리를 이용하는 방법은 병사들의 사기를 높이는 효과를 낼 수 있지요. 두 가지 방법을 다 고려해야 한다고 믿기 때문에, 나는 일부 병사들에게는 소

리를 이용하고 다른 병사들에게는 침묵을 지키도록 합니다.

어떠한 경우에도 소리를 지속적으로 내는 것은 바람직하지 않은 것 같습니다. 소리가 명령을 방해할 수도 있는데, 이런 일이 치명적일 수 있기 때문이지요. 로마인들이 첫 공격 다음에도 소리를 계속 질렀다고 가정하는 것은 합리적이지 않습니다. 로마인들의 역사를 보면, 달아나던 병사들이 지휘관의 말이나 조언을 듣고 정지했다거나, 지휘관이 명령을 통해 조직을 다양하게 변화시켰다는 내용이 자주 보이기 때문입니다. 만약 소리가 지휘관의 목소리를 압도했다면, 그런 일은 일어나지 못했을 것입니다.

4장

지휘관의 자질

루이지: 저의 통치 아래에서 한 차례의 전투가 너무나 명예로운 승리로 끝났기 때문에, 저는 더 이상 운을 시험하지 않는 것이 좋겠다는 생각이 듭니다. 운이란 것이 변화무상하기 짝이 없다는 것을 잘 알고 있기 때문이지요.

따라서 이제 저는 질문하는 자리에서 물러날까 합니다. 가장 젊은 사람이 그 역할을 맡는다는 관행에 따라, 이젠 자노비가 질문하는 임무를 맡았으면 합니다. 저는 그가 이 명예를, 아니 이 힘든 일을 거부하지 않을 것으로 알고 있습니다. 그가 타인들에게 기쁨을 주기를 좋아할 뿐만 아니라, 천성적으로 저보다 더 용감하기 때문이지요. 그는 이 과제를 맡는 것을 두려워하지 않을 것입니다. 거기서 그는 정복할 수도 있고 정복당할 수도 있을 것입니다.

자노비: 그냥 토론에 귀기울이며 듣고만 있고 싶은 마음이 강하지만, 당

신이 나를 데려다 놓는 거기에 그대로 있을까 합니다. 지금까지 나는 토론을 들으면서 나의 마음에 떠올랐던 질문보다 당신의 질문에 더 만족하고 있었지요. 그러나 파브리치오 장군님, 장군님에게 시간과 인내심이 아직 남아 있기에, 저희가 예의를 갖추는 말로 장군님을 성가시게 하지 않는 것이 낫겠다고 저는 믿고 있습니다.

파브리치오: 오히려 당신이 나에게 기쁨을 안겨주고 있어요. 질문자를 바꾸는 것이 나로 하여금 다양한 재능과 다양한 욕망을 알게 하기 때문이지요. 당신이 생각하기에, 이미 논한 주제와 관련해서 미진한 부분이 있었습니까?

자노비: 다른 부분으로 넘어가기 전에 알고 싶은 것이 두 가지 있습니다. 하나는 장군님이 따로 생각하고 계시는, 군대를 조직하는 다른 형식이 있는지 여부입니다. 다른 하나는 지휘관이 전투에 나서기 전에 고려해야 할 사항들은 무엇인지, 그리고 전투 중에 어떤 사고라도 일어난다면, 지휘관이 동원할 수 있는 해결책이 무엇인지 알고 싶습니다.

지휘관이 전투 개시 전에 고려해야 할 사항들

파브리치오: 당신을 만족시키도록 노력해 보겠습니다. 그래도 당신의 질문들에 대해 세세하게 답변하지는 않을 것입니다. 이유는 내가 한 가지 질문에 대해 대답할 때, 종종 그것이 다른 질문에 대한 대답이 되기도 하기 때문입니다.

내가 적의 특성과 지형에 따라 모든 필요를 충족시킬 군대를 위해서 어떤 형태를 제안했는지에 대해서는 당신에게 이야기했습니다. 이 경우에, 지휘관은 지형과 적에 따라서 일을 진행해야 합니다. 그러나 이 점에 유의해야 합니다. 당신이 매우 크고 용맹스런 군대를 거느리고 있지 않다면, 당신의 군대의 선봉을 지나치게 넓게 펼치는 것보다 더 심각한 위험은 없습니다. 그런 경우에 병력을 매우 넓게 분산시키는 것보다는 그리 넓지 않게 밀집시키는 것이 더 낫지요.

병사들의 규모가 적에 비해 작을 때, 당신은 다른 해결책을 찾아야 합니다. 예를 들면, 당신의 군대를 한쪽 면이 강이나 늪에 둘러싸이도록 배열할 수 있지요. 그러면 당신이 포위되는 일은 없을 겁니다. 아니면 카이사르가 갈리아에서 했듯이, 측면에 해자를 만들어 당신을 보호하는 것입니다. 이 경우에, 당신은 적의 숫자에 따라서 당신의 군대의 전위를 확장하거나 축소하는 유연성을 발휘할 수 있어야 합니다. 만약 적군의 숫자가 당신의 군대의 숫자보다 작다면, 당신은 넓은 지역을 찾아야 합니다. 만약 당신이 병사들에게 적을 포위하는 것뿐만 아니라 조직을 확장할 수 있도록 훈련을 시켰다면, 특히 더 그렇게 해야 합니다. 왜냐하면 거칠고 험악한 장소에서는 당신이 모든 병력을 두루 이용하는 장점을 발휘할 수 없기 때문이지요. 로마인들이 거의 언제나 확 트인 들판을 찾는 한편으로 험난한 장소를 극구 피했던 이유도 거기에 있었습니다.

당신이 규모가 작거나 훈련이 잘 되어 있지 않은 병력을 이끌고 있다면, 내가 말한 바와 같이, 그와 정반대로 해야 합니다. 작은 병력도 스스로를 지킬 수 있거나, 경험 부족이 당신에게 해를 끼치지 않을 장소를 찾아야 하지요. 또한 적을 보다 쉽게 공격하기 위해 높은 곳을 찾아야 합니다. 그럼에도 불구하고, 당신의 병력을 적군이 올 수 있는 해안이나 언덕 가까운 곳에 배치하는 일은 없어야 합니다. 해안이나 언덕 가까운 곳에 병력을 배치하는 경우에, 대포 때문에 높은 장소가 오히려 당신에게 불리하게 작용할 것입니다. 왜냐하면 당신이 별다른 대책을 취할 수 없는 상태에서 지속적으로 적의 대포에 노출될 뿐만 아니라, 당신 자신의 병력의 방해를 받는 탓에 적을 마음 놓고 공격하지도 못하기 때문입니다.

전투를 위해 군대를 조직하는 사람은 누구나 태양과 바람도 고려해야 합니다. 태양과 바람이 부대의 전면에 정통으로 닿게 해서는 안 됩니다. 태양은 빛으로, 바람은 먼지로 시야를 방해하기 때문이지요. 더욱이, 바람은 적에게 쏜 무기의 효과를 떨어뜨려, 타격을 약화시킵니다.

태양에 대해 말하자면, 당시에 태양이 얼굴에 정면으로 비치지 않도록 신경을 쓰는 것만으로는 부족합니다. 하루 내내 태양이 당신에게 피해를 입히지 않을 것인지 생각해야 합니다. 이 때문에, 나는 군대를 배치할 때 태양이 군대의 뒤에 위치하도록 할 것입니다. 그러면 태양이 당신 앞에 올 때까지 많은 시간이 걸립니다. 이 방법을 한니발이 칸나이에서, 그리고 킴브리인과 전투를 벌인 가이우스 마리우스(Gaius Marius:B.C. 157(?)-B.C. 86)가 채택했지요. 만약 기병이 많이 약하다면, 우리 시대에 스페인 병사들이 나폴리 왕국의 체리뇰라에서 프랑스 군인들을 패주시킬 때 그랬듯이, 당신의 군대를 덩굴이나 나무들 사이나 그 비슷한 장애물이 있는 곳에 배치해야 합니다.

똑같은 군인들이 배열과 장소만을 바꿨을 뿐인데 정복당하던 입장에서 승자가 된 예가 역사 속에 자주 보입니다. 카르타고 병사들도 한 예이지요. 그들은 로마의 장군 마르쿠스 레굴루스에게 종종 패배한 뒤에 크산티포스(Xantippus: B.C. 3세기)라는 스파르타 장군의 조언에 따라 평지로 내려와서 거기서 기병과 코끼리들 덕분에 로마 병사들을 이길 수 있었답니다.

고대의 예들을 보면, 탁월한 지휘관들 거의 전부는 적이 대대의 어느 한쪽 면을 강화했다는 사실을 알게 되는 경우에 가장 강한 쪽이 아니라 가장 약한 쪽을 공격했던 것 같습니다. 그리고 그 지휘관들은 적의 군대 중 강한

쪽을 자신의 군대 중 약한 쪽이 맡도록 했지요. 그러다가 전투가 시작되면, 그 지휘관들은 자신의 군대 중 가장 강한 부분에게는 적에게 저항만 하고 격퇴시키지는 말라고 명령하고, 가장 약한 부분에게는 스스로 패퇴당한 뒤에 군대의 후미 쪽으로 철수하라고 명령합니다.

이런 조치가 적에게 두 가지 심각한 혼란을 야기합니다. 한 가지 혼란은 적이 자신의 군대 중 가장 강력한 부분이 포위되었다는 사실을 알게 된다는 점이고, 다른 한 가지 혼란은 적이 승리가 금방 이뤄질 것 같았는데 무질서하지 않기가 힘들다는 사실을 확인하게 된다는 점이지요. 바로 거기서 적의 패배가 비롯됩니다.

스키피오 아프리카누스가 스페인에서 카르타고의 하스드루발 바르카(Hasdrubal Barca:B.C. 245-B.C. 207)와 맞서고 있을 때의 일입니다. 스키피오는 자신이 군대를 조직하는 방법을 하스드루발이 눈치 챘다는 사실을 알게 되었지요. 스키피오는 자신의 군단을, 그러니까 자신의 군대 중에서 가장 강력한 부분을 군대의 가운데에 배치했습니다. 그 같은 사실 때문에 스키피오는 하스드루발이 그것을 감안해서 군대를 조직할 것이라고 판단했지요. 그래서 스키피오는 전투가 시작되기 전에 조직에 변화를 주며 자신의 군단을 군대의 뿔에 배치하고 한가운데에 가장 약한 병사들을 두었답니다.

이어 백병전이 벌어질 때, 스키피오는 재빨리 가운데에 있던 병력들에게 천천히 걷게 하고 뿔 쪽의 병력들을 신속히 앞으로 이동하도록 했지요. 그래서 양쪽 군대의 뿔들만이 싸움을 벌이게 되었고, 가운데의 병력은 서로로부터 거리가 있었기 때문에 전투에 가담하지 못했지요. 따라서 스키피오의 군대의 가장 강한 부분이 하스드루발의 군대의 가장 약한 부분과 싸워 승리를 거두었답니다. 당시에는 이 방법이 유용했지만, 오늘날에는 포병 때문에 이용할 수 없게 되었지요. 이쪽 군대와 저쪽 군대 사이의 공간이 포탄을 쏠 시간을 주는데, 이 포탄이 앞에서 말한 바와 같이 대단히 치명적입니다. 그러므로 이 방법은 무시되어야 하며, 조금 전에 말했듯이, 그것 대신에 전체 군대가 교전에 참여하며 가장 약한 부분이 항복하도록 하는 방법을 써야 합니다.

어느 지휘관이 적의 군대보다 더 큰 군대를 갖고 있다는 사실을 확인하고는 적을 감쪽같이 포위하고 싶어 한다고 가정합시다. 그런 경우에 지휘관은 자신의 군대의 전위를 적의 군대의 전위와 동일하게 배치합니다. 이어서 전투가 시작되면, 전위를 점진적으로 철수시키며 측면을 확장합니다. 그러면 적은 눈치도 채지 못하는 사이에 자신의 군대가 포위되었다는 사실을 확인하게 됩니다.

패주 당하지 않고 안전하게 싸우길 원한다면, 지휘관은 늪이든 산악지대든, 막강한 도시 안이든, 근처에 안전하게 도피할 공간이 있는 곳에 군대를 배치해야 합니다. 그런 식으로 배치하면, 그도 적에게 추격당할 수 없고, 적도 그에게 추격당할 수 없지요. 이 방법을 한니발이 이용했답니다. 운이 그에게 불리하게 작용하기 시작하고, 그가 마르쿠스 마르켈루스의 용맹을 두려워하게 되었을 때였지요.

적의 조직을 무너뜨리기 위해, 일부 지휘관들은 가볍게 무장한 병사들에게 전투를 개시하도록 하고는 전투가 시작되기만 하면 곧바로 대열 속으로 철수하라고 명령했습니다. 나중에 양쪽 군대의 전위가 백병전을 벌이며 전투에 전념할 때, 이 경무장 병사들이 대대의 측면에서 앞으로 나서면서 적을 혼란에 빠뜨리며 물리쳤지요.

기병이 약하다고 느껴지면, 지휘관은 지금까지 언급한 방법들 외에 기병 뒤에 창병 대대를 배치하고, 전투를 벌일 때 기병이 창병 대대에게 길을 열어주도록 배열할 수 있습니다. 그러면 그 지휘관은 언제나 우위를 지킬 것입니다. 많은 지휘관들은 경무장 보병 일부를 기병 사이에서 전투하는 데 익숙하도록 훈련시켰지요. 이 방법은 기병에게 아주 큰 도움이 됩니다.

전투를 위해 군대를 조직했던 모든 지휘관들 중에서, 가장 칭송받을 만한 인물은 아프리카에서 싸웠던 한니발과 스키피오입니다.

한니발은 카르타고인들로 구성된 군대와 다양한 종류의 보조 군대를 거느렸지요. 당시에 한니발은 맨 앞에 코끼리 80마리를 배치하고, 이어 보조 군대와 카르타고인 군대를 배치하고, 맨 뒤에 그가 별로 신뢰하지 않은 이탈리아인들을 놓았습니다. 그가 이런 식으로 배열한 이유는 보조 군대가 앞에 적이 있고 뒤에 카르타고 병사들이 있는 상황에서 달아나지 못하도록 하기 위해서였습니다. 그런 상황에서 보조 군대가 싸우지 않을 수 없었기 때문에, 보조 군대의 병사들이 로마 군인들을 정복하거나 지치게 만들었지요. 그러면 한니발은 자신의 용감한 병력으로 이미 지친 로마 군인들을 이길 수 있다고 판단했던 것이지요.

그런 식으로 배열된 군대를 만난 스키피오는 하스타티(경보병)와 프린키페스(중보병), 트리아리(중창병)를, 한 부대가 다른 부대를 받아들이고 서로 도울 수 있는 익숙한 방식 그대로 배치했답니다. 그는 군대의 전위에 간격을 많이 두었으며, 전위가 헐렁해 보이지 않고 결합된 것처럼 보이도록 하기 위해 그 간격들을 벨리테스로 채웠지요. 그러면서 그는 벨리테스들에게 코끼리가 도착하자마자 후퇴하며 정규 공간을 통해 군단 속으로 들어가라고 명령했답니다. 그래서 코끼리들에게 길을 열어주었고, 따라서 코끼리들의 공격을 헛되게 만들었지요. 그들과 백병전을 벌이게 되었을 때, 스키피오가 우위에 서게 되었으니 말입니다.

자노비: 이 전투에 대한 이야기를 듣다 보니, 스키피오가 전투를 벌이는

동안에 경보병이 중보병의 대열 속으로 물러나도록 하지 않고, 중보병에게 공간을 만들어주기 위해서 경보병을 쪼개서 군대의 뿔 속으로 물러나게 했다는 기억이 납니다. 무슨 이유로 스키피오가 익숙한 방법을 사용하지 않았는지 궁금합니다.

적을 파괴하기 위한 전략

파브리치오: 설명하지요. 한니발은 자신의 군대의 모든 역량을 제2 전선에 두었습니다. 그래서 스키피오도 제2 전선에 비슷한 역량을 두기 위해서 거기에 중보병과 중창병을 모았지요. 중보병의 간격을 중창병이 차지했기 때문에, 경보병을 받아들일 공간이 전혀 없었지요. 그래서 그는 경보병을 나눠서 군대의 뿔들 속으로 들어가게 하고, 그들을 중보병 사이로 데려오지 않았습니다.

그러나 제2 전선을 위한 공간을 만들기 위해 제1 전선을 넓게 펼치는 이 방법은 자신의 군대가 우위에 있을 때가 아니고는 채택할 수 없다는 점에 유의해야 합니다. 스키피오가 그렇게 할 수 있었듯이, 군사력이 상대방보다 강한 경우에는 그렇게 할 수 있는 여력이 생깁니다. 그러나 군사력이 열세여서 격퇴당하는 상황에서 그런 방법을 쓰면 당신의 군대는 붕괴하고 말 것입니다. 따라서 후위에 당신을 받아들일 대열을 반드시 둬야 합니다.

여기서 우리가 논의하던 문제로 돌아가도록 합시다. 고대의 아시아 사람들은 특히 적에게 피해를 입히기 위해서 측면에 낫을 단 전차들을 이용했지요. 그러면 전차들은 공격을 벌이며 전열을 무너뜨릴 뿐만 아니라 낫으로 적들을 죽이기도 했지요.

이런 공격에 대한 대비는 3가지 방법으로 이뤄졌습니다. 대열을 촘촘히

해서 저항하는 방법이 있었지요. 아니면 코끼리들을 다룰 때와 마찬가지로 전차들을 전열 속으로 받아들였습니다. 로마의 술라가 '팔카티'(falcati)라 불린 전차를 많이 갖고 있던 그리스의 장군 아르켈라오스(Archelaus: ?-B.C. 63)와 맞설 때처럼 계략을 써서 군세게 버티는 방법도 있었습니다. 당시에 술라는 전차들에 저항하기 위해, 제1 전선 뒤의 땅바닥에 기둥들을 많이 단단하게 박았지요. 아르켈라오스의 전차들은 이 기둥들의 저항에 그만 기동력을 잃고 말았습니다.

술라가 전차들에 맞서 군대를 새로 조직했던 방법은 관심을 끌 만합니다. 그는 벨리테스와 기병을 후위에 놓고, 중무장한 병사들을 모두 전위에 배치하면서 병사들 사이에 간격을 두었습니다. 필요한 경우에, 후위의 병사들을 앞으로 보내기 위해서였지요. 그 덕분에, 전투가 시작되었을 때, 그는 기병에게 길을 열어 주었으며 이 기병의 도움으로 승리를 거둘 수 있었답니다.

전투가 벌어지는 동안에 적이 고민하도록 만들기 위해서, 새로운 지원병이 곧 도착할 것이라고 발표하든가, 아니면 그런 효과를 낳을 수 있는 것을 보여줌으로써 적을 낙담시키는 것도 좋은 아이디어입니다. 그러면 적이 그런 장면에 속아 지레 겁을 먹게 되지요. 적은 그런 식으로 겁을 먹을 때 쉽게 정복됩니다.

이 방법은 로마의 집정관 미누키우스 루푸스(Minucius Rufus: ?-B.C. 216)와 마니우스 아킬리우스 글라브리오(Manius Acilius Glabrio: B.C. 1세기)가 이용했으며, 가이우스 술피키우스(Gaius Sulpicius Peticus: B.C. 4세기)는 노새나, 전쟁에 쓸모없는 다양한 동물들에다가 주머니 같은 것을 실어 무장 군인처럼 보이도록 위장해 놓고는, 갈리아 병사들과 백병전을 벌이는 동안에 그 동물들이 언덕에 나타나도록 했지요. 그 결과, 그가 승리를 거둘 수 있었답니다. 마리우스도 게르만 족과 싸울 때 똑같은 방법을 이용했지요.

전투가 벌어지는 동안에 거짓 공격조차 이렇게 중요하다는 사실을 고려한다면, 진짜 공격은 훨씬 더 큰 도움을 줄 것임에 틀림없습니다. 전쟁 중에 즉석에서 그런 진짜 공격을 고안함으로써 적을 뒷면이나 측면에서 공격할 수 있을 때, 특히 더 그러하지요. 지형적 특성이 돕지 않는다면, 거짓 공격을 이용하는 것은 대단히 어렵습니다. 만약 확 트인 곳에서 전투가 벌어진다면, 당신의 병력 중 일부만을 신속히 이동시키는 것이 그런 작전에 반드시 필요한 요소인데, 그 일 자체가 가능하지 않기 때문입니다. 그러나 숲이나 산악 지형에서, 말하자면 매복이 가능한 지형에서는 당신의 병력 중 일부가 보다 쉽게 숨을 수 있습니다. 그러면 적은 예상하지 않은 때에 기습 공격을 받을 수 있으며, 이런 기습 공격은 언제나 당신이 승리를 거두게 되는 원인이 될 수 있습니다.

전투가 벌어지는 동안에, 간혹 적의 지휘관이 죽었다거나 적의 군대의 일부가 정복되었다는 헛소문을 퍼뜨리는 것도 매우 중요합니다. 이런 헛소문을 잘 이용하는 사람은 승리를 거둘 수 있습니다. 적의 기병은 이상한 형태나 장면이나 소음에 쉽게 무너질 수 있습니다. 적의 기병에 낙타로 맞섰던 크로이소스(Croesus)[36]와 로마의 기병에 코끼리로 맞서며 기병을 무너뜨렸던 피로스가 그런 예이지요.

우리 시대에는 터키 병사들이 페르시아의 샤(국왕)의 군대와 시리아의 술탄의 군대를 화승총 소리만으로 패배시켰답니다. 스페인 병사들은 하밀

---

36 리디아의 왕으로, B.C. 585년경부터 페르시아의 키루스 대왕에게 패한 B.C. 547년 또는 546년까지 통치했다.

카르 바르카(Hamilcar Barca: B.C. 290-B.C. 228)[37]의 군대를 이기기 위해 전열에 나무 잔가지들을 가득 실은 전차들을 배치하고 소들이 끌도록 했지요. 이어 스페인 병사들이 전투를 시작하며 전차에 불을 붙이자 소들이 불을 피하려고 달아나며 하밀카르의 군대를 덮쳐 병사들을 흩어지게 만들었답니다.

언급한 바와 같이, 지형이 적절한 곳에서 적을 속여 매복 장소로 유인하는 것은 흔한 일이지만, 넓고 확 트인 곳에서 많은 지휘자들은 해자를 판 뒤에 흙과 나뭇가지로 살짝 덮어놓고는 물러날 때 길로 사용할 일부 공간만을 파지 않은 상태 그대로 두는 방법을 이용합니다. 그러면 전투가 시작될 때, 병사들은 그 퇴로로 물러나고, 그들을 쫓던 적들은 해자 안으로 굴러 떨어지며 붕괴하고 말지요.

전투 중에 당신의 병사들을 낙담시킬 사건이 벌어지면, 그 같은 사실을 숨기고 그것을 오히려 좋은 방향으로 활용하는 것은 대단히 사려 깊은 처사입니다. 로마의 전설적인 왕 툴루스 호스틸리우스(Tullus Hostilius: 통치 B.C. 672-B.C. 640)와 술라가 그런 예를 제공합니다. 툴루스 호스틸리우스는 전투가 벌어지는 동안에 자신의 병사 중 상당 부분이 적의 진영으로 넘어가는 것을 보았지요. 그 같은 사실 앞에서 그의 병사들이 크게 낙담했지요. 이런 모습을 지켜본 툴루스는 전체 군대에게 당시의 모든 일은 그의 명령에 의해 벌어지고 있다는 식으로 이해시켰답니다. 그 결과, 그 사건은 그의 군대를 교란하지 않았을 뿐만 아니라 오히려 사기를 높여 전투를 승리로 이끄는 데 결정적인 역할을 했지요.

술라에게는 이런 일이 있었습니다. 술라가 몇몇 군인들에게 임무를 줘서 내보냈지요. 그런데 그들이 모두 죽임을 당하고 말았습니다. 그러자 술라

---

37 카르타고의 정치인이자 장군으로, 한니발의 아버지이다.

는 자신의 군대가 낙담하는 것을 막기 위해 병사들에게 그 군인들이 신용할 수 없는 사람들이라서 머리를 써서 적에게 보냈다고 설명했지요.

　로마의 장군 퀸투스 세르토리우스(Quintus Sertorius: ?- B.C. 72)는 스페인에서 전투를 벌이던 중에 그에게 지휘관 한 사람이 사망했다는 소식을 알린 병사를 죽였답니다. 그 병사가 다른 병사들에게 똑같은 말을 하여 병사들의 사기를 떨어뜨릴 수 있겠다는 판단에서였지요.

　이미 패주를 시작한 군대를 멈추게 하여 다시 전투를 벌이게 하는 것은 힘든 일입니다. 그런 경우에는 이것을 구분해야 합니다. 군대 전체가 패주 중이라면, 그때는 군인들을 다시 돌려 세우는 것은 불가능합니다. 그렇지 않고 일부만 패주 중이라면, 그때는 해결책이 있습니다. 로마의 많은 지휘관들은 패주하는 병사들 앞에 나서서 패주 자체를 수치스럽게 여기도록 만들어 병사들을 정지시켰습니다. 루키우스 술라가 그랬지요. 그의 군단들 중 일부가 미트리다테스의 군사력에 밀려 돌아서자, 그가 검을 들고 병사들 앞에 나가서 외쳤답니다. "혹시 누구라도 너희들에게 지휘관은 어디 두고 왔느냐고 묻거든, 보이오티아 전쟁터에 두고 왔다고 말하도록 하라!"

　집정관 아틸리우스는 달아나는 병사들을 달아나지 않는 병사들이 저지하도록 하면서, 패주하던 병사들에게 돌아서지 않으면 전우와 적에 의해 죽을 수 있다는 것을 이해시켰지요. 마케도니아의 필리포스(Philippos: B.C. 382-B.C. 336)는 자신의 병사들이 스키타이 병사들을 두려워한다는 사실을 알고는 자신이 가장 신뢰하는 기병 중 일부를 군대의 뒤에 배치하고 그들에게 달아나는 군인은 모조리 죽이라고 명령했습니다. 그로 인해 그의 병사들은 패주하기보다는 차라리 싸우다가 죽는 쪽을 택하며 승리를 거둘 수 있었답니다. 많은 로마 지휘관들은 패주를 중단시키기보다는 자신의 병사들이 보다 큰 역량을 발휘할 기회를 주기 위해 전투 중에 병사들이 잡고 있던 깃발을 빼앗아서 적군 쪽으로 던지고는 그것을 되찾는 사람에게 상을 주었답니다.

이 대목에서, 전투 개시 후에 벌어지는 일들에 대해 말하는 것도 이상하지 않을 듯합니다. 그 일들이 간단하긴 해도 배제할 수는 없는 것이고, 지금 이 논의와 꽤 어울리기 때문이지요. 따라서 나는 교전에서 어떻게 패배하거나 승리하게 되는지에 대해 말할 것입니다.

전투에서 이기고 있을 때, 지휘관은 승리를 최대한 빠른 속도로 추구해야 하며, 이때는 한니발이 아니라 카이사르를 모방해야 합니다. 한니발이 칸나이에서 로마 병사들을 패배시킨 뒤에 그 자리에 멈춤으로써 그만 로마 제국을 잃어 버리고 말았기 때문이지요. 카이사르는 한 번의 승리 뒤에도 절대로 쉬지 않고 패주하는 적을 대단한 기동력과 맹렬함으로 뒤쫓아가서 완전히 쳐부수었지요.

그러나 전투에 지고 있을 때, 지휘관은 그 패배에서 자신에게 유익한 것을 끌어낼 수 있는지를 봐야 합니다. 특히 군대의 일부 병사들이 그에게 남아 있을 때, 그런 판단은 더욱 필요하지요. 적의 느슨해진 경계심에서 기회가 생길 수 있습니다. 적은 승리를 거둔 뒤에 대체로 부주의해지며, 따라서 당신에게 적을 공격할 기회를 줍니다. 로마의 마르티우스(Martius)가 카르타고의 군대를 압박하던 때처럼 말입니다. 두 스키피오[38]를 죽이고 그들의 군대를 패배시킨 카르타고 군대는 마르티우스와 함께 살아남았던 병사들을 별로 심각하게 생각하지 않다가 그만 거꾸로 마르티우스의 공격을 받고 패주했지요.

38　한니발을 물리쳤던 스키피오의 아버지와 삼촌인 푸블리우스 코르넬리우스 스키피오(Publius Cornelius Scipio Africanus: ?-B.C. 211)와 그나이우스 코르넬리우스 스키피오 칼부스(Gnaeus Cornelius Scipio Calvus: ?-B.C. 211)를 말한다.

이런 예를 근거로, 적이 당신의 공격 가능성을 믿지 않는 때보다 당신이 승리를 거두기에 더 좋은 기회는 없다고 말할 수 있습니다. 대부분 병사들이 걱정을 덜 할 때 피해를 더 많이 입게 되기 때문이지요. 따라서 지휘관은 그렇게 하기 힘든 상황에도 적어도 패배로 인한 피해를 최소화하기 위해 최대한 노력해야 합니다.

그러기 위해서, 적이 당신을 쉽게 추격하지 못하게 하거나, 적에게 지연의 빌미를 제공할 조치를 취해야 합니다. 전자의 경우라면, 패배하고 있다는 사실을 깨달은 지휘관은 병사들에게 다시 집합할 장소를 알려준 뒤에 몇 개의 경로로 찢어져서 달아나도록 명령해야 합니다. 그러면 적은 자신의 병력이 나뉘는 것을 두려워하며 병력 전부 또는 상당 부분을 안전한 상태로 남겨둘 것입니다. 후자의 경우라면, 많은 병사들이 적의 앞에 소중한 소유물을 던질 수 있습니다. 그러면 적이 약탈하느라 지체될 것이고, 결과적으로 병사들에게 달아날 시간을 주게 되지요.

티투스 디디우스(Titus Didius: ?-B.C. 89)는 전투에서 입은 피해를 숨기는 일에 아주 기민한 모습을 보였습니다. 그는 병사를 많이 잃으며 일몰까지 싸운 날 밤에 죽은 병사들 대부분을 묻었지요. 따라서 적은 이튿날 아침에 로마 병사들은 많이 죽지 않았는데 자국 병사들만 많이 죽은 것을 확인하고는 자신이 불리한 입장이라고 판단하고 달아났지요.

두서없이 이것저것 말해서 혼란스럽게 만들지는 않았는지 모르겠습니다만, 당신의 질문은 어느 정도 충족되었을 것으로 믿습니다. 군대의 형태와 관련하여, 일부 지휘관이 적의 군대를 뚫기 쉽다는 이유로 습관적으로 전위를 쐐기 모양으로 조직하는 것에 대해 논해야 합니다. 정반대로, 일부 지휘관들은 쐐기를 받아들여 적을 사방에서 포위하며 싸우기 위해 가위 모양으로 배치하곤 했지요.

이와 관련해서, 나는 당신에게 이런 일반 원칙을 지킬 것을 권합니다. 적의 계획에 맞서는 최고의 방편은 적이 당신에게 강요하는 것을 자발적으로 하는 것이라는 원칙 말입니다. 왜냐하면 그것을 자발적으로 한다는 것은 곧 그것을 체계적으로 당신에게 유리하게, 그리고 적에게 불리하게 한다는 것을 의미하기 때문입니다. 만약 당신이 그것을 강제로 해야 하는 상황에 처한다면, 그것이 당신의 패배를 부를 것입니다.

이 점을 강조하기 위해서라면, 이미 말한 내용을 되풀이하는 것도 망설이지 않겠습니다. 적이 당신의 대열을 깨뜨리기 위해 쐐기 형태로 배열하고 있습니까? 그렇다면 당신이 대열을 열어 놓은 상태로 시작하면, 당신의 적은 혼란에 빠질 것입니다. 한니발이 스키피오의 군대를 깨뜨리기 위해 자신의 군대 앞에 코끼리를 배치했는데, 그때 스키피오는 대열을 열어 놓은 상태로 시작했지요. 그런데 이것이 스키피오의 군대에게는 승리의 원인이 되었던 반면에 한니발의 군대에게는 패배의 원인이 되었답니다.

하스드루발은 스키피오의 무력을 격퇴시키기 위해, 군대의 전위의 중앙에 가장 강력한 병력을 배치했습니다. 그때 스키피오도 그와 비슷하게 배열해 놓았다가 가운데 병력에게 철수할 것을 명령함으로써 하스드루발을 이길 수 있었습니다. 그렇듯, 그런 계획들은 미리 예견되는 경우에 격퇴의 대상이 되었던 군대가 엉뚱하게도 승리를 거두는 원인이 될 수 있습니다.

내 기억이 정확하다면, 지휘관이 전투에 돌입하기 전에 고려해야 할 사항들에 관한 설명이 남은 것 같습니다.

가장 먼저 언급해야 할 사항은, 자신의 군대에 유리한 것이 없거나 어쩔 수 없이 해야 하는 상황이 아니라면, 지휘관은 절대로 전투를 벌여서는 안 된다는 것입니다. 우위는 장소에서, 조직에서, 또 위대하거나 훌륭한 병력에서 비롯됩니다.

당신이 싸우지 않을 경우에 어떤 형태로든 패배를 겪게 되어 있다면, 거기서 필연이 일어납니다. 예를 들면, 돈이 부족하여 당신의 군대가 어쨌든 해체되어야 하거나, 기아(飢餓)가 당신의 군대를 공격하려 하거나, 적이 새로운 병력에 의해 다시 강화될 것으로 예상되는 때입니다. 그런 경우에 지휘관은 언제나, 심지어 자신에게 불리한 상황에서도 싸워야 합니다. 운이 당신에게 유리하게 작용할 수 있는 때에 당신의 운을 시험하는 것이 그런 시험조차 하지 않아 패배를 기정사실화하는 것보다 훨씬 더 낫기 때문이지요. 그런 경우에 지휘관이 싸우지 않는 것은 중대한 실수입니다. 그것은 무지나 겁 때문에 이길 기회를 그냥 흘려보내는 것만큼이나 심각한 실수이지요. 가끔은 적이 당신에게 이점을 안겨주기도 하고, 또 가끔은 당신의 현명함이 당신에게 이점을 안겨주기도 합니다.

많은 군대들이 강을 건너다가 경계 태세를 취하고 있던 적의 군대에게 패주 당했습니다. 이때 적은 그 군대가 강의 중앙에 이를 때까지 기다렸다가 사방에서 공격합니다. 카이사르도 강에 의해 반으로 나뉘진 스위스 군대를 그런 식으로 공격하여 병력 4분의 1을 파괴했지요. 가끔 당신은 적이 당신을 무분별하게 추격하다가 지치게 되었다는 사실을 확인하게 됩니다. 그런 경우에 당신의 군대가 원기 왕성하고 휴식을 충분히 취한 상태라면, 그 기회를 놓쳐서는 안 됩니다.

이 외에, 만약 적이 아침 일찍부터 전투를 벌이자며 당신에게 접근해 온다면, 당신은 숙영지 밖으로 나가는 것을 오랫동안 미룰 수 있습니다. 적이 무장 상태로 오래 기다린 탓에 처음 시작하던 때의 열의를 잃게 될 때, 그때 당신은 적과 전투를 벌일 수 있습니다. 스키피오와 메텔루스(Quintus Caecilius Metellus Pius: B.C. 128(?)-B.C. 63)가 스페인에서 각각 하스드루발과 세르토리우스를 상대로 이 방법을 채택했지요. 만약 적이, 두 스키피오가 스페인에서 그랬던 것처럼, 병력을 나누거나, 아니면 다른 이유로 병력을 줄였다면, 당신은 반드시 당신의 운을 시험해야 합니다.

신중한 지휘관들 대부분은 성급하게 공격해 오는 적의 돌격을 차라리 그냥 받아들일 것입니다. 이유는 그런 병사들의 맹렬이 강건하고 단호한 병사들에 의해 쉽게 저지되고, 가로막힌 맹렬은 쉽게 겁으로 변하기 때문입니다. 파비우스 막시무스 룰리아누스(Quintus Fabius Maximus Rullianus:?-B.C. 291)[39]는 삼니움인과 갈리아인에 맞서며 그런 식으로 행동해 승리를 거두었지만, 그의 동료 푸블리우스 데키우스 무스(Publius Decius Mus: ?-B.C. 295)는 죽고 말았지요.

적의 역량을 두려워했던 지휘관들은 일몰 가까운 시간에 전투를 시작했지요. 그런 경우에 병사들이 패배한다 하더라도 어둠 덕분에 보호를 받을 수 있기 때문이지요. 어떤 지휘관은 적이 미신 때문에 특정한 시간에 전투를 벌이기를 원하지 않는다는 사실을 알고는 바로 그 시간에 전투를 개시해서 승리를 거두었습니다. 카이사르가 갈리아에서 게르만족의 아리오비스투스(Ariovistus: B.C. 1세기)를 상대로 싸울 때도 그렇게 했고, 베스파시아누스(Vespasianus: A.D. 9-A.D. 79)[40]가 시리아에서 유대인을 상대로 싸울 때도 그렇게 했지요.

지휘관이 사전에 취할 가장 중요한 조치는 충직하고 전쟁에 대한 전문지식이 풍부하고 신중한 사람들을 주위에 많이 두는 것입니다. 지휘관은 그들로부터 끊임없이 조언을 듣고, 그들과 머리를 맞대고 자신의 군대와 적의 군대의 무력에 대해 논해야 합니다. 어느 군대가 수적으로 더 큰지,

---

39 파비우스 막시무스 룰리아누스는 앞에 나오는 파비우스 막시무스 베루코수스의 조부 또는 증조부이다.

40 로마 제국의 아홉 번째 황제(A.D. 69-A.D. 79)였다.

어느 군대가 무장이 잘 되어 있고 훈련이 잘 되어 있는지, 어느 군대가 상실의 고통을 더 강하게 받게 되어 있는지, 각각의 군대가 보병 또는 기병 중 어느 쪽을 더 신뢰하는지 등이 논의의 주제가 되지요.

또한 지휘관과 주위의 전문가들은 자신들이 자리 잡고 있는 지형도 고려해야 합니다. 그 지형이 자신들보다 적에게 더 적절하지는 않은지, 어느 쪽이 보급에 더 유리한지, 교전을 미루는 것과 교전을 시작하는 것 중 어느 쪽이 더 나은지, 날씨가 당신에게 안겨주고 적으로부터 빼앗을 이점은 무엇인지 등을 살펴야 하지요. 전쟁이 길어질 경우에 군인들이 예민해지고, 고된 노동과 단조로움에 지쳐, 결국 당신을 버릴 것이기 때문입니다.

무엇보다, 지휘관은 적군의 지휘관이 누구인지를, 그의 주변에 누가 있는지를 알아야 합니다. 그것이 아주 중요합니다. 적군의 지휘관이 무모한 사람인지, 아니면 조심성 있는 사람인지, 소심한 사람인지 대담한 사람인지를 알아야 하지요. 보조 군대가 신뢰할 만한지를 아는 것도 중요합니다. 두려워하거나, 어쨌든 승리를 믿지 않는 군대를 이끌고 전투에 나서지 않도록 조심해야 합니다. 패배를 가장 정확하게 암시하는 잣대가 바로 승리를 믿지 않는 정신 상태이니까요. 따라서 그런 경우에는 교전을 가급적 피해야 합니다.

교전을 피하는 방법을 예로 든다면, 파비우스 막시무스 베루코수스는 견고한 곳에 진을 침으로써 한니발로 하여금 그를 대적할 용기를 갖지 못하도록 했지요. 아니면 마찬가지로 견고한 곳에 진을 치고 있는 적이 당신과 전투를 벌이러 올 것이라 믿으면서, 당신이 들판을 떠나며 병력을 쪼개서 도시를 통과하는 것도 방법입니다. 그러면 적은 당신의 병사들을 공격하느라 지치게 될 것입니다.

자노비: 지휘관이 군대를 몇 개로 쪼개서 도시로 들어가는 방법 외에 교

전을 피할 수 있는 다른 방법은 없습니까?

군인들에게 용기를 불어넣는 방법

파브리치오: 여러분 중 몇 사람과 언젠가 다른 곳에서, 적국 안에 머무는 지휘관은 어쨌든 싸우기를 원하는 적을 두고 있는 한 교전을 피할 수 없다는 점에 대해 논한 기억이 나는군요. 그런 입장에 놓인 지휘관은 한 가지 방법밖에 없습니다. 적이 교전하러 오는 경우에 적절한 때에 적을 피하길 원한다면, 지휘관은 군대와 함께 적으로부터 적어도 50마일 정도는 떨어져 있어야 합니다.

파비우스 막시무스 베루코수스는 한니발과의 교전을 결코 피하지는 않았지만, 자신에게 유리한 상황에서 전투를 벌이기를 원했으며, 한니발은 파비우스가 진을 치고 있는 곳까지 가서 그를 이길 수 있다고는 생각하지 않았습니다. 그러나 만약 한니발이 파비우스를 이길 수 있다고 짐작했다면, 파비우스가 어쨌든 한니발과 교전을 벌이는 것은 불가피했지요. 아니면 달아나든가 해야 했지요.

마케도니아의 왕으로 페르세우스의 아버지인 필리포스 5세(B.C. 238-B.C. 179)는 로마의 병사들과 전쟁을 벌이러 오면서도 그들과 교전을 하지 않기 위해 아주 높은 산을 숙영지로 택했습니다. 그러나 로마 병사들은 그와 교전하러 그 산으로 가서 그를 패주시켰답니다.

갈리아인들의 지휘관이었던 베르킨게토릭스(Vercingetorix: B.C. 82-B.C. 46)는 예상 밖에 강을 건넌 카이사르와의 교전을 피하기 위해서 병사들과 함께 몇 마일 떨어진 곳에 진을 쳤지요. 우리 시대에 베네치아 사람들은 프랑스 왕과 전투를 벌이기를 원하지 않았다면 프랑스 군대가 아다 강을 건널 때까지 기다릴 것이 아니라, 베르킨게토릭스처럼, 그로부터 멀리 떨어진 곳에 자리를 잡았어야 했지요. 프랑스 왕을 기다리고 있었으면서도, 베네치아 사람들은 적군이 강을 건너는 동안에 교전을 벌일 기회를 이용할 줄도 몰랐고, 교전을 피하는 방법도 몰랐지요. 베네치아 사람들이 숙영지에서 철수할 때, 그들 가까이 있던 프랑스 병사들이 그들을 공격하여 패주시켰지요. 그렇듯, 적이 어떻든 교전을 벌이길 원한다면, 전투는 피할 수 없습니다. 누구도 파비우스를 언급하지 않습니다. 그가 전쟁을 피할 수 없는 상황에서, 한니발이 그랬듯이, 전투를 피했기 때문이지요.

당신의 군인들이 전투를 벌이기를 갈망하는데도, 당신이 수적으로나 지리적으로, 아니면 다른 이유로 열세라는 것을 알기에 그들의 전투 욕망을 죽여야 하는 상황이 종종 벌어집니다. 또한 필연 또는 기회가 당신이 교전을 벌이도록 강요하는데도, 당신의 병사들이 불만을 품고 싸울 뜻을 보이지 않는 경우도 자주 있습니다. 따라서 전자의 경우에는 당신이 병사들에게 겁을 줄 필요가 있고 후자의 경우에는 병사들을 자극할 필요가 있습니다. 첫 번째 예에서 설득으로 충분하지 않다면, 싸움을 원하는 군인들에게나 당신의 말을 믿으려 하지 않는 군인들에게나 똑같이, 그들 중 일부를 적에게 전리품으로 넘기는 것보다 더 확실한 방법은 없습니다.

당신은 파비우스 막시무스 베루코수스에게 일어난 일을 아주 솜씨 좋게 처리할 수 있을 것입니다. 당신도 알다시피, 파비우스의 군대는 한니발의 군대와 싸우기를 원했으며, 기병의 지휘관도 마찬가지였습니다. 그러나 파비우스에게는 전투를 시도하는 것이 적절해 보이지 않았지요. 그래서 파비우스는 그런 욕망을 일소하기 위해 군대를 나눠야 했습니다. 파비우스는 자신의 병사들을 숙영지에 묶어 두었고, 기병 지휘관은 교전에 나섰다가 큰 위험에 봉착했으며, 파비우스가 구조하지 않았더라면 패배했을 것입니다. 이 예를 통해서, 기병 지휘관은 물론이고 전체 군대가 파비우스에게 복종하는 것이 현명하다는 사실을 깨달았지요.

병사들이 싸우도록 자극하는 일에 대해 말하자면, 그들이 적을 향해 분개심을 품도록 하는 것이 최고의 방법입니다. 적이 그들의 명예를 훼손시키는 말을 한다는 점을 강조하거나, 적의 진영에 자신들의 정보원이 있다는 것을 알려주거나, 적군 중 일부를 매수했다는 것을 보여주는 것도 한 방법입니다. 그리고 병사들이 적군을 볼 수 있는 곳에 주둔하며 가벼운 충돌을 일으키게 하는 것도 방법이지요. 매일 보는 것을 우습게 여길 가능성이 크기 때문입니다.

당신 자신이 분노한 모습을 보임으로써, 또 병사들의 태만을 탓하는 연설을 함으로써, 병사들이 따라 나서지 않으면 당신 혼자라도 싸우러 가겠다고 말함으로써, 병사들이 스스로 부끄러워하도록 만들 수 있습니다. 만약 군인들이 전투에 완강하게 매달리도록 하기를 원한다면, 당신은 무엇보다 이것을 알아야 합니다. 전쟁이 끝날 때까지, 군인들에게 소유물 중 어떤 것도 집으로 보내는 것을 허용하지 않는 것이 아주 중요합니다. 그런 조치를 내리면, 병사들은 패주가 그들의 생명을 구할지는 몰라도 소유물까지 구하지는 못한다는 사실을 알게 됩니다. 소유물에 대한 애착은 생명에 대한 애착 못지않게 병사들이 방어에 완강하게 나서도록 만들지요.

자노비: 장군님께서는 탈주하는 군인들을 말로 설득해 돌려 세우고 다시 적과 맞서 전투를 벌이도록 하는 방법에 대해 설명하셨습니다. 전체 군인을 대상으로 연설을 한다는 뜻입니까, 아니면 지휘관들만을 대상으로 한다는 뜻입니까?

탁월한 지휘관에게는 웅변이 필수

파브리치오: 몇 사람을 상대로 뭔가를 하도록 하거나 하지 않도록 설득시키는 일은 쉽습니다. 말로 충분하지 않으면, 권위와 힘을 동원할 수 있지요. 그러나 문제는 다수로부터 불길한 생각을 털어내는 것입니다. 그 생각이 당신의 의견과 일치하든 안 하든, 말만 허용되는 곳에서 모든 사람들을 설득시키길 원한다면, 그 말이 모든 사람들에게 들려야 합니다. 따라서 지휘관은 탁월한 웅변가가 되어야 합니다. 전체 군대에게 말하는 방법을 모르는 상황에서는 훌륭한 일도 아주 어렵게만 행해질 수 있을 뿐입니다. 우리 시대에는 그런 어려움은 완전히 제거되었습니다.

알렉산드로스 대왕의 전기를 읽어 보십시오. 군대 앞에서 공개적으로 열변을 토해야 했던 때가 얼마나 자주 있었는지를 알게 될 것입니다. 그렇게 하지 않았더라면, 알렉산드로스 대왕은 이미 약탈품을 충분히 챙겨서 부자가 된 군대를 아라비아 사막을 통과해 인도까지 이끌지 못했을 것입니다. 만약 지휘관이 군대 앞에서 말하는 방법을 모르거나 그런 연설에 익숙하지 않다면, 군대를 망쳐놓을 수 있는 일들이 무수히 많이 일어나기 때문입니다.

지휘관의 연설은 두려움을 제거하고, 용기를 키우고, 집요한 끈기를 더욱 강화합니다. 또 기만을 제거하고, 보상을 약속하고, 위험을 피할 수 있는 길을 강조하고, 꾸짖고, 간청하고, 협박하고, 희망을 불어넣고, 칭송하고, 중상하고, 인간의 열정을 죽이거나 불러일으킬 모든 것을 할 수 있습니다. 새로운 군대를 결성하여 군대의 명성을 높일 계획을 품은 군주나 공화국은 군인들에게는 지휘관의 말을 듣도록 가르치고, 지휘관에게는 군인들에게 감동적으로 말하는 방법을 가르쳐야 합니다.

종교와, 군인들이 군대에 들어올 때 하는 선서도 고대의 군인들이 나라를 생각하는 마음씨를 지속적으로 품도록 하는 데 아주 중요했답니다. 군인들이 실수를 저지를 때마다, 인간들에게 당할 수 있는 불행을 두려워하게 될 뿐만 아니라 신에게서 예상되는 불행까지 무서워하게 되기 때문이지요. 이 관행과 종교적 수단 덕분에, 고대의 지휘관들은 종종 원정 같은 활동을 쉽게 해낼 수 있었답니다. 종교가 두려움의 대상이 되고 실행될 때마다, 언제나 그런 일이 일어났을 것입니다.

세르토리우스가 암사슴과 대화를 나눴다고 했을 때, 그가 노린 것이 바로 그런 것이었지요. 그 암사슴이 신의 편에 서서 그에게 승리를 약속했다고 하니 말입니다. 술라는 아폴로 신전에서 갖고 온 조각상과 대화했던 것으로 전해졌습니다. 많은 지휘관들이 잠을 자는 동안에 신이 나타나서 전투를 권했다고 했지요. 우리 아버지들의 시대에, 프랑스의 왕 샤를 7세 (1403-1461)는 영국을 상대로 전쟁을 벌이는 동안에 신이 보낸, '프랑스의 처녀'라 불린 소녀의 조언을 받은 것으로 전해지는데, 그 소녀가 승리의 원인이었다고 합니다.

당신은 또 당신의 군인들이 적을 깔보도록 만들 수 있습니다. 스파르타의 아게실라오스(Agesilaus: B.C. 445(?)-B.C. 360(?))는 자기 병사들에게 발가벗은 페르시아 사람을 몇 명 보여 주었지요. 페르시아 사람의 연약한 신체 구조를 본 스파르타 군인들은 페르시아 군인을 두려워할 이유가 전혀 없다고 생각했지요.

일부 지휘관들은 승리를 거두지 않고는 목숨을 구할 수 있다는 희망을 아예 품지 못하도록 모든 경로를 막아버림으로써 군인들이 싸우지 않을 수 없도록 만들었습니다. 이거야말로 당신의 군인들을 집요한 사람으로 만들기를 원할 때 동원할 수 있는, 가장 강력하고 가장 훌륭한 방법입니다.

그 집요함은 확신과 지휘관 또는 나라를 향한 사랑에 의해 강화됩니다. 확신은 무기와 조직, 새로운 승리, 지휘관의 평판에 의해 생겨납니다. 나라에 대한 사랑은 본성에서 생겨나고, 지휘관에 대한 사랑은 다른 훌륭한 사건 이상으로 지휘관의 역량에 의해 일어납니다. 필요한 것은 많을 수 있지만, 가장 중요한 것은 당신이 병사들에게 승리나 죽음 중 하나를 선택하도록 만드는 것입니다.

5장

행군

고대 로마 군대의 행군 방식

파브리치오: 지금까지, 당신에게 맞서고 있는 적의 군대와 전투를 벌일 군대를 조직하는 방법을 보여주었습니다. 또 그 적군을 정복하는 방법에 대해, 그리고 적을 둘러싸고 일어나는 다양한 사건들로 인해 벌어질 수 있는 상황에 대해서도 설명했습니다. 이제는 눈에 보이지 않지만 당신을 공격할 것으로 걱정되는 적에 대비해 군대를 조직하는 방법을 논할 때가 된 것 같습니다. 이런 일은 적대적이거나 적대적인 것으로 의심되는 나라를 행군할 때 일어납니다.

우선, 당신은 고대 로마의 군대가 행군에 앞서 기병 중 일부를 정찰병으로 언제나 먼저 내보냈다는 사실을 이해해야 합니다. 그 뒤를 오른쪽 뿔이 따랐지요. 그 다음 순서는 오른쪽 뿔에 속하는 모든 마차들이었습니다. 그 뒤를 군단 하나와 그 군단에 속한 마차들이 따랐고, 그 뒤를 또 다른 군단과 그 군단에 속한 마차들이 따랐습니다. 이들 뒤에, 왼쪽 뿔과 거기에 속한 마차들이 자리했으며, 나머지 기병이 맨 마지막 부분에서 대열을 따랐습니다. 이것은 사실 군대가 평소에 행군하던 방식이지요.

만약 군대가 행군 중에 전면이나 후면으로 공격을 받는 일이 벌어지면, 그 군대의 지휘관들은 즉시 모든 마차들을 상황이나 지형에 따라 왼쪽이나 오른쪽으로 철수시키고, 모든 병력이 짐으로부터 자유로운 상태에서 적이 오고 있는 방향에 전위를 구축할 것입니다. 군대의 옆구리가 공격을 받는다면, 그들은 마차들을 안전한 쪽으로 철수시키고, 적 쪽으로 전위를 구축할 것입니다.

이 방법이 훌륭하고 신중하게 실행되었기 때문에, 내가 볼 때는 이 방법을 모방해야 할 것 같습니다. 그 지역의 상황을 관찰하기 위해 기병을 먼저 보내고, 그런 다음에 4개 여단들이 각자의 끝부분에 마차를 세운 상태에서 순서대로 행군하도록 해야 합니다. 그리고 마차가 두 가지 종류, 즉 개별 군인이 쓰는 것과 전체 군대가 쓰는 것이 있기 때문에, 나는 공적인 마차들을 네 부분으로 나눠서 각 여단에 한 부분씩 할당할 것입니다. 또한 모든 대포와 비무장 상태의 인력도 나눌 것입니다. 무장한 군인들이 부담을 나눠지도록 하기 위해서지요.

그러나 의심스러울 뿐만 아니라 실제로 적대적이어서 언제든 불시에 공격을 받을 것을 걱정해야 하는 나라를 행군하는 일도 가끔 일어나는데, 그때 당신은 그 지역을 보다 안전하게 통과하기 위해 행군 대형에 변화를 주고 정규 군대 대형으로 나아가지 않을 수 없습니다. 그러면 그곳의 농민들이나 군대나 똑같이 예상하지 않은 곳에서 당신의 군대를 괴롭히는 일은 벌어지지 않을 것입니다.

　그런 경우에 고대의 지휘관들은 대체로 군대를 사각형 대형으로 조직해서 행군했습니다. 사각형 대형이라 불리는 것은 군대가 완전히 사각형이라서가 아니라, 4개의 면에서 전투를 수행할 수 있기 때문입니다. 고대의 지휘관들은 자신의 군대가 전투와 행군 두 가지 모두를 수행할 준비를 갖춘 상태에서 이동합니다. 나는 이 방법에서 크게 벗어나지 않는 방식으로, 나 자신이 하나의 원칙으로 받아들인 2개 여단을 배열하고 싶습니다(그림 5(280쪽) 참고).

　따라서 적의 나라를 안전하게 통과하면서 사방으로 대응할 수 있기를 원한다면, 그리고 기습 공격을 당하는 경우에 고대인들의 방식에 따라 군대를 사각형 대형으로 조직하길 원한다면, 나는 네 개의 면이 각각 212브라초인 그런 빈 공간을 포함하는 대형을 다음과 같이 만들 것입니다.

　먼저, 2개의 측면을 서로 212브라초 떨어진 지점에 정할 것입니다. 이어서 5개의 대대를 각 측면의 바깥쪽을 따라 종대로 배열하고, 이때 대대들 사이의 거리를 3브라초로 할 것입니다. 각 대대가 40브라초를 차지하기 때문에, 이 대대들은 자체 공간과 함께 212브라초를 차지할 것입니다.

　이 두 측면들의 두 전면들 사이와 후미들 사이에, 또 다른 10개의 대대를 놓을 것입니다. 각 면에 5개 대대씩을, 구체적으로 앞면은 4개 대대가 오른쪽 측면에 가깝도록, 뒷면은 4개 대대가 왼쪽 측면에 가깝도록 배치하고 대대 사이에 3브라초의 간격을 둘 것입니다. 나머지 1개 대대는 앞면은 왼쪽 측면 가까운 곳에, 뒷면은 오른쪽 측면 가까운 곳에 둡니다.

　이쪽 측면에서 저쪽 측면까지, 빈 공간의 길이가 212브라초이고, 뒤쪽이 아니라 옆으로 나란히 놓인 이 대대들이 대대 사이의 간격을 포함해서 134브라초를 차지하기 때문에, 전면의 오른쪽 측면에 놓인 4개의 대대와 전면의 왼쪽 측면에 놓인 1개 대대 사이에 78브라초 크기의 공간이 남습니다. 후미에 배치된 대대들 사이에 남은 공간의 크기와 비슷합니다. 두 공간의 차이점은 하나는 후미의 오른쪽 가까운 곳에 있고 다른 하나는 전열의 왼쪽 가까운 곳에 있다는 것밖에 없습니다. 전열의 78브라초 크기의 공간에 나는 정규 벨리테스를 전부 놓고, 후미의 그 공간에는 정예 벨리테스를 놓을 것입니다. 그러면 거기에 병사 1,000명이 들어갑니다.

군대의 안쪽에 있는 공간의 4개 면을 똑같이 212브라초로 하기를 원한다면, 전위에 놓인 5개 대대와 후위에 놓인 5개 대대가 측면들이 이미 차지하고 있는 공간을 차지해서는 안 됩니다. 따라서 후위의 5개 대대들은 앞면을 통해서 측면의 대대들의 후미와 접촉하고, 전위의 5개 대대들은 후미를 통해서 측면의 대대들의 앞면과 접촉하게 됩니다. 그러면 군대의 4개의 면에는 또 다른 대대를 받아들일 공간이 남을 것입니다. 4개의 공간이 있기 때문에, 나는 정예 창병들 중에서 4개의 집단을 골라서 각 귀퉁이에 1개 집단씩 놓을 것입니다. 군대의 한가운데의 빈 공간에다가 남은 창병들을 한 개의 대대로 사각형으로 배치할 것입니다. 이 창병들의 앞에 총 지휘관이 측근들과 함께 자리 잡습니다.

이 대대들은 한쪽 방향으로 행군하도록 조직되어 있지만 한쪽 방향으로만 전투를 벌이게 되는 것은 아니기 때문에, 총지휘관은 대대들을 한 자리에 집합시키면서 전투가 벌어지는 동안에 다른 대대들의 보호를 받지 못하는 면을 어느 쪽으로 할 것인지를 고려해야 합니다. 따라서 전열의 5개 대대는 전면을 제외한 모든 면들을 보호해야 하며, 그래서 이 대대들은 최전열에 창병들을 내세운 가운데 규율 바르게 집합해야 합니다. 뒤쪽의 5개 대대들은 뒤쪽 면을 제외한 나머지 면들을 보호하고, 따라서 창병들이 후미에 오도록 집합해야 합니다. 이 점에 대해서는 적당한 때에 다시 논하게 될 것입니다.

오른쪽 측면의 5개 대대들은 오른쪽으로부터 바깥쪽으로 모든 면들을 보호합니다. 왼쪽의 5개 대대들은 왼쪽으로부터 바깥쪽으로 모든 면들을 둘러쌉니다. 그러므로 대대들을 조직할 때, 지휘관은 창병들을 보호 받지 못하는 면으로 돌려야 합니다.

전투를 벌이는 상황에서 전체 무기와 구성원들이 적절한 위치를 지키도록 하기 위해서, 백인대장들은 전면과 후미에 배치됩니다. 백인대장들을 배치하는 방법에 대한 설명은 대대들을 배열하는 방법을 논할 때 이미 끝냈습니다.

나는 포병을 나눌 것입니다. 한 부분은 오른쪽 측면 바로 옆에 배치하고, 다른 부분은 왼쪽 측면 바로 옆에 배치할 것입니다. 나는 경기병을 미리 보내 그 지역을 정찰하도록 할 것입니다. 중기병 중 일부를 오른쪽 귀퉁이 후미에, 또 다른 일부를 왼쪽 귀퉁이 후미에 대대들로부터 40브라초 떨어진 지점에 놓을 것입니다.

군대를 어떤 방식으로 배열하든, 당신은 기병에 관한 이 일반 원칙을 꼭 지켜야 합니다. 기병을 언제나 후미 또는 양쪽 옆구리에 배치해야 한다는 것이지요. 기병을 군대의 앞에 배치하는 사람은 반드시 다음 두 가지 중 하나를 해야 합니다. 기병을 앞쪽으로 충분히 멀리 배치하여, 혹시 그들이 격퇴 당하더라도 당신의 보병의 길을 비켜감으로써 보병과 충돌하지 않을 수 있을 만큼 시간적 여유를 주든가, 아니면 보병의 간격을 많이 두는 쪽으로 조직하여 기병이 배열을 깨뜨리지 않고 보병 속으로 들어갈 수 있도록 해야 하지요.

이 가르침을 가벼이 넘기지 말아야 합니다. 많은 군대가 이것을 몰라서 파괴당하고, 조직의 붕괴를 겪고, 스스로 패주했기 때문입니다. 마차들과 비무장 인력은 군대 안에 존재하는 광장에 배치되고, 광장은 구획으로 나뉘어져야 합니다. 그래야 이쪽 측면에서 저쪽 측면으로, 이쪽 전면에서 저쪽 전면으로 이동하기를 원하는 군인들이 광장을 통로로 이용할 수 있게 됩니다.

바깥쪽을 기준으로, 이 대대들은 포병과 기병을 제외하고 4면으로 282브라초의 공간[41]을 차지합니다. 그리고 이 정사각형이 2개의 여단으로 구성되어 있기 때문에, 한 여단에 속하는 부분과 다른 여단에 속하는 부분을 나눠야 합니다. 그리고 여단들이 숫자로 불리고 각 여단이 10개의 대대와 여단의 지휘관으로 이뤄져 있기 때문에, 나는 제1 여단이 첫 5개 대대를 전면에 놓고 나머지 5개 대대를 왼쪽 측면에 놓도록 할 것입니다. 여단의 지휘관은 전면의 왼쪽 귀퉁이에 있어야 합니다. 그렇다면 제2 여단의 첫 5개 대대는 오른쪽 측면에, 나머지 5개 대대는 후미에 각각 배치되어야 하고, '테르기듯토레'의 임무를 맡을 지휘관은 후미의 오른쪽 귀퉁이에 있어야 합니다.

이런 식으로 조직된 군대는 이동할 태세를 갖췄으며, 이동 중에는 이 배열을 철저히 지켜야 합니다. 그러면 틀림없이 군대는 현지 농민들의 온갖 소동으로부터 자유로울 수 있습니다. 지휘관은 그런 소란스런 폭력 앞에서 가끔 일부 기병이나 벨리테스 집단에게 그 사람들을 쫓는 임무를 부여하는 외에 다른 조치는 전혀 필요하지 않을 것입니다. 소란스런 사람들이 칼이나 창이 닿을 거리 안으로 당신을 만나러 오는 일도 일어나지 않을 것입니다. 무질서한 사람들은 질서를 두려워하기 때문이지요. 언제나 그 사람들이 한 마리 마스티프(털이 짧은 대형견) 주위에서 컹컹 짖어대는 개들

---

41 이 대목에서 파브리치오는 한 개의 대대는 정사각형이 아니라 직사각형이 될 것이라는 이전의 주장과 모순되는 모습을 보이고 있다.

처럼 당신에게 접근은 하지 않으면서 외침이나 소란만으로 당신을 공격하는 것이 확인될 것입니다.

한니발이 이탈리아의 로마인들을 해치러 왔을 때, 그는 프랑스 전역을 통과했는데도 프랑스인들의 소란을 거의 알아차리지 못했습니다. 행군하기를 원한다면, 당신은 곡괭이를 든 병사들을 앞으로 보내서 길을 정리하도록 해야 하며, 이 병사들은 정찰을 위해 보낸 기병의 보호를 받을 수 있어야 합니다. 군대는 이런 조직으로 하루에 10마일 정도 행군할 것이며, 그러면 병사들은 해가 떨어지기 전까지 저녁 식사를 하고 야영 준비를 끝낼 수 있을 것입니다. 일반적으로 군대는 하루에 20마일 정도 행군하기 때문이지요.

만약 군대가 어떤 조직적인 군대로부터 공격을 받는다면, 그 공격은 갑자기 일어날 수 없습니다. 조직적인 군대는 나름대로 적절한 속도로 이동하기 때문이지요. 따라서 당신은 언제나 교전을 위해 군대를 재조직할 시간을 갖게 됩니다. 그러면 당신은 앞에서 보여준 군대의 형태나 그 비슷한 형태로 재빨리 바꿀 수 있습니다.

전위가 공격을 받으면, 당신은 양 측면의 포병과 뒤쪽의 기병을 앞으로 끌어내서 앞에서 말한 그 위치에 일정 거리를 두고 배치시키는 외에 달리 할 것이 없습니다. 앞쪽에 있는 1,000명의 벨리테스들은 자신의 위치에서 빠져나오며 500명씩 두 집단으로 나뉘어 군대의 기병과 뿔들 사이의 자신의 자리로 들어갑니다. 그런 다음에 이 벨리테스들이 빠져 나간 빈 자리로, 내가 군대의 광장에 배치했던 정예 창병들의 두 집단이 들어갑니다.

내가 후미에 배치했던 1,000명의 벨리테스들은 그곳을 떠나며 갈라져서 대대들을 강화하기 위해 대대들의 측면에 배치됩니다. 그들이 떠난 공간을 통해서 모든 마차들과 비무장 인력이 나와서 대대들의 후미에 자리 잡습니다. 따라서 모두가 각자의 위치로 갔기 때문에 광장은 비어 있는 상태이며, 내가 군대의 후미에 배치한 5개의 대대들은 이쪽 측면과 저쪽 측면 사이의 열린 공간을 통해 앞으로 나와서 전위의 대대들 쪽으로 나아갑니다. 이때 3개 대대는 서로의 사이에 동일한 간격을 둔 상태에서 전위의 대대들로부터 40브라초 떨어진 지점까지 접근하고, 2개 대대는 이 3개 대대로부터 40브라초 떨어진 지점에 남습니다.

이 대형은 쉽게 조직될 수 있으며, 앞에서 처음 묘사한 군대의 배열과 거의 동일합니다(그림 4(279쪽)와 그림 6(281쪽) 참고). 만약 이 대형의 앞부분을 더 좁게 만든다면, 양쪽 측면 부분이 더 커질 것이고, 그 같은 변화는 측면을 약화시키지 않습니다.

그러나 뒷부분의 5개 대대들이 앞에서 언급한 이유들 때문에 창병들을 후미에 두고 있기 때문에, 만약 그 창병들을 군대의 전면으로 만들기를 원한다면, 창병들을 앞부분으로 끌어낼 필요가 있습니다. 따라서 당신은 창병들이 단단한 하나의 단위로서 대대를 차례로 돌며 행진하게 하거나, 창병들이 방패병들의 대열 사이로 신속히 들어갔다가 앞으로 나오도록 해야 합니다. 후자의 방법이 창병들을 돌게 하는 방법보다 더 신속하고 덜 무질서할 것입니다. 따라서 당신은 모든 종류의 습격에서, 내가 보여주겠지만, 후미의 병력을 전부 활용할 수 있어야 합니다.

만약 적이 뒤에서 온다면, 가장 먼저 할 일은 모두가 적을 마주하도록 뒤쪽으로 돌게 하는 것입니다. 그러면 곧 군대의 전면이 후미가 되고, 군대의 후미가 전면이 됩니다. 이어서 당신은 내가 앞에서 소개한, 전면을 조직하는 방법들을 모두 동원해야 합니다. 만약 적이 오른쪽 측면을 공격한다면, 전체 군대가 그 방향을 보도록 해야 합니다. 그런 다음에 새로운 전면을 강화하는 조치들이 취해져야 합니다. 그러면 기병과 벨리테스, 포병이 전면에 포진하게 되지요.

이런 차이 밖에 없습니다. 전면을 바꿀 때, 이동해야 하는 병력 중 일부는 더 빨리 움직여야 하고 일부는 느리게 움직여야 하지요. 오른쪽 측면을 전면으로 바꾼다면, 군대의 뿔들과 기병 사이에 존재하는 공간 속으로 들어가야 하는 벨리테스들이 왼쪽 측면에 더 가까운 병력이라는 말은 정말 맞는 말입니다. 이 벨리테스들이 빠져 나온 장소로는, 중앙에 위치해 있던, 2개 집단의 정예 창병들이 들어갑니다. 그러나 정예 창병들이 거기에 들어가기 전에, 열린 공간에 있던 마차들과 비무장 인력이 광장을 비우고, 군대의 후미가 될 왼쪽 측면 뒤로 물러나야 합니다. 그리고 원래의 배열에 따라 후미에 있어야 하는 다른 벨리테스들은 이 경우에 이동하지 않습니다. 왜냐하면 후미였다가 측면이 된 그곳이 열려 있어서는 안 되기 때문이지요. 다른 모든 것들도 앞에서 전선에 관해 말한 대로 행해져야 합니다.

오른쪽 측면으로 전위를 만드는 것에 대해 한 말은 왼쪽 측면으로 전위를 만드는 데도 그대로 적용됩니다. 동일한 배열을 지켜야 하기 때문이지요. 만약 적의 병력이 크고 양쪽 측면에서 동시에 당신을 공격하도록 조직되었다면, 적의 공격을 받는 양쪽 측면은 공격을 받지 않는 두 개의 면에 의해 강화되어야 합니다. 양 측면의 병력을 배로 늘리고, 포병과 벨리테스, 기병을 양쪽에 나눠서 배치해야 하지요.

만약 적이 삼면 또는 사면으로 공격해 온다면, 당신이나 적 중 어느 하나가 신중하지 못한 것이 분명합니다. 당신이 현명하다면, 적이 크고 조직적인 병력을 이끌고 삼면 또는 사면으로 공격할 수 있는 곳에 절대로 병력을 두지 않을 것이고, 적군의 지휘관이 당신을 안전하게 공격하길 원한다면, 당신의 군대의 사면 각각을 당신의 전체 군대 병력만큼 많은 병사들로 공격할 수 있어야 하기 때문이지요.

당신이 신중하지 못해서 당신의 병력보다 3배나 더 막강한 군대를 가진 적의 영토와 군사력의 한가운데로 들어간다면, 그때 당신에게 일어난 불행에 대해서는 당신 아닌 다른 사람을 탓하지 못합니다. 만약 그런 일이 당신의 실수가 아니라 다른 불운 때문에 일어난다면, 그 피해는 수치스럽지 않을 것입니다. 스페인에서 두 스키피오에게 일어난 것처럼, 그리고 이탈리아에서 하스드루발에게 일어난 것처럼, 그런 일은 당신에게도 일어날 수 있습니다.

　그러나 만약 적이 당신보다 훨씬 더 큰 무력을 갖고 있고, 당신의 조직을 무너뜨리기 위해 여러 방향에서 당신을 공격하길 원한다면, 그것은 적의 어리석음이고 도박일 것입니다. 그렇게 하기 위해서, 적은 자신의 병력을 얇게 분산시켜야 하고, 그러면 당신은 언제나 한쪽 면만을 공격하고 다른 쪽 면들에서 저항하며 단시간 안에 적을 파괴할 수 있을 것입니다. 군대를 이런 식으로 조직하는 것은 눈에 보이지 않지만 두려움의 대상이 되고 있는 적에 맞서는 데 반드시 필요합니다.

　당신의 군인들이 한자리에 집합하고, 정해진 순서로 행군하고, 행군 중에 전투를 벌이기 위해 계획에 따라 스스로 정렬하고, 다시 행군 대열로 돌아가는 방법을 익히는 것은 대단히 유익합니다. 그 과정에 후미로 전면을 만들고, 측면으로 전면을 만들고, 그런 다음에 다시 원래의 형태로 돌아가는 훈련도 당연히 하게 되지요. 만약 당신이 규율 바르고 훈련이 잘 된 군대를 갖기를 원한다면, 이런 훈련과 습관화가 반드시 필요합니다.

　지휘관들과 군주들은 이런 것들을 이루기 위해 열심히 노력해야 합니다. 군사 훈련은 명령하는 방법을 알고 이런 것들을 실행하는 방법을 아는 것에 지나지 않으며, 규율 바른 군대는 이런 배열들을 잘 훈련 받은 군대에 지나지 않습니다. 이 시대에 그런 훈련을 채택한 군대는 절대로 패주하지 않을 것입니다. 그리고 내가 묘사한 이 사각형 대형이 다소 어렵다면, 그런 어려움은 당연하며 훈련을 통해서만 해소될 수 있습니다. 그 대형 안에서 자신을 조직하고 유지하는 방법을 안다면, 그것만큼 어렵지 않은 대형 속에서 대열을 지키는 방법은 누구나 쉽게 알 수 있을 것입니다.

자노비: 장군님께서 말씀하시듯이, 저는 이 배열들이 매우 필요하다고 믿습니다. 저로서는 거기서 뺄 것이 무엇이고 거기에 더할 것이 무엇인지 모르겠습니다. 제가 장군님으로부터 두 가지를 알기를 바라는 것은 사실입니다. 한 가지는 장군님께서 후미나 측면으로 전면을 만들기를 바랄 때 그 명령을 목소리로 하는가 아니면 나팔 소리로 하는가 하는 문제입니다. 다른 한 가지는 군대가 행군할 길을 정리하러 나가는 사람들은 장군님의 대대 병력이어야 하는가, 아니면 그런 일을 맡은 다른 낮은 계층의 사람들이어야 하는가 하는 문제입니다.

지휘관의 명령은 정확해야 한다

파브리치오: 첫 번째 질문은 매우 중요합니다. 종종 지휘관의 명령이 명쾌하게 이해되지 않거나 형편없이 해석되기 때문입니다. 따라서 지휘관이 위험한 상황에서 명령을 내릴 때, 목소리는 크고 분명해야 합니다. 나팔을 이용해 명령을 내린다면, 소리들을 서로 달리하여 병사들이 착각하는 일이 없도록 해야 합니다. 목소리로 명령한다면, 일반적인 단어를 피하고 구체적인 단어를 사용하도록 신경 쓰고, 구체적인 단어들 중에서도 부정확하게 해석될 수 있는 것을 피하도록 노력해야 합니다.

"돌아가! 돌아가!"라는 명령이 군대가 무너지는 원인으로 작용하는 예가 더러 있습니다. 따라서 이런 표현은 피해야 합니다. 대신에 "후퇴!"라고 외치면 됩니다. 당신이 후미나 측면으로 전면을 만들기 위해 병사들을 다른 방향으로 돌릴 필요성을 느낀다면, "방향 전환!"이라는 표현을 절대로 쓰지 말고, "왼쪽으로!" "오른쪽으로!" "후미로!" "전면으로!"라고 해야 합니다. 마찬가지로, "집합!" "정지!" "앞으로!" "철수!"처럼, 다른 단어들도 모두 단순하고 명료해야 합니다. 목소리로 할 수 있는 것은 다 목소리로 하고, 그 외의 다른 것들은 나팔로 해야 합니다.

두 번째 질문인 길을 정리하는 사람들에 대해 말하자면, 나는 그 일을 군인들이 하도록 할 것입니다. 이유는 고대의 군대도 그렇게 했고, 또 군대에 비무장 인력이 적을수록 방해 요소도 적어지기 때문입니다. 나는 필요한 군인들을 전체 대대들에서 골고루 차출할 것입니다. 그들이 도로 정비에 필요한 도구들을 들고, 무기는 가장 가까운 대열 속에 놓고 가도록 할 것입니다. 그렇게 하면, 적이 닥치는 경우에 그들이 금방 돌아와서 무기를 들고 본래의 대열로 돌아가기만 하면 됩니다.

자노비: 길을 정리하는 장비는 누가 들고 다닙니까?

파브리치오: 마차에 싣고 다니지요.

자노비: 장군님께서는 장군님의 군인들에게 한 번도 땅을 파게 하지 않았을 것 같습니다.

파브리치오: 모든 것은 적절한 때에 논하게 될 것입니다. 지금은 그 부분은 그냥 넘어가고, 군대의 생활 방식에 대해 논하고 싶습니다. 지금까지 군대를 너무 지치게 만들었으니, 이제 군대를 음식으로 체력을 새롭게 회복시킬 필요가 있을 것 같습니다. 당신은 군주가 군대를 최대한 신속하게 조직하고, 군대로부터 짐이 되고 활동에 방해가 될 요소들을 모두 제거해야 한다는 것을 이해해야 합니다.

큰 어려움을 야기하는 것들 중에는 군대에 포도주와 구운 빵을 공급하는 일도 포함됩니다. 고대인들은 포도주에 대해서는 생각하지 않았습니다. 포도주가 부족했기 때문에, 고대인들은 포도주가 아니라 물에다가 약간의 식초를 태워 마셨지요. 고대인들은 도시의 풍습대로 빵을 오븐에 구워 공급하지 않고 그냥 밀가루를 공급했습니다. 그러면 모든 군인이 자기만의 방식으로 밀가루를 이용하며 만족해야 했지요. 양념으로 쓴 라드(돼지비계를 정제해 만든 기름)와 지방이 군인들이 만든 빵에 맛을 더했고, 그들을 강하게 지켜주었지요. 군대가 식용으로 공급받은 것은 밀가루와 식초, 라드와 지방이었으며, 말의 식량은 보리였습니다.

대체로, 크고 작은 동물들의 무리가 군대의 뒤를 따랐으며, 이 동물들은 별도로 실어 나를 필요가 없기 때문에 군대에 그다지 방해가 되지 않았습니다. 그 동물들 덕분에 고대의 군대는 어떤 때는 식량 걱정 없이 외지고 험한 곳을 여러 날 동안 행군할 수 있었습니다. 군대가 뒤에 끌려오는 것들로 살아갈 수 있었기 때문이지요.

그런데 현대의 군대에서는 정반대의 일이 일어나고 있습니다. 현대의 군인들은 포도주 없이 지내길 원하지 않고 집에서 구운 것과 비슷한 빵을 먹기를 원하지만, 이런 양식을 오랫동안 제공할 수 없는 탓에 그들은 종종 굶주리지요. 설령 포도주와 구운 빵이 공급된다 하더라도, 거기에는 어려움과 비용이 따르기 마련입니다. 따라서 나는 나의 군대가 예전의 삶의 형태로 돌아가길 바라며, 그들이 직접 요리한 것이 아닌 다른 빵을 먹도록 하지 않을 것입니다.

포도주에 대해 말하자면, 나는 포도주를 마시는 것도 금하지 않고 군대에 갖고 오는 것도 금하지 않을 것입니다만, 포도주를 얻기 위해 별도의 노력을 기울이지는 않을 것입니다. 다른 식량에 대해 말하자면, 나는 고대인들과 완전히 똑같이 관리할 것입니다. 이 문제를 잘 고려하면, 당신은 얼마나 많은 어려움이 제거될 수 있는지를, 군대와 지휘관이 얼마나 많은 문제를 피할 수 있는지를, 당신의 계획에 얼마나 큰 이점을 안겨줄 수 있는지를 확인하게 될 것입니다.

자노비: 저희 군대는 들판에서 적을 이긴 다음에 적의 나라에서 행군했습니다. 그렇다면 전리품과 마을들이 내놓은 공물, 포로들이 있다고 보는 것이 타당합니다. 고대인들은 이런 일들을 어떻게 다뤘는지 궁금합니다.

전쟁이 정복자를 빈곤하게 만드는 이유

파브리치오: 그 궁금증을 풀도록 하겠습니다. 내가 다른 때에 여러분들 중 몇 사람과 이 문제를 논했기 때문에, 나는 당신이 현대의 전쟁이 승리한 군주를 패배한 군주만큼 빈곤하게 만든다는 점을 고려했을 것이라고 믿습니다. 패자가 국가를 잃는다면, 승자는 돈과 동산(動産)을 잃지요. 고대에는 이런 일이 일어나지 않았습니다. 전쟁의 승자가 부유해졌으니 말입니다. 그런 일은 오늘날 고대와 달리 (획득한) 전리품을 관리하지 않는 데서 비롯됩니다. 모든 것이 군인들의 결정에 맡겨지고 있지요.

이 방법은 두 가지 중대한 무질서를 낳고 있습니다. 한 가지 무질서는 내가 방금 말한 것이고, 두 번째 무질서는 군인이 전리품을 더욱 강하게 갈망하는 한편으로 질서를 덜 지키는 경향을 보인다는 점입니다.

전리품에 대한 물욕이 승자를 패자로 만든다는 말이 있습니다. 따라서 이 문제의 대가인 로마인들은 그런 부작용을 해결하기 위해 모든 전리품을 공중(公衆)의 소유로 정하고 공중이 원하는 방향으로 처리하도록 했습니다. 그래서 로마인들은 군대에 재무관을 두었지요. 이 사람의 임무는 군대가 챙긴 배상금과 전리품을 관리하는 것입니다.

이것을 바탕으로, 집정관은 군인들에게 고정급을 지급하고, 부상을 입거나 병에 걸린 사람들을 지원하고, 군대의 다른 필요에 따르는 경비를 지급했지요. 집정관이 전리품을 군인들에게 양보할 수 있었고 또 종종 그렇게 했지만, 그 같은 양보는 무질서를 낳지 않았습니다. 왜냐하면 적군이 패주할 때, 모든 전리품이 한가운데에 모아진 뒤에 각자 공훈에 따라 분배되었기 때문입니다. 이 방법은 군인들이 강탈이 아니라 승리에 집중하도록 만들었습니다.

로마 군단들은 적을 정복하긴 했으나 적을 추격하지는 않았습니다. 군단들이 절대로 조직을 떠나지 않았기 때문이지요. 오직 기병과 경무장 병사들이 적을 추격했습니다. 만약 거기에 중무장한 군인들이 있었다면, 그들은 군단의 병사가 아닌 다른 병사였을 것입니다. 만약 전리품이 그것을 획득한 사람에 의해 간직되었다면, 군단을 강력한 조직으로 지켜나가기를 바라는 것은 불가능하거나 합리적이지 않았을 것입니다. 그 결과, 공중이 부유해졌고, 모든 집정관은 승리와 함께 많은 보물을 국고에 보탰습니다. 당시에 국고는 전적으로 배상금과 전리품으로 이뤄졌지요.

고대인들이 깊이 고려한 다른 한 가지는 바로 각 병사에게 주는 급여였습니다. 고대인들은 군인들이 저마다 받는 돈의 3분의 1을 여단의 깃발을 들고 있는 병사의 옆에 놓아두기를 바랐습니다. 이 깃발병은 전쟁이 끝나지 않는 한 그 돈을 군인들에게 돌려줄 수 없었습니다.

고대인들은 두 가지 이유로 그렇게 했지요. 첫째, 군인이 돈을 저축할 수 있었기 때문입니다. 군인들의 대다수가 젊고 무책임했던 탓에, 돈을 많이 가질수록 헛되이 쓰기 마련이었지요. 둘째, 군인들이 자신의 동산이 깃발 옆에 있다는 사실을 알고 있었기에 대대의 깃발을 더욱 강력하게 지킬 것이기 때문입니다. 따라서 이 방법은 군인들을 절약하는 사람으로 만드는 동시에 강한 사람으로 만들었습니다. 만약 당신이 군대의 능력을 최대한으로 끌어올리길 원한다면, 이 모든 것이 반드시 필요합니다.

자노비: 한 군대가 이곳에서 저곳으로 행군하는 동안에 위험한 사건들을 겪지 않는 것은 가능하지 않을 것 같습니다. 그런 사건들을 피하려면, 지휘관의 근면과 군인들의 미덕이 필요합니다. 그래서 장군님에게 일어날 수 있는 사건들에 대해 듣고 싶습니다.

매복 공격의 두 가지 형태

파브리치오: 기꺼이 대답하지요. 이 훈련에 대한 지식을 당신에게 온전히 전하기 위해서는, 특히 그것에 대한 설명이 필요합니다. 지휘관은 군대와 함께 행군하는 동안에 다른 어떤 것보다 매복 공격에 대비해야 합니다. 매복 공격은 두 가지 형태로 일어날 수 있습니다. 당신이 행군하다가 복병이 숨어 있는 곳으로 들어가게 되거나, 적이 당신이 눈치채지 못하는 사이에 당신의 군대를 교활하게도 그 속으로 유인하지요. 전자의 위험을 피하길 원한다면, 당신은 군대가 나아갈 곳을 정찰하는 군인들을 먼저 앞에 내보내야 합니다.

매복하기 좋은 숲이나 산악 지대를 지나야 하는 상황이라면, 지휘관은 더욱 많은 주의력을 발휘해야 합니다. 언제나 적이 숲이나 언덕 뒤에 진을 치기 때문이지요. 그리고 매복을 예견하지 않아 당신의 군대가 파괴될 수 있듯이, 매복을 예견함으로써 당신은 피해를 입지 않을 수 있습니다.

새들이나 먼지가 종종 적의 위치를 누설하지요. 적이 당신의 군대와 교전을 벌이러 오는 곳에서, 언제나 먼지가 심하게 일어날 것입니다. 그 먼지가 당신에게 적의 접근을 알려줍니다. 따라서 지휘관은 자신이 지나가려는 쪽에서 비둘기들이 날아오르거나 다른 새들이 내려앉지 않고 원을 그리며 맴도는 것이 관찰되면 그곳을 적이 매복해 있는 장소로 이해하고 병사들을 먼저 보낼 수 있었지요. 그렇게 함으로써, 지휘관은 자신의 군대를 구하고 적에게 피해를 입힐 수 있었답니다.

속아서 매복 장소로 끌려 들어가는 두 번째 예에 대해 말하자면, 정상적인 것보다 덜 합리적인 것처럼 보이는 것을 즉각적으로 믿지 않도록 조심해야 합니다. 만약 어떤 적이 당신 앞에 전리품을 조금 놓아두었다면, 당신은 그것을 사랑의 행위로 볼 수도 있겠지만 거기에 어떤 기만이 숨어 있을 것입니다. 만약 많은 적들이 당신의 병사들 몇 명에게 쫓기거나, 극소수의 적이 당신을 공격하거나, 적이 별다른 이유 없이 돌연 패주한다면, 그런 경우에 언제나 기만을 의심해야 합니다. 적이 임무를 망각했을 것이라고 믿는 일은 절대로 없어야 합니다. 정말이지, 가급적 덜 속고 위험 부담도 덜지길 원한다면, 적이 약해 보일수록 또는 적이 신중하지 않아 보일수록, 당신은 그 만큼 더 적을 조심해야 합니다.

이 측면에서 당신은 두 가지 다른 수단을 동원해야 합니다. 당신이 생각과 배열을 통해서는 적에 대한 두려움을 나타내야 하지만, 말과 그 외의 외적 표현은 당신이 적을 대단히 우습게 여긴다는 점을 보여줘야 하기 때문이지요. 후자의 방법은 당신의 군인들이 승리에 대한 희망을 더욱 강하게 품도록 만들고, 전자의 방법은 당신이 보다 조심스럽게 접근하고 좀처럼 기만당하지 않도록 만들 것입니다.

적국을 가로질러 행군할 때, 교전을 벌이는 때보다 더 중대한 위험에 노출된다는 사실을 이해해야 합니다. 그러므로 행군할 때, 지휘관은 매사에 두 배로 더 부지런히 임해야 합니다. 지휘관이 가장 먼저 할 일은 행군할 모든 지역을 세세하게 묘사하는 것입니다. 그러면 지휘관은 장소들과 주민의 수, 거리, 길, 산, 강, 늪 등과 그 모든 것들의 특징을 알게 될 것입니다. 이런 것들을 알기 위해서, 지휘관은 곁에 그 장소를 잘 아는 다양한 사람들을 둬야 하며, 그들에게 성실하게 묻고, 그들이 제시하는 정보들을 서로 비교하고, 그 결과를 메모로 남겨야 합니다.

지휘관은 기병과 신중한 책임자들 몇 사람을 앞에 내보내야 합니다. 그들의 임무는 적을 발견하는 것이기보다는 그 지역을 정찰하고, 그곳이 지휘관이 주위 사람들에게 들은 정보를 바탕으로 그린 지형과 일치하는지를 확인하는 것입니다. 지휘관은 또한 보상에 대한 기대와 처벌에 대한 두려움이 충성을 보장하는 그런 정찰대를 보내야 합니다.

무엇보다도, 지휘관은 군대를 어떤 쪽으로 이끄는지에 대해 자신의 군대가 모르도록 해야 합니다. 왜냐하면 전쟁에서는 행해야 할 것에 대해 침묵을 지키는 것보다 더 유익한 것이 없기 때문입니다. 그리고 갑작스런 습격이 당신의 군인들을 당황하게 만들지 않도록 하기 위해서, 당신은 군인들에게 언제든 무기를 들 준비를 갖추고 있으라고 조언해야 합니다. 예측한 일들이 피해를 덜 안기기 때문입니다.

행군의 혼란을 피하기 위해서, 많은 지휘관들은 마차와 비무장 인력을 깃발들 밑으로 배치하고 그들에게 그 깃발들을 따르라고 명령했습니다. 행군 중에 행군을 중단하거나 후퇴해야 하는 사태가 벌어질 때, 그들이 보다 쉽게 그렇게 할 수 있도록 하기 위해서랍니다. 나도 그 방법이 유익하다는 점을 인정합니다.

지휘관은 또 행군하는 동안에 군대의 한 부분이 다른 부분으로부터 분리되거나, 한 부분은 빨리 가고 다른 부분은 늦게 가서 군대가 꽉 차지 않는 일이 벌어지지 않도록 신경을 써야 합니다. 그런 일들이 혼란으로 이어지기 쉽기 때문입니다. 그러므로 측면을 따라 지휘관들을 배치할 필요가 있습니다. 이 지휘관들은 보폭을 일정하게 유지함으로써 지나치게 빠른 병사들은 걸음을 늦추도록 하고 걸음이 늦은 병사들은 속도를 높이도록 합니다. 병사들의 걸음을 맞추는 데는 음악이 최고지요. 길들은 넓혀져야 합니다. 적어도 대대 하나가 질서정연하게 움직일 수 있을 정도는 되어야 합니다.

적의 관습과 특성도 고려되어야 합니다. 적이 대체로 당신을 아침이나 낮이나 밤 중 어느 때에 공격하기를 원하는지, 그리고 적이 보병과 기병 중에서 어느 쪽이 더 강한지를 파악해야 한다는 뜻입니다. 그런 것을 고려한 결과를 바탕으로, 당신의 군대를 조직하고 준비해야 합니다.

여기서 구체적으로 어떤 사건을 보겠습니다. 당신이 적보다 열등하다고 판단하고 교전을 원하지 않는 까닭에 적의 앞에서 당신의 병력을 철수하고 있다고 가정합시다. 당신의 군대가 어느 강의 둑에 도착할 때, 적이 당신의 군대의 후미를 쫓는 일이 간혹 벌어질 수 있습니다. 당신의 군대가 강을 건너는 데 시간이 걸릴 것이고, 그러면 적이 당신의 군대를 따라잡고 이어서 전투가 벌어지게 됩니다. 그런 위험에 처했던 몇몇 지휘관은 자신의 군대 후미를 호(壕)를 파서 둘러싸고 호 속을 나뭇가지로 채우고 불을 질렀지요. 그런 다음에 지휘관은 군대를 이끌고 적의 방해를 받지 않는 상태에서 강을 건널 수 있었답니다. 적은 중간의 불 때문에 앞으로 나아가지 못했지요.

자노비: 그런 불이 적을 저지한다는 것이 믿기지 않습니다. 특히, 카르타고의 한노(Hanno: B.C. 3세기)가 적에게 포위되었을 당시에 자신이 돌파하겠다고 생각한 그 부분에 목재를 쌓아놓고 불을 질렀다는 이야기를 들은 바가 있지요. 한노의 적이 불이 붙은 쪽을 지키지 않는 사이에, 그의 군대는 불을 넘어 탈출한 것으로 들었습니다. 그때 군인들은 방패로 불과 연

기로부터 얼굴을 보호할 수 있었답니다.

다리 없는 강을 건너는 방법

파브리치오: 맞는 말입니다. 그러나 내가 한 말과 한노가 한 행동을 고려해 보십시오. 나는 그 지휘관이 호를 파서 거길 나뭇가지로 채웠다고 했습니다. 그래서 그곳을 통과하려는 사람은 누구나 호와 불과 싸워야 했습니다. 한노는 호 없이 불을 피웠습니다. 그리고 한노는 자신의 군대가 그 불을 뚫고 나가기를 원했기 때문에 불을 아주 크게 지르지는 않았습니다. 크게 질렀다면 호가 없더라도 그 불이 그의 군대를 방해했을 것입니다.

당신은 스파르트의 나비스(Nabis: ?-B.C. 192)가 스파르타에서 로마의 군인들에게 포위되었을 때 이미 도시 안으로 들어온 로마인들의 통과를 저지하기 위해 자신의 도시 일부에 불을 질렀다는 사실을 알고 있습니까? 그 불은 로마 군인들의 통과를 중단시켰을 뿐만 아니라 그 군인들을 쫓아내기까지 했답니다.

여기서 우리의 주제로 돌아가도록 합시다. 로마의 장군 퀸투스 루타티우스 카툴루스(Quintus Lutatius Catulus: B.C. 149-B.C. 87)는 킴브리인 병사들이 뒤를 따라 붙고 있는 상황에서 어느 강에 도달했지요. 그에게는 군대가 강을 건널 시간이 필요했습니다. 그래서 그는 시간을 벌기 위해서 적에게 싸울 준비를 할 시간을 주는 것처럼 꾸몄습니다. 거기에 텐트를 치고, 호를 파고, 기병을 들판으로 내보내 말에게 풀을 뜯도록 했지요. 그러자 킴브리인 군인들도 카툴루스가 숙영한다고 믿고는 자신들도 숙영하며 식량을 공급하기 위해 병력들을 몇 개의 집단으로 나눴지요. 카툴루스는 적들의 동향을 알게 되었으며, 그 덕분에 적들의 방해를 받지 않고 강을 건널 수 있었답니다.

다리가 없는 강을 건너기 위해, 일부 지휘관은 강줄기의 방향을 바꿔 강의 일부가 군대의 후미로 흐르도록 했습니다. 그렇게 하는 경우에 다른 부분의 물의 속도가 느리기 때문에 강을 쉽게 건널 수 있지요. 보병들이 물의 흐름이 빠른 강을 안전하게 건너길 원한다면, 가장 무거운 기병들 중 일부를 위쪽에 배치하여 물에 버티도록 하고, 나머지 기병들을 아래쪽에 배치하여 강을 건너가다 물살에 휩쓸리는 보병이 나오는 경우에 그 병사를 구하도록 했습니다. 얕은 곳이 없는 강은 다리와 보트, 뗏목으로 건넜지요. 그러므로 당신의 군대에 이 모든 것을 할 줄 아는 기술자들을 두는 것이 중요합니다. 강을 건너는 중에, 반대편 강둑의 적이 당신을 방해하는 경우가 간혹 있습니다. 이 어려움을 극복하길 원한다면, 카이사르의 예보다 더 훌륭한 예는 없습니다.

카이사르의 군대가 갈리아의 어느 강의 둑에 있을 때였습니다. 그 군대의 도강(渡江)은 강 저편에서 군대를 이끌고 있던 갈리아인 베르킨게토릭스의 방해를 받고 있었습니다. 그래서 카이사르는 강을 따라 쭉 며칠을 행군했고, 적도 똑같이 했습니다. 이어서 카이사르는 병력을 숨기기 적절한, 숲이 우거진 장소에서 야영하며 군단마다 3개 보병대씩 차출하여 거기에 머물게 한 뒤에 병력이 출발하는 즉시 다리를 튼튼하게 만들 것을 지시했습니다. 그런 다음에 카이사르는 나머지 병력과 함께 행군을 계속했습니다. 그러자 베르킨게토릭스도 군단의 수를 확인하고는 뒤에 남은 병사들이 없다고 믿으며 마찬가지로 행군을 계속했지요. 그러나 카이사르는 다리가 완성되었을 것으로 짐작되는 때에 돌아서서 모든 것이 계획대로 된 상태에서 별다른 어려움 없이 강을 건넜답니다.

자노비: 여울을 알아보는 원칙 같은 것이 있습니까?

파브리치오: 예, 있습니다. 괴어 있는 물과 흐르는 물 사이의 부분은 보는 사람에게 마치 산의 능선처럼 보입니다. 그 부분에서 강은 언제나 덜 깊습니다. 거기가 다른 곳보다 건너기가 쉽지요. 그 부분에 강이 더 많은 것을 퇴적시키고 있기 때문입니다. 그곳은 깊은 곳이라면 흘러갔을 것들을 쌓고 있지요. 경험에 근거한 것이기 때문에, 이것은 사실입니다.

자노비: 강이 여울의 바닥을 휩쓸어간 탓에 깊어서 기병이 빠지기라도 하면 어떤 조치를 취합니까?

좁은 곳에서 탈출하는 방법

파브리치오: 나무로 격자들을 만들어 강의 바닥에 놓고 그 위를 건넙니다. 그러나 여기서 우리의 토론을 이어가도록 합시다. 만약 군대를 이끌고 있는 지휘관이 두 개의 길, 즉 앞쪽의 길과 뒤쪽의 길밖에 없는 산 사이에 갇혀 있는데 앞뒤 모두가 적에게 점령되어 있다면, 해결책으로 그 지휘관은 과거에 누군가가 했던 것을 해야만 합니다. 그것은 군대의 후미에 건너기 힘든 호를 파고, 적에게 그들을 뒤에 단단히 묶어 두겠다는 의지를 강하게 보여주는 것입니다. 그렇게 하면 지휘관은 뒤로부터는 어떤 두려움도 느끼지 않는 상태에서 그의 병력이 열려 있는 앞쪽을 통과하도록 최대한 노력할 수 있게 됩니다. 적이 이런 식으로 믿기만 하면, 적의 병사들은 열린 쪽을 강화하고 막힌 부분을 포기하게 되지요. 그때 지휘관은 그런 결과를 계획했던 터라 호 위로 신속히 나무다리를 놓고, 어떤 방해도 받지 않는 가운데 그쪽으로 빠져나감으로써 적의 손아귀에서 벗어날 수 있습니다.

로마의 집정관 루키우스 미누키우스 테르무스(Quintus Minucius Thermus:?-B.C. 188)는 리구리아에서 병사들과 함께 적에 의해 산들 사이에 갇혀 오도가도 못하는 상황에 처했습니다. 그래서 그는 자신의 군대에 있던 누미디아의 병사 일부를 엉성하게 무장시켜서 말라빠진 작은 말에 태워 적이 지키고 있는 쪽으로 보냈지요. 이들을 보자마자, 적들은 그 통로를 지키기 위해 병력을 집결시켰지요. 그러나 적들은 그 병력이 형편없이 조직되어 있고 말을 탄 꼴도 엉성하다는 사실을 확인하고는 얕보며 경계를 늦추었답니다. 이 같은 사실을 확인하자마자 누미디아 병사들은 말들에게 박차를 가하며 그들을 공격했지요. 누미디아 병사들은 적들이 어떤 조치를 취하지도 못하는 사이에 그 통로를 통과해 그 지역을 약탈하고 황폐화시켰답니다. 따라서 적은 그 통로를 떠나지 않을 수 없게 되었으며, 루키우스의 군대는 아무 문제없이 그곳을 통과했다지요.

자신의 군대가 엄청난 규모의 적군에게 공격당하고 있다는 사실을 발견한 어느 지휘관은 대열을 촘촘하게 만들어 적에게 자신의 군대를 완전히 포위할 기회를 주었답니다. 그런 다음에 그는 가장 취약하다고 판단한 부분 쪽으로 병력을 집중시켜 거기에 길을 열고 탈출할 수 있었지요.

마르쿠스 안토니우스는 파르티아의 군대 앞에서 후퇴하는 동안에, 매일 아침 동이 틀 때 이동하면 적이 자신의 군대를 공격하며 행군하는 내내 괴롭힌다는 사실을 깨달았습니다. 그래서 그는 정오가 되기 전에는 출발하지 않는 것을 원칙으로 정했답니다. 그랬더니 파르티아 병사들은 안토니우스가 그날은 떠나고 싶어 하지 않는다고 믿으면서 자신들의 숙영지로 돌아갔으며, 따라서 안토니우스는 하루의 나머지 시간에 괴롭힘을 당하지 않고 행군할 수 있었답니다.

마르쿠스 안토니우스는 또 파르티아 군대가 그들 쪽으로 왔을 때 파르티아 군대의 화살을 피하기 위해 병사들에게 무릎을 꿇게 한 뒤에 각자의 방패를 대대의 둘째 열은 첫째 열의 머리 위에 놓고, 셋째 열은 둘째 열의 머리 위에 놓고, 넷째 열은 셋째 열의 머리 위에 놓으라고 명령했지요. 그렇게 하면 전체 군대가 지붕 아래에 있는 것처럼 되고, 적의 화살로부터 보호받을 수 있었답니다. 행군 중에 군대에 일어날 수 있는 이야기는 이것으로 충분합니다. 그러니 그 외에 다른 것이 떠오르지 않는다면, 이제 다른 부분으로 넘어갈 것입니다.

6장

군대의 숙영

자노비: 이제 바티스타가 임무를 맡을 때라고 생각합니다. 토론에 변화가 있어야 하니까요. 저는 이제 질문자의 자리에서 물러납니다. 이렇게 하면서, 저희는 훌륭한 지휘관들을 모방하게 될 것입니다. 장군님께 배운 바에 따르면, 훌륭한 지휘관은 군대의 전위와 후위에 최고의 군인들을 배치하지요. 훌륭한 지휘관에게는 용감하게 전투에 불을 붙일 군인들과 전투를 용맹스럽게 이끌 군인들이 필요한 것 같으니까요. 따라서 이 토론을 코시모가 사려 깊게 시작했고, 바티스타가 신중하게 마무리할 것입니다. 루이지와 저는 그 사이에서 나름의 역할을 맡았습니다. 저희 모두가 각자의 역할을 기꺼이 맡았듯이, 바티스타도 자신의 역할을 거절하지 않을 것이라고 믿습니다.

바티스타: 저는 지금까지 통치를 당하는 입장에 만족했습니다. 그래서

앞으로도 그런 입장을 고수하고 싶습니다. 그러므로 저는 장군님의 설명을 따르는 것으로 만족합니다. 혹시 저희가 질문으로 장군님을 괴롭히더라도, 장군님께서 저희를 용서해 주시길 바랍니다.

고대 그리스인과 로마인들의 숙영 방법

파브리치오: 이미 밝힌 바와 같이, 당신은 나에게 대단히 유익한 일을 하고 있습니다. 당신의 방해는 나의 상상력을 고갈시키는 것이 아니라 새롭게 자극하지요. 이 주제를 계속 추구하길 원한다면, 이제 군대를 숙영시켜야 할 때입니다. 모든 것이 휴식과 안전을 원하고 있기 때문이지요. 안전하지 않은 상태에서 휴식을 취하는 것은 완벽한 휴식이 아닙니다.

당신이 내가 군대를 가장 먼저 숙영부터 시키고, 그 다음에 행군을 시키고, 마지막에 전투를 벌이도록 해야 했다고 생각하지 않을까, 걱정이 되는군요. 지금까지 토론을 거꾸로 해 왔습니다. 당연히 그렇게 해야 합니다. 행군을 할 때 군대가 행군 대형에서 전투 대형으로 어떤 식으로 바뀌는지를 보여주기 위해서, 먼저 병사들이 전투를 위해 어떤 식으로 조직되는지를 보여줄 필요가 있었습니다. 그러나 우리의 주제로 돌아가면서, 나는 숙영이 안전하려면 숙영 자체가 강하고 조직적이어야 한다고 말하고 싶습니다. 지휘관의 성실이 숙영을 체계적으로 조직하고, 기술이나 장소가 숙영을 강하게 만듭니다.

그리스인들은 견고한 위치를 추구했으며, 동굴이나 강둑이나 숲이나, 자신들을 보호해 줄 다른 천연적인 은폐물이 없는 곳을 절대로 숙영지로 선택하지 않았습니다. 그러나 로마인들은 안전을 보장하는 요소로 위치를 기술만큼 중요하게 여기지 않았으며, 평소 훈련에 따라 병력을 전부 전개시킬 수 없는 곳은 절대로 숙영지로 선택하지 않았습니다. 그 결과, 로마인들은 언제나 한 가지 형태의 숙영을 할 수 있었습니다. 그들 자신이 장소에 순응하는 것이 아니라, 장소가 그들에게 순응하기를 바랐기 때문이지요. 그리스인들은 그렇게 할 수 없었습니다. 그들이 장소에 순응하고, 장소가 다양한 형태를 보이기 때문에, 그리스인들은 숙영 형태에 변화를 주지 않을 수 없었습니다. 따라서 로마인들은 장소가 힘을 결여한 경우에 자신들의 기술과 성실로 단점을 보완했지요.

지금까지 이 토론에서 내가 로마 군대를 모방하기를 원했기 때문에, 나는 그들의 숙영 유형에서 벗어나지 않을 것이지만, 그들의 숙영 배열을 전부 살피지 않고 현재 우리에게 적절해 보이는 부분만 살필 것입니다. 로마인들이 집정관의 군대에 로마인들로 구성된 2개의 군단을 두었다는 말은 자주 했던 것 같습니다. 이 집정관 군대의 병력은 모두 11,000명 정도의 보병과 600명의 기병으로 되어 있었지요. 이 외에 로마인들은 우방들이 돕기 위해 보낸, 11,000명 정도의 병력을 두었습니다. 그러나 로마인들이 자신의 군대에 외국인 군인을 로마인 군인보다 더 많이 두는 경우는 절대로 없었습니다. 단, 기병만은 예외였습니다. 로마인들은 보조군의 기병이 로마인 기병보다 수적으로 더 많은 것에 대해 신경을 쓰지 않았지요.

모든 군사 활동에서, 로마인들은 군단을 가운데에 배치하고 보조 부대를 측면에 배치했습니다. 로마 군대에 관한 글에서 읽듯이, 그들은 숙영할 때에도 이 방법을 고수했지요. 그것에 관한 자료가 많기 때문에, 로마 병사들이 숙영을 어떤 식으로 했는지에 대한 상세한 설명은 생략하고, 나 자신이 현재 군대를 숙영시킬 때 배치하는 방법에 대해서만 설명할 생각입니다. 그러면 당신은 내가 로마인의 방법 중에서 어떤 부분을 차용했는지 알게 될 것입니다.

당신도 알다시피, 나는 로마인들의 2개 군단 대신에 2개 보병 여단을 두었습니다. 여단의 병력은 보병이 6,000명이고 유능한 기병이 300명이었지요. 그 여단들을 어떤 대대들로 나누고, 어떤 무기들로 무장시키고, 어떤 이름으로 불렀는지를, 당신은 잘 알고 있습니다. 아시다시피, 행군과 전투를 위해 군대를 조직하면서, 나는 다른 병력에 대해서는 언급하지 않고, 단지 병력을 배로 만들며 배열을 배로 키우는 것 외에는 어떤 조치도 필요 없다는 것을 보여주었습니다.

지금은 당신에게 숙영하는 방법을 보여 주길 원하기 때문에, 2개의 여단만을 다루는 것이 아니라, 로마 군대처럼 2개의 여단과 2개의 보조 부대로 구성된 전체 군대를 다루는 것이 적절해 보입니다. 그렇게 하는 이유는 숙영의 형태가 하나의 완전한 군대에 의해서 더욱 완벽해지기 때문입니다. 이전의 설명에서는 그렇게 할 필요성을 느끼지 못했는데 말입니다. 따라서 만약 24,000명의 보병과 2,000명의 기병으로 이뤄진 전체 군대를 숙영시키길 원한다면, 그 군대가 4개의 여단, 즉 자국 군인으로 구성된 2개 여단과 외국 군인으로 구성된 2개 여단으로 이뤄졌을 것이기 때문에, 나는 이 방법을 채택할 것입니다(그림 7(282쪽) 참고).

무장 병력과 그들의 지휘자들을 위한 숙소

숙영하기를 원하는 장소를 발견하면, 먼저 나는 지휘관의 깃발을 내걸고, 그것을 중심으로 각 면이 그 깃발로부터 50브라초 떨어진 사각형을 그릴 것입니다. 각 면은 하늘의 4개 영역, 즉 동쪽과 서쪽, 남쪽과 북쪽 중 어느 하나를 향해야 합니다. 나는 지휘관의 막사를 그 공간 안에 둘 것입니다. 그리고 나 자신이 그렇게 하는 것이 신중하다고 믿고 있고 또 로마인들도 상당 부분 그런 식으로 했기 때문에, 나는 무장한 군인들과 비무장 상태의 사람들을 나누고, 짐을 가진 사람들과 그렇지 않은 사람들을 분리시킬 것입니다. 무장한 병사들 전부 또는 대부분을 동쪽에 배치하고, 무장하지 않고 짐을 가진 사람들을 서쪽에 배치할 것입니다. 그렇게 하면 동쪽이 숙영지의 전면이 되고 서쪽이 숙영지의 후미가 됩니다. 남쪽과 북쪽은 숙영지의 측면이 되지요.

무장한 병사들의 막사를 구분하는 방법은 이렇습니다. 지휘관의 깃발에서부터 선을 하나 긋는데, 그 선은 동쪽으로 680브라초 정도 이어집니다. 이것 외에 2개의 평행선을 더 그리는데, 이 평행선은 앞의 선을 사이에 두고 나란히 달립니다. 이 평행선의 길이는 가운데의 선과 동일하며, 가운데 선과 각각의 평행선 사이의 거리는 15브라초입니다. 이 2개의 선의 맨 끝에 동쪽 문을 배치할 것입니다. 2개의 선 사이의 공간은 문에서 지휘관의 막사까지 이어지는 길이 될 것입니다. 폭은 30브라초이고, 길이는 630브라초(지휘관의 막사가 50브라초 차지하기 때문)일 것이며, 이것을 '지휘관의 길'이라고 부를 것입니다.

이어서 남쪽 문에서부터 북쪽 문까지 길을 하나 더 만들 것입니다. 이 길은 지휘관의 길의 머리 부분에서 교차하며 지휘관의 막사를 오른쪽으로 스치며 지나갈 것입니다. 그 길은 길이가 1,250브라초(숙영지의 전체 폭을 다 차지하기 때문)가 될 것이고, 폭은 마찬가지로 30브라초가 될 것이며, '교차로'라 불릴 것입니다.

지휘관의 막사와 2개의 길이 마련되었으니, 이제는 자국민으로 구성된 2개 여단을 위한 막사를 준비할 때입니다. 2개 여단 중 하나를 지휘관의 길 오른쪽에, 다른 한 여단을 지휘관의 길 왼쪽에 야영시킬 것입니다. 따라서 교차로가 차지한 공간 너머 지휘관의 길 왼쪽에 32개의 막사를, 오른쪽에

32개의 막사를 설치할 것이며, 열여섯 번째 막사와 열일곱 번째 막사 사이에 30브라초의 공간을 둘 것입니다. 이 공간은 여단의 모든 막사들을 오갈 수 있는 '종단로'의 역할을 합니다.

이중으로 된 이 막사 배열들 중에서 교차로와 인접한 첫 번째 막사에 중기병(重騎兵)의 지휘관들을 배치할 것입니다. 이 막사 뒤에 있는 15개의 막사에는 중기병을 배치할 것입니다. 각 여단이 150명의 중기병을 두고 있기 때문에, 텐트 하나당 10명의 중기병이 배치됩니다. 이 지휘관들의 막사의 크기는 폭 40브라초, 길이 10브라초가 될 것입니다.

내가 폭을 말할 때마다 남쪽에서 북쪽까지의 거리를 뜻하고, 길이를 말할 때마다 서쪽에서 동쪽까지의 거리를 뜻한다는 점에 유의해야 합니다. 중기병의 막사는 길이 15브라초, 폭 30브라초가 되어야 합니다. 양쪽 똑같이, 그 다음에 오는 15개의 막사들(종단로에서 시작하며 중기병의 막사와 동일한 공간을 갖는다)을 경기병으로 채울 것입니다. 그들이 150명이기 때문에, 각 막사에 기병이 10명 배치될 것입니다. 기병이 배치되지 않을 열여섯 번째 막사에 나는 경기병의 지휘관들을 배치하고, 그들에게도 중기병의 지휘관들과 똑같은 공간을 줄 것입니다. 따라서 2개 여단의 기병들의 막사들은 지휘관의 길을 가운데에 두고 있으며, 곧 설명하겠지만, 보병의 숙영에 하나의 모델을 제시합니다.

당신은 내가 각 여단의 기병 300명과 그들의 지휘관을 교차로에서부터 지휘관의 길에 위치한 32개의 막사에 어떤 식으로 배치하는지를 보았습니다. 그리고 열여섯 번째와 열일곱 번째 막사 사이에 종단로를 하나 만드는 것도 보았습니다. 이제 2개 여단에 소속된 20개 대대를 숙영시킬 차례입니다. 기병대의 막사 뒤에 2개 대대의 막사들을 놓을 것입니다. 막사의 크기는 길이 15브라초에 폭이 30브라초여야 합니다. 기병 막사의 크기와 같습니다. 막사들은 후미에서 서로 연결되어야 합니다.

양쪽에 위치한, 종단로와 붙은 첫 번째 막사에는 똑같이 한 대대의 무관장을 숙영시킬 것입니다. 이 배치는 중기병의 지휘부의 배치와 일치할 것이고, 그들의 막사는 폭 20브라초, 길이 10브라초의 공간을 가질 것입니다. 양쪽에서, 이 막사에 이어 종단로까지 이어지는 15개의 막사들에, 각각 1개 대대의 보병을 배치할 것입니다. 1개 대대의 보병이 450명이니까, 막사마다 30명이 배치됩니다. 양쪽에, 폭 20브라초, 길이 10브라초의 공간인 경기병의 지휘부와 인접한 다른 15개의 막사들에, 나는 다른 보병 대대를 배치할 겁니다. 양쪽의 마지막 막사에는 대대의 무관장을 배치할 것이며, 이 무관장은 길이 10브라초, 넓이 20브라초의 공간인 경기병 지휘자의 막사와 가까울 것입니다. 따라서 첫 2개의 열을 이루는 이 막사들은 기병 반과 보병 반으로 이뤄질 것입니다.

언젠가 말한 것처럼, 나 자신이 이 기병들 모두가 유용하기를 바라고, 따라서 말을 돌보거나 다른 필요한 일들을 도울 보조원이 필요 없기를 바라기 때문에, 나는 기병 뒤에 자리 잡은 보병들이 말을 보살피는 일을 도와주기를 기대하지요. 그 보병들은 대신에 숙영지의 다른 활동은 면제됩니다. 로마 군대도 그렇게 했지요. 나는 또한 양쪽의 막사들 뒤로 30브라초의 공간을 남겨 둠으로써 그 공간이 길의 역할을 하도록 할 것입니다. 하나를 '오른쪽 1번가'라고 부르고 다른 하나를 '왼쪽 1번가'라고 부를 것입니다.

나는 양쪽에 각각 32개의 막사들을 추가로 배치할 것입니다. 이 막사들은 후미에서 서로 마주 봐야 하며, 앞에서 설명한 막사들과 동일한 공간을 가져야 하며, 똑같은 방법으로 열여섯 번째에서 나뉘며 종단로를 만들어야 합니다. 양쪽에 각각 보병 4개 대대를 할당하고, 각 열의 머리와 발치에 무관장을 배치할 것입니다. 마찬가지로 양쪽에 30브라초의 공간을 둠으로써 길을 만들 것이며, 그 길은 각각 '오른쪽 2번가'와 '왼쪽 2번가'로 불릴 것입니다.

양쪽에 32개의 이중 막사를 더 설치할 것입니다. 거리나 구분은 그 전의 것과 똑같습니다. 거기에도 양쪽에 똑같이 4개 대대와 무관장들을 배치할 것입니다. 따라서 2개의 정규 여단의 기병과 보병 대대들이 왼쪽과 오른쪽에 똑같이 3개의 줄로 세워진 막사들에 배치되었습니다. 그 중앙에 지휘관의 길이 위치할 것입니다.

외국인들로 구성된 2개 여단은 2개의 정규 여단 옆에 똑같이 이중으로 놓인 막사에 배치될 것입니다. 첫 번째 열의 막사에는 기병과 보병이 반반 배치됩니다. 열과 열 사이의 거리는 30브라초이며, 거기서도 2개의 길이 나옵니다. 하나를 '오른쪽 3번가'라고 부르고, 다른 하나를 '왼쪽 3번가'라고 불러야 합니다.

이어서 나는 양쪽에 두 줄의 막사를 추가로 설치할 것입니다. 뚜렷이 구분되지만, 정규 여단과 똑같이 배열됩니다. 여기서도 2개의 길이 생깁니다. 이 길들도 마찬가지로 위치와 숫자로 불릴 것입니다. 그렇다면 이 군대 전체가 12개의 열을 이루는 이중 막사에서 숙영하게 될 것입니다. 이제 길은 지휘관의 길과 종단로를 포함하면 모두 13개가 됩니다.

막사들과 해자 사이에 100브라초의 공간이 필요합니다. 이 공간들을 모두 다 계산하면, 지휘관의 막사의 한가운데에서 동문까지의 거리가 700브라초가 됩니다. 아직 2개의 공간이 더 남아 있습니다. 하나는 지휘관의 막사에서 남문까지이고, 다른 하나는 남문에서 북문까지입니다. 각 공간의 거리는 중앙에서부터 625브라초입니다. 그렇다면 각 공간에서 지휘관이 차지하는 50브라초와 내가 양쪽에 두기를 원하는 광장의 45브라초, 이 공간들을 가운데에서 나누는 길이 차지하는 30브라초, 막사와 해자 사이의 거리 100브라초를 빼면, 양쪽에 막사를 위한 곳으로 폭 400브라초, 길이 100브라초의 공간이 남습니다. 길이는 지휘관의 막사가 차지하는 공간을 포함한 것입니다.

따라서 그 길이를 한가운데에서 나누면, 지휘관의 막사 양쪽으로 길이 50브라초 폭 20브라초인 막사를 40개씩 세울 수 있습니다. 총 80개인 이 막사들은 여단의 총 지휘관들과 회계원들, 숙영지 관리자들, 그리고 군대에 책임을 지고 있는 모든 간부들이 차지할 것입니다. 혹시 올지도 모르는 외국인들과, 지휘관의 호의로 군대에서 일하는 사람들을 위해 일부 공간을 비워둘 것입니다. 지휘관의 막사 뒤편에 나는 북쪽에서 남쪽까지 폭이 30브라초인 길을 하나 더 만들고, 그것을 '전선의 길'이라고 부를 것입니다. 이 길은 앞에 말한 80개의 막사를 따라 자리 잡을 것입니다. 이 길과 교차로 사이에 지휘관의 막사가 있고, 두 길 사이에 80개의 막사가 줄지어 설 것입니다.

이 전선의 길에서부터 지휘관의 막사 반대편까지, 나는 또 다른 길을 만들 것입니다. 이 길은 거기서 서문까지 이어집니다. 폭은 30브라초이며, 방향은 지휘관의 길과 반대이고 길이는 동일합니다. 그 길을 나는 '광장의 길'이라고 불러야 합니다. 이 두 개의 길이 정해졌으니, 이제 시장이 열릴 광장을 조성해야 합니다. 그것을 나는 지휘관의 막사 맞은편에 자리 잡은 광장의 길의 머리 부분에, '전선의 길'과 인접한 곳에 배치할 것입니다.

광장의 형태는 사각형으로 하고, 각 면의 길이를 121브라초[42]로 할 것입니다. 그리고 광장의 오른쪽과 왼쪽에 2개 열의 막사들을 설치할 것이며, 열마다 8개의 이중 막사를 갖게 될 것입니다. 이 막사들은 길이 12브라초, 폭 30브라초의 공간을 차지하며, 광장 양쪽의 이중 막사들이 모두 16개이

---

42 <그림 7>(282쪽)을 보면, 정사각형이 아니라 직사각형으로 그려져 있다.

니까, 막사들은 총 32개입니다. 여기에 보조 부대 여단에서 남은 기병을 숙영시킬 것입니다. 이것으로 충분하지 않으면, 나는 그들에게 지휘관 주변의 막사들, 특히 해자를 마주하고 있는 막사들 일부를 내어줄 것입니다.

이제 모든 여단이 갖고 있는 정예 창병과 벨리테스들을 배치하는 일이 남았습니다. 우리의 조직에 따르면, 당신도 알다시피, 각 여단은 10개의 보병 대대 외에 1,000명의 정예 창병과 500명의 벨리테스를 갖고 있습니다. 그래서 자국민의 정규 여단들은 2,000명의 정예 창병과 1,000명의 정예 벨리테스를 두고 있으며, 보조 부대의 여단들도 그만큼의 병력을 갖고 있습니다. 그렇다면 6,000명의 보병을 추가로 야영시킬 수 있어야 한다는 뜻입니다. 그들 모두를 나는 해자를 따라 서쪽에 쭉 배치할 것입니다.

전선의 길 끝에서부터 왼쪽으로, 해자까지 100브라초의 공간을 남겨 두고, 나는 5개의 이중 막사들을 한 줄 배치할 것입니다. 이 막사들은 길이가 75브라초이고 폭이 60브라초입니다. 그렇다면 폭이 반으로 나뉘니까, 각각의 막사는 길이가 15브라초이고 폭이 30브라초일 것입니다. 막사가 10개 나오니까, 거기다가 나는 막사 하나당 30명씩 300명의 보병을 할당할 것입니다.

그런 다음에 31브라초의 공간을 남겨놓고 나는 5개의 이중 막사를 비슷한 크기로, 또 비슷한 방법으로 한 줄 배치하고, 다시 그런 막사들을 한 줄 더 배치할 것입니다. 그러면 5개의 이중 막사들로 이뤄진 줄이 5개가 생길 것이며, 따라서 50개의 막사가 북쪽 면에 일직선으로 놓이게 됩니다. 거리는 해자로부터 100브라초 떨어져 있습니다. 이 막사들은 1,500명의 보병을 수용할 것입니다.

이어서 서문 쪽으로 다시 왼쪽으로 돌면서, 비슷한 방법으로 동일한 공간의 이중 막사들을 다섯 줄 더 지을 것입니다. 줄과 줄 사이의 거리가 15

브라초밖에 되지 않는다는 말은 맞는 말입니다. 이 공간에도 1,500명의 보병들이 배치될 것입니다. 따라서 북문에서 서문까지 해자를 따라 100개의 막사(5개의 이중 막사가 10개의 줄을 이룬다)가 설치되고, 거기에는 우리 여단들의 정예 창병들과 정예 벨리테스들이 묵을 것입니다. 그리고 서문에서 남문까지 해자를 따라 똑같은 방법으로 5개의 이중 막사를 열 줄 설치하여, 보조 부대 여단들의 정예 창병들과 벨리테스들을 배치합니다. 그들의 지휘관 또는 무관장은 자신들에게 가장 편해 보이는, 해자 쪽의 막사를 선택할 수 있을 겁니다.

나는 포병을 해자의 둑을 따라 배치할 것입니다. 서쪽에 남아 있는 모든 공간에, 비무장 인력과 숙영지의 모든 '임페디멘타'(impedimenta)를 배치할 것입니다. '임페디멘타'를 고대인들은 군인을 제외하고 군대에 필요한 모든 사람들과 물건들로 받아들였다는 사실을 알 필요가 있습니다. 모든 탈것들과, 목수와 금속 세공인, 대장장이, 구두 제조인, 엔지니어, 포격수(무장 병력에 포함될 수도 있음), 군대를 부양하는 데 쓸 양들과 소들을 몰며 군대를 따르는 목동들, 온갖 기술의 장인들, 생존과 무장에 필요한 공적 물품을 나르는 공용 마차들이 거기에 속합니다.

나는 임페디멘타들의 막사들을 특별히 구분하지 않고, 단지 그들이 차지해서는 안 되는 길들만을 제시할 것입니다. 이 임페디멘타들에게 나는 조금 다른 성격의 공간을 4개 할당할 것입니다. 말하자면 목동들에게 하나를, 기술자들과 장인들에게 또 다른 하나를, 물자를 수송하는 공용 마차에 또 다른 하나를, 무기 제조업자들에게 네 번째 공간을 내어줄 것입니다.

내가 아무도 차지하지 않은 채 남겨 두기를 원하는 길들은 광장의 길과 전선의 길, 그리고 '중앙의 길'이라 불려야 하는 길입니다. 이 중앙의 길은 북쪽에서 시작하여 남쪽으로 향하다가, 서쪽에서 동쪽의 종단로와 같은 역할을 하는 광장의 길의 가운데를 가로지릅니다. 이것 외에 정예 창병과 벨리테스의 막사를 따라서 후미를 감고 도는 길이 있습니다. 이 모든 길의 폭은 30브라초여야 합니다. 그리고 나는 숙영지 뒷부분에 해자를 따라 포병을 배치할 것입니다.

바티스타: 제대로 이해하지 못했다는 사실을 고백합니다. 이렇게 말해도 부끄러워할 일은 아니라고 생각합니다. 이것이 저의 직업은 아니기 때문이지요. 그럼에도 불구하고, 저는 이 조직을 매우 좋아합니다. 저는 장군님께서 저의 궁금증들을 풀어주실 것으로 기대합니다. 하나는 장군님께서 길과 막사 주변의 공간을 그렇게 넓게 잡으신 이유입니다. 이보다 저를 더 괴롭히는 것은 장군님께서 막사에 할당한 공간들이 어떤 식으로 이용되는가 하는 것입니다.

숙영지는 언제나 동일한 형태이다

파브리치오: 당신은 내가 모든 길의 폭을 30브라초로 했다는 것을 알고 있습니다. 그러면 대대의 보병이 정렬한 채로 그 길을 통과할 수 있습니다. 기억하고 있겠지만, 내가 보병의 행군 대열의 폭은 25 내지 30브라초라고 했습니다. 해자와 막사 사이의 공간의 폭이 100브라초인데, 그 정도는 필요합니다. 그래야 거기서 대대와 포병을 다룰 수 있지요. 또 그곳을 통해서 전리품을 가져 와야 합니다. 필요한 경우에 후퇴할 공간도 있어야 하고, 해자와 둑을 새로 만들어야 하는 수도 있습니다. 막사들이 해자로부터 멀리 떨어질수록 더 좋습니다. 적이 막사를 해치기 위해 던질 수 있는 불이나 다른 것들로부터 더욱 확실히 보호 받을 수 있기 때문이지요.

두 번째 질문에 대해 말하자면, 나의 의도는 내가 계획한 공간을 하나의 대피 시설만 들어서는 것이 아니라, 몇 개의 텐트에 숙영하는 사람들 모두가 한계를 벗어나지 않는 범위 안에서 최대한 편의를 누릴 수 있는 곳으로 사용하는 것입니다.

이 막사들을 설계하는 사람들은 경험이 대단히 풍부한, 탁월한 건축가여야 합니다. 이 건축가들은 지휘관이 장소를 정하기만 하면 그 장소를 유익한 방향으로 다듬고, 그곳을 나눕니다. 그러면서 길을 내고, 밧줄과 창으로 숙영지를 구분하지요. 그러면 숙영지는 신속하고 질서 정연하게 조직되고 배열됩니다.

혼란이 일어나지 않게 하려면, 숙영지는 언제나 동일한 형태로 만들어야 합니다. 그래야만 모두가 자신의 막사가 어느 길 어느 공간에 있는지를 쉽게 알 수 있지요. 이것은 언제 어딜 가든 지켜져야 합니다. 말하자면, 숙영지는 이동 가능한 도시 같아야 하지요. 어딜 가더라도, 동일한 길과 동일한 집, 동일한 겉모습을 갖는 그런 도시 말입니다. 이것은 강력한 장소를 추구하면서 장소의 변화에 따라 형태를 바꿔야 하는 사람들에게는 지켜질 수 없는 것입니다.

그러나 로마인들은 장소를 해자와 방벽, 둑으로 강력하게 만들곤 했습니다. 그들이 숙영지 주위에 울타리를 만들고 그 앞에 일반적으로 폭 6브라초, 깊이 3브라초 정도의 해자를 팠으니까요. 이 해자의 폭은 그들이 거기에 머무는 시간의 길이에 따라, 또 적에 대한 두려움이 어느 정도이냐에 따라 넓어졌지요.

나 자신에 대해 말하자면, 어느 한 장소에서 겨울을 보내지 않는다면, 성벽을 쌓지 않을 것입니다. 그러나 나도 해자를 파고 둑도 쌓을 것입니다. 규모도 앞에 언급한 것보다 결코 더 작게 만들지 않을 것이며, 필요에 따라 더 키울 것입니다.

포병을 위하여, 나는 숙영지의 4개 면에 반원 모양의 해자를 팔 것입니다. 거기서 포병은 해자를 공격해 오는 적의 옆구리를 공격할 수 있어야 합니다. 군인들에게 숙영지를 조직하는 방법을 알도록 훈련시켜야 합니다. 그러면 군인들은 숙영지를 건설하는 일을 도울 뿐만 아니라 자신의 위치를 쉽게 파악할 수 있게 됩니다. 이런 것들 중에서 어려운 것은 하나도 없습니다. 그것에 대해서는 적절한 때에 논하게 될 것입니다. 지금 당장은 숙영지를 보호하는 일로 넘어갈 생각입니다. 보초를 배치하지 않는다면, 다른 모든 노력은 물거품이 되고 말 것입니다.

바티스타: 보초 문제로 넘어가기 전에, 숙영지를 적 가까운 곳에 설치하기를 원하는 경우에 어떤 방법이 채택될 수 있는지 말씀해 주시기 바랍니다. 숙영지를 위험 부담 없이 조직할 수 있는 방법이 있는지 궁금합니다.

파브리치오: 당신은 이것을 알아야 합니다. 적이 원하는 때마다 교전을 벌일 뜻이 없으면, 어느 지휘관도 적 가까운 곳에 숙영하지 않는다는 사실을 말입니다. 누군가가 그럴 뜻을 품고 그렇게 한다면, 일반적인 위험 외에 다른 위험은 없습니다. 군대 중 두 파트는 교전을 벌이도록 조직되고, 다른 한 파트가 숙영지를 조성하기 때문이지요.

이 경우에, 로마인들은 막사를 요새화하는 임무를 트리아리에게 맡겼습니다. 그 사이에 프린키페스와 하스타티는 무장한 상태로 남아 있었지요. 로마인들이 그렇게 했던 이유는 트리아리가 전쟁에 마지막에 참여하는 집단이기에 적이 들이닥치는 경우에 작업을 그만두고 제때 무기를 들고 자신의 위치를 지킬 수 있었기 때문입니다. 로마 군대를 모방하기를 원한다면, 당신은 숙영지 건설을 군대의 마지막 부분에, 그러니까 트리아리의 자리에 놓을 대대에게 맡겨야 합니다.

숙영지 경계

여기서 다시 경계에 대해 논하기로 하겠습니다. 오늘날과 달리, 고대인들이 밤에 해자에서 멀리 떨어진 외곽에 보초라고 부른 경비병을 세운 예는 발견되지 않았습니다. 고대인들은 경비병을 감시하는 데 따르는 어려움 때문에 군대가 오히려 경비병들에게 쉽게 속을 수 있다고 판단했을 것이라고 나는 믿습니다. 경비병들이 적에게 매수될 수도 있고 공격당할 수도 있으니 말입니다. 그래서 고대인들은 경비병들을 전적으로 신뢰하거나 부분적으로 신뢰하는 것이 위험한 일이라고 판단했지요. 그러므로 고대의 병사들을 보호하는 모든 힘은 해자에 있었습니다.

그들은 해자를 특별히 공을 들여 체계적으로 팠습니다. 방어 체계를 구축하는 일에 관한 명령을 어기는 사람은 누구나 사형으로 다스려졌지요. 이 방어 체계가 어떤 식으로 조직되었는지에 대해서 나는 당신을 지루하게 만들지 않기 위해 추가로 더 설명하지 않을 것입니다. 지금까지 그것에 대해 몰랐다 하더라도, 당신 혼자서도 알 수 있으니까요. 나는 다만 내가 했을 법한 것들에 대해서만 간단히 말할 것입니다.

나는 일반적으로 밤마다 군대의 3분의 1을 무장한 상태로 유지하고, 그들 중 4분의 1을 언제나 서서 걷는 상태로 둘 것입니다. 이 병력은 군대의 모든 장소와 해자의 둑에 분산 배치될 것입니다. 모든 귀퉁이에는 보초를 2명 세웁니다. 둘 중 한 사람은 같은 자리를 지키고, 다른 한 사람은 숙영지의 한쪽 면에서 다른쪽 면까지 지속적으로 왔다갔다해야 합니다. 내가 묘사하는 이 경계병의 배치를, 나는 적이 가까이 있는 경우에는 낮에도 지킬 것입니다.

보초에게 암호를 전달하거나, 매일 암호를 바꾸거나, 경계 근무에서 행해지는 다른 것들은 이미 알려져 있기 때문에, 그런 것들에 대해서는 더 이상 논하지 않을 것입니다. 나는 단지 가장 중요한 문제만 당신에게 상기시킬 것입니다. 그것을 준수하면 큰 혜택을 누릴 수 있고, 준수하지 않으면 큰 피해를 입을 수 있지요. 그것은 바로 밤에 숙영지 안에 머물지 않는 사람과 숙영지에 새로 도착한 사람에게 주의를 면밀히 기울여야 한다는 것입니다. 우리가 마련한 조직 안에서 숙영하는 사람을 감시하는 것은 쉬운 일입니다. 모든 막사가 거기에 배치된 병사들의 숫자를 갖고 있기 때문에, 사라진 병사를 찾아내거나 추가 인원을 확인하는 일은 쉽지요.

숙영지를 이탈하는 사람들 주의해야

누군가가 허락을 받지 않고 사라졌다면, 그를 탈주자로 여겨 처벌하는 것이 편합니다. 만약 초과 인원이 있다면, 그 사람이 누구인지, 그가 아는 것이 무엇인지, 그가 처한 처지가 어떤지를 알아내야 합니다. 이런 문제에 대단히 성실하게 임하는 경우에, 적이 당신 군대의 구성원들과 내통하지 못하게 하고, 당신 주변의 정보가 흘러나가지 못하게 막게 됩니다.

만약 이 원칙이 로마인들에 의해 성실하게 지켜지지 않았더라면, 가이우스 클라우디우스 네로(Gaius Claudius Nero: B.C. 237(?)-B.C. 189(?))가 한니발이 가까이 있는 상황에서 그가 눈치 채지 못하는 사이에 루카니아의 숙영지를 감쪽같이 떠날 수 없었을 것입니다. 훌륭한 조직도 철통같은 보안을 통해 지켜지지 않는다면, 그런 조직을 만드는 것만으로는 절대로 충분하지 않습니다. 군대에서 이것만큼 준수할 것을 강하게 요구하는 것이 없기 때문이지요. 그러므로 이 같은 조직의 강화를 목표로 하는 법들은 가혹해야 하고, 집행자도 엄격해야 합니다.

로마인들은 보초를 서다가 사라지거나, 전투 중에 자신의 위치를 포기하거나, 숙영지 밖에서 무엇이든 숨겨서 들여오는 사람은 누구나 사형으로 다스렸습니다. 또 전투 중에 탁월한 행위를 하지 않았으면서도 그런 행위를 했다고 주장하거나, 지휘관의 명령과 정반대 방향으로 싸우거나, 두려움에 무기를 버린 사람도 마찬가지로 사형으로 다스렸지요. 만약 전체 보병대 또는 전체 군단이 비슷한 실수를 저질렀다면, 그들 모두를 죽이는 일을 피하기 위해서, 로마인들은 병사들의 이름을 적은 쪽지들을 가방 같은 것에 넣고, 그 중 10분의 1을 뽑아서 그 병사들을 사형에 처했답니다. 이 같은 처벌이 행해졌기 때문에, 병사들 각자는 처벌을 겪지 않아도 두려워하게 되어 있었지요.

엄격한 처벌이 있는 곳에는 보상도 있어야 합니다. 그러기에 병사들이 두려움과 희망을 동시에 느낄 수 있도록, 로마인들은 모든 공적에 대해 보상을 제안했습니다. 싸우는 동안에 자국 시민의 목숨을 구하거나, 적의 도시의 성벽을 가장 먼저 오르거나, 적의 숙영지를 가장 먼저 침투하거나, 전쟁터에서 적에게 가장 먼저 부상을 입히거나, 적을 가장 먼저 죽이거나, 말을 타고 있는 적을 떨어뜨리는 행위가 보상의 대상이었지요. 따라서 역량을 발휘한 병사들의 행위는 집정관에게 인정받고 보상을 받았으며, 모든 사람들로부터 공개적으로 칭송의 소리를 들었습니다.

이런 행위로 선물을 받은 병사들은 군인들 사이에 명예와 명성을 누리는 외에, 고향으로 돌아가서 친구들과 친척들 사이에 그 선물을 자랑스럽게 보여주었지요. 따라서 로마인들이 훌륭하거나 나쁜 행위로 칭찬을 받거나 처벌을 받아야 할 사람들에 대한 보상과 처벌을 엄격히 지킬 때 아주 넓은 제국을 일굴 수 있었다는 사실은 결코 놀라운 일이 아닙니다. 앞에 말한 것들 대부분은 준수할 필요가 있는 것들입니다.

내가 로마인들이 준수한 처벌 방법에 대해 침묵하는 것은 적절하지 않아 보입니다. 사악한 병사가 군단 사령관이나 집정관 앞에서 유죄가 확정되면, 그 사람은 군단 사령관이나 집정관에게 몽둥이로 가볍게 한 대 맞았지요. 그런 뒤에, 그 죄인에게 달아나는 것이 허용되었고, 모든 군인들에게는 그를 죽이는 것이 허용되었습니다. 따라서 그 즉시 군인들이 돌이나 창을 던지거나, 다른 무기로 그를 맞혔지요. 그런 식으로 처벌을 받다 보니 죄인은 거의 살아남지 못했습니다. 그런 상황에서 달아날 수 있었던 죄인은 거의 없었지요. 어쩌다 구사일생으로 달아난다 하더라도, 너무나 심한 불편과 치욕에 시달려야 하기 때문에 그에게는 고향으로 돌아가는 것도 사실상 허용되지 않았습니다. 그에게는 차라리 죽는 것이 더 나았지요.

당신은 이 방법이 스위스인들에 의해 거의 그대로 지켜지고 있는 것을 확인할 수 있습니다. 스위스인들은 유죄 판결을 받은 병사가 다른 군인들에 의해 공개적으로 사형에 처해지도록 하고 있습니다. 이 방법은 깊이 고려한 결과 얻어낸 것으로서, 아주 적절합니다. 어떤 개인이 사악한 사람을 옹호하도록 가만 내버려 두지 않기를 원한다면, 그런 경우에 발견 가능한 최고의 방책은 그 개인을 사악한 사람의 처벌자로 만드는 것이기 때문입니다. 만약 그 개인이 처벌자가 된다면, 그가 사악한 사람을, 처벌권이 다른 사람에게 있을 때와는 다른 측면에서 보며 다른 욕망에서 그 사람을 처벌하기를 원하게 될 것이니 말입니다. 따라서 어떤 사람이 잘못을 저지른 상태에서 다른 사람들로부터 응원의 소리를 듣지 않도록 하길 원한다면, 훌륭한 방법은 대중이 그를 심판하도록 하는 것입니다.

이를 뒷받침하는 예로 만리우스 카피톨리누스(Marcus Manlius Capitolinus: ?-B.C. 384)를 들 수 있습니다. 그가 원로원의 비난을 들었을 때, 대중은 그를 강력히 지지했습니다. 대중의 지지가 너무나 강했기 때문에, 원로원이 더 이상 심판관이 될 수 없는 상황이 벌어졌지요. 그러나 대중은 그의 소송의 심판자가 되자 그에게 사형 판결을 내렸지요. 따라서 이 방법은 혼란을 제거하고 정의를 지키는 처벌의 한 유형입니다.

무장 병사들을 통제하는 일에 법에 대한 두려움도 충분하지 않고 인간들에 대한 두려움도 충분하지 않았기 때문에, 고대인들은 신의 권위까지 더했답니다. 따라서 매우 성대한 의례를 치르면서, 고대인들은 군인들이 군대 규율을 준수하겠다고 맹세하도록 했지요. 그랬기 때문에 군대 규율에 반하는 행동을 한 군인들은 법과 인간들을 두려워해야 했을 뿐만 아니라 신도 두려워해야 했지요. 고대인들은 종교로 병사들을 지배하려고 온갖 노력을 기울였답니다.

바티스타: 로마인들은 군대 안에 여자들을 허용했습니까? 그리고 오늘날 군인들이 하는 나태한 놀이를 그때도 했습니까?

여자들과 나태한 놀이

파브리치오: 로마인들은 두 가지 다 금지시켰습니다. 이런 것들을 금지시키는 것은 그다지 어려운 일이 아니었습니다. 군인들이 매일 받아야 하는 훈련이 너무나 많았기 때문이지요. 어떤 때는 전체 병사들이 함께 훈련을 받고, 어떤 때는 개별적으로 훈련을 받았지요. 그런 탓에, 군인들이 성적 쾌락이나 놀이 또는 군인들을 선동하거나 무능하게 만들 것들에 대해 생각할 틈이 없었지요.

바티스타: 알겠습니다. 그런데 군대가 숙영지를 떠나야 하는 때는 언제이며, 그때는 어떤 순서를 따릅니까?

파브리치오: 지휘관의 나팔 소리가 세 번 들립니다. 첫 번째 나팔 소리가

들리면, 텐트를 걷어서 쌓았지요. 두 번째 소리에 병사들은 짐을 실었습니다. 세 번째 소리가 들리면, 무장한 모든 부분이 앞에 언급한 방식 대로 이동했지요. 임페디멘타가 뒤따르고, 군단이 가운데에 자리 잡았지요.

그리고 보조 여단도 이동시켜야 합니다. 그들의 개별 임페디멘타가 뒤를 따르고, 그것들과 함께 공적 임페디멘타의 4분의 1도 그 뒤를 따를 것입니다. 이 4분의 1은 우리가 조금 전에 보여주었던 숙영지의 구획들 중 하나에 배치된 인원 전부가 될 것입니다. 따라서 한 개 여단에 공적 임페디멘타의 4분의 1을 할당하는 것이 타당합니다. 그런 식으로 진행하면, 군대가 이동할 때, 모두가 행군 중에 자신의 위치가 어디인지를 알게 됩니다. 그리고 모든 여단은 자체 임페디멘타와 공적 임페디멘타의 4분의 1을 이끌고 행군해야 합니다. 앞에서 보여준 바와 같이, 로마군도 그런 식으로 행군했답니다.

바티스타: 로마인들은 숙영지를 선택하면서 장군님께서 언급하신 것들 외에 다른 것도 고려했습니까?

숙영지를 선택하는 방법

파브리치오: 다시 말하지만, 로마인들은 숙영하면서 그들만의 익숙한 형태를 고수할 수 있기를 바랐습니다. 그들은 그 형태를 지킬 수 있는 한 다른 것에는 거의 신경을 쓰지 않았습니다.

그러나 다른 고려 사항들을 굳이 말한다면, 로마인들에게는 두 가지가 있었습니다. 한 가지는 건강한 장소에 머물러야 한다는 것이고, 다른 하나는 적이 포위할 수 없는 곳, 그리고 적이 물과 물자의 공급을 끊을 수 없는 곳에 숙영해야 한다는 것입니다. 따라서 그런 약점을 피하기 위해서, 로마인들은 늪지를 피하거나 극심한 바람에 노출되는 것을 피했지요. 그들은 약점을 지형의 특성을 바탕으로 파악하지 않고 그곳 주민들의 표정을 근거로 파악했습니다. 만약 주민들의 피부색이 나쁘거나 호흡이 가쁘거나 다른 전염병에 걸려 있다면, 로마인들은 거기 숙영하지 않았습니다.

포위되지 않는 방법에 관한 당신의 질문에 대해 논하자면, 장소의 본질이 고려되어야 합니다. 우방들이 어디에 있는지, 적이 어디에 있는지, 이런 것들을 바탕으로 당신이 포위될 수 있을 것인지를 짐작해야 합니다. 따라서 지휘관은 그 지역의 지형을 훤히 알아야 하고, 주위에 똑같은 전문성을 지닌 사람들을 많이 둬야 합니다.

로마인들도 군대를 붕괴시키지 않기 위해서 질병과 굶주림을 피했습니다. 군대를 건강하게 지키길 원한다면, 당신은 군인들을 텐트 아래에서 자도록 해야 하고, 그늘을 만들 나무들이 있고 조리에 필요한 목재가 있는 곳에 야영시키고, 땡볕에 행군하도록 하는 일은 없어야 합니다. 그러므로 여름에는 동트기 전에 군대가 숙영지를 출발해야 하고, 겨울에는 불을 피울 수 없는 상황에서 눈이 쌓였거나 얼음이 언 지역을 행군하지 않도록 조심해야 합니다. 의복이 부족하지 않도록 하고, 불결한 물을 마시지 않도록 해야 합니다. 집에서 병에 걸리면 의사의 치료를 받을 수 있습니다만, 지휘관이 질병과 적을 동시에 상대하며 싸워야 할 때, 그에게는 어떤 해결책도 없습니다.

군대를 건강하게 유지하는 데는 운동만큼 유익한 것이 없습니다. 그래서 고대인들은 병사들이 매일 운동을 하도록 했습니다. 이것을 바탕으로, 운동이 얼마나 가치 있는 일인지를 미뤄 짐작할 수 있습니다. 운동이 숙영지에서 당신을 건강하게 지키고 전투에서 당신을 승리자로 만드니까요.

굶주림에 대해 말하자면, 적이 당신의 식량 보급을 방해하지 못하도록 해야 할 뿐만 아니라, 양식을 어디서 구할 것인지를 예상하고 확보한 식량을 잃지 않아야 합니다. 따라서 당신은 군대가 1개월 먹을 양식을 언제나 갖고 있어야 하고, 그런 다음에는 인근의 우방들에게 세금을 물려 그들이 날마다 당신의 군대에 식량을 제공하도록 해야 합니다.

식량은 안전한 장소에 보관하고, 무엇보다 그것을 정직하게 나눠줌으로써 누구에게나 하루에 합당한 양이 돌아가도록 해야 합니다. 식량 보급을 이런 식으로 지켜나가면, 그 문제가 당신을 불편하게 만드는 일은 벌어지지 않을 것입니다. 전쟁 중에 다른 모든 것은 시간이 지나면 극복될 수 있지만, 굶주림만은 시간이 지나면 당신을 정복하고 말 것입니다. 당신을 굶주림으로 정복할 수 있는 당신의 적은 절대로 당신을 칼로 정복하려 하지 않을 것입니다. 이유는 그런 승리가 명예롭지는 않아도, 더욱 안전하고 더욱 확실하기 때문입니다.

정의를 지키지 않고 원하는 것이 있으면 무엇이든 방탕하게 소비하는 군대는 굶주림을 피하지 못합니다. 정의를 지키지 않는 악행은 식량이 군대까지 도착하지 못하도록 할 것이고, 방탕하게 소비하는 악행은 군대에 도착한 식량을 쓸데없이 소비하도록 할 것이기 때문입니다. 따라서 고대인들은 주어진 것을 정해진 시간까지 소비하도록 조치를 취했지요. 그래서 지휘관이 음식을 먹을 때를 제외하고는 그 어떤 병사도 음식을 먹지 않았습니다.

이 원칙이 현대의 군대에서 어느 정도 지켜지고 있는지는 우리 모두가 알고 있습니다. 현대의 군대는 당연히 고대의 군대만큼 질서정연하지도 않고 절제하지도 못하며, 오히려 방탕하고 술에 빠져 지내고 있지요.

바티스타: 숙영지 배치를 시작할 때, 장군님께서는 전체 군대가 숙영하는 방법을 보여주기 위해서 2개 여단으로 만족하지 않고 4개 여단을 채택

하기를 원하셨습니다. 그래서 다음 두 가지 질문에 대한 설명을 듣고 싶습니다. 한 가지 질문은 저에게 다수의 병사들이 있는 경우에 그들을 어떤 식으로 야영시켜야 하는가 하는 것이고, 다른 하나는 적과 싸우기 위해서는 어느 정도의 군인이면 충분한가 하는 것입니다.

소수의 병사들을 숙영시키는 방법

파브리치오: 첫 번째 질문에 나는 이렇게 대답합니다. 군대가 4,000명 내지 6,000명 정도의 병력을 갖고 있다면, 막사의 열(列)이 필요에 따라 줄어지거나 보태질 것입니다. 이런 식으로 하면, 군대의 규모는 무한히 줄어지거나 커질 수 있습니다. 그럼에도 불구하고, 로마인들은 2명의 집정관이 이끄는 군대를 합쳐야 할 때 숙영지를 두 곳으로 만들고 비무장 인력이 속한 부분이 서로 마주보도록 했습니다.

이제는 두 번째 질문에 대한 대답입니다. 일상적인 로마 군대는 24,000명 정도의 병력을 가졌습니다. 그러나 어떤 강력한 힘이 그들을 압박할 때, 그들이 집결시킬 수 있는 최대 인원은 50,000명이었습니다. 이 숫자로 로마인들은 20만 갈리아 병사들과 맞섰습니다. 이 갈리아 병사들은 로마 군인들이 카르타고 군인들과 첫 번째 전쟁을 치른 뒤에 로마의 군대를 공격했지요. 로마인들은 동일한 규모의 군대로 한니발과도 맞섰습니다. 당신은 로마인들과 그리스인들이 조직과 기술로 강화한 소수의 군대로 전쟁을 벌였다는 사실에 주목해야 합니다. 서양 사람들과 동양 사람들은 대군을 이끌고 전쟁을 벌였지요. 그러나 이 민족들 중 하나는 서양 사람들처럼 타고난 맹렬을 이용했고, 다른 한 민족은 왕에 대한 군인들의 엄격한 복종을 이용했습니다.

그러나 그리스와 이탈리아에는 타고난 맹렬도 없고 왕에 대한 존경도 없었기 때문에, 훈련에 의지할 필요가 있었습니다. 이 훈련 자체가 엄청난 힘을 발휘하기 때문에, 소수의 병력으로도 다수의 맹렬과 집요함을 정복할 수 있었지요.

따라서 나는 이렇게 말하고 싶습니다. 만약 당신이 로마인들과 그리스인들을 모방하길 원한다면, 군인의 수는 50,000명을 넘지 말아야 합니다. 규모는 오히려 그보다 더 작아야 합니다. 다수가 혼란을 야기하고, 규율을 지키기 어렵게 하고, 배운 조직력을 발휘하기 어렵게 만들기 때문이지요. 피로스는 15,000명의 병력이면 세계를 공략할 수 있다고 말하곤 했답니다.

여기서 다른 부분으로 넘어가도록 하지요. 우리는 우리의 군대가 전투에서 승리를 거두는 것을 보았습니다. 나는 전투에서 일어날 수 있는 문제들을 보여주었습니다. 또 군대가 행군하도록 했고, 마지막으로 군대를 숙영시켰습니다. 거기서는 그때까지 겪은 고생으로부터 어느 정도 회복해야 할 뿐만 아니라, 전쟁이 어떤 식으로 결말을 맺어야 할 것인지에 대한 생각도 있어야 합니다. 막사 안에서 많은 것들이 논의되어야 하지요. 만약 들판이나 의심스런 마을에 적들이 남아 있는 상황이라면, 특히 더 그래야 합니다. 그 나라에 대한 경계를 늦추지 않고, 적대적인 사람들을 체포하는 것이 안전합니다. 따라서 양동작전을 써서 우리가 지금까지 군대에서 복무하며 보여주었던 용기로 이 어려움을 극복할 필요가 있습니다.

그렇다면, 구체적으로 보겠습니다. 만약 당신이 많은 병사들 또는 사람들이 당신에게 유익하고 그들에게 매우 불리할 수 있는 어떤 일을 하도록 해야 한다면(예를 들어, 그들의 도시의 성벽을 허물도록 하거나 많은 사람들이 망명하도록 해야 한다면), 당신은 그들을 속여서 그들 각자가 오직 자신에게 영향을 끼치는 것만 믿도록 할 필요가 있습니다. 그러면 그들은 서로 돕지 않음으로써 나중에 모두가 뾰족한 해결책 없이 억압당하고 있다는 사실을 확인하게 될 것입니다. 아니면 모든 사람에게 한날한시에 어떤 일을 하도록 명령을 내리는 것입니다. 그러면 각자는 그 명령을 받은 사람이 자기밖에 없다고 믿으며 해결책에 대해서는 생각하지 않고 명령을 따르는 일에 대해서만 생각하게 될 것입니다. 따라서 당신의 명령은 혼란을 일으키지 않고 모든 사람에 의해 실행되게 되지요.

만약 당신이 어떤 민족의 충성심을 의심하고 있는데 그들로부터 당신 자신을 안전하게 지키고, 당신의 계획을 보다 쉽게 숨기기 위해 기습적으로 그들을 점령하기를 원한다면, 그때는 이런 방법이 최고입니다. 당신이 그 민족에게 당신의 계획 일부를 전달하며 도움을 요청합니다. 그러면서 당신은 또 다른 원정을 벌이기를 원하고 있으며, 그 민족에 대한 기존의 인식을 완전히 바꾸기를 원한다는 점을 암시합니다. 이 같은 접근은 그들이 자신의 방어에 대해서는 생각하지 못하게 만들 것입니다. 그들의 머리에 당신이 그들을 공격할 것이란 생각은 절대로 떠오르지 않기 때문이지요. 그러면 그 민족은 당신에게 욕망을 쉽게 충족시킬 기회를 제공할 것입니다.

만약 당신의 군대 안에 당신의 계획을 적군에게 알려주는 사람이 있다는 의심이 든다면, 그 사람의 사악한 정신을 이용하는 것이 가장 바람직합니다. 그 방법으로는, 그 사람에게 당신이 하고 싶지 않은 것들에 대해 털어놓고 당신이 하고 싶어 하는 것에 대해서는 침묵을 지키고, 당신이 두려워하지 않는 것에 대해 두려움을 나타내고 당신이 두려워하는 것은 숨기는 것이 최고입니다. 그러면 적은 당신의 계획을 안다고 믿으며 어떤 작전을 벌일 것인데, 그 과정에 당신은 적을 기만하며 쉽게 이길 수 있습니다.

클라우디우스 네로가 그랬던 것처럼, 만약 당신이 일부 동맹을 도와야 하는 상황에서 당신의 군대를 줄여야 하는데 적이 그런 사실을 몰라야 한다면, 숙영지를 축소할 것이 아니라 모든 깃발과 배열을 그대로 유지할 필요가 있습니다. 전체 군대가 있을 때처럼, 불도 똑같이 피우고 보초도 똑같이 세워야 합니다. 마찬가지로, 당신의 군대에 새로운 병력을 보태야 하는데 적이 그 같은 사실을 알게 하고 싶지 않다면, 숙영지를 확장하지 않을 필요가 있습니다. 당신의 계획을 비밀에 부치는 것이 언제나 매우 유익하기 때문입니다.

로마의 장군 메텔루스가 군대와 함께 스페인에 머물 때의 일입니다. 그에게 다음날 무엇을 할 것이냐고 묻는 사람에게, 그는 만약 자신의 셔츠가 그걸 안다면 그것을 태워버리겠다고 대답했답니다. 마르쿠스 리키니우스 크라수스는 군대를 언제 이동시킬 것인가라고 묻는 사람에게 "당신 혼자만 나팔 소리를 듣지 못할 거라고 생각하는가?"라고 대답했다지요.

적의 비밀과 적의 조직을 알기를 원하면서, 어떤 지휘관들은 사절을 보냈습니다. 그 사절 속에 전쟁 전문가들을 수행원으로 위장해 포함시켰지요. 이 전문가들은 적의 군대를 관찰하며 그 군대의 강점과 약점을 파악할 기회를 가진 뒤에 지휘관에게 적군을 패배시킬 기회를 주었답니다. 어떤 사람들은 친한 친구를 망명하도록 했지요. 그 친구를 통해서 적의 계획을 알아냈답니다. 당신은 그런 목적으로 포로를 잡음으로써 비슷한 비밀들을 알아낼 수 있습니다.

마리우스는 킴브리인을 상대로 벌인 전쟁에서 롬바르디아에 살며 로마인들과 동맹을 맺은 갈리아인들의 충성심을 확인하기 위해서 그들에게 봉하지 않은 편지와 봉한 편지를 동시에 보냈답니다. 그는 봉하지 않은 편지에 봉한 편지를 정해진 날짜 이전에 개봉해서는 안 된다고 썼지요. 그는 그 시간이 되기 전에 그들에게 편지를 돌려달라고 요구했다가 개봉된 것을 확인하고는 그들의 충성심이 확실하지 않다는 사실을 확인했지요.

적의 공격을 받는 경우에, 어떤 지휘관은 적을 마주하러 나서지 않고 적국을 공격하러 감으로써 적이 조국을 방어하러 돌아가도록 만들었지요. 이런 전략이 종종 괜찮은 것으로 드러났습니다. 당신의 군인들이 이기기 시작하며 전리품을 챙기고 자신감으로 충만하게 되기 때문이지요. 그 사이에 적의 군인들은 실망하게 됩니다. 승자인 줄 알았는데 패자가 되었으니 말입니다. 그러기에 이런 작전을 쓰는 사람에게는 그것이 종종 꽤 훌륭한 작전인 것으로 드러납니다. 그러나 이 작전은 적의 조국보다 더 강한 조국을 둔 지휘관에 의해서만 실행될 수 있습니다. 그렇지 않으면, 그 지휘관이 패배하고 말 것이니까요.

적에게 숙영지를 포위 당한 지휘관에게는 어떤 합의를 위한 협상을 시작하며 며칠 동안 적과 휴전 협정을 맺는 것이 매우 유익합니다. 그 같은 노력은 적들만 모든 면에서 경계를 느슨하게 풀도록 만들 것입니다. 그들의 게으름을 이용할 수 있다면, 당신은 그들의 손아귀에서 벗어날 길을 쉽게 발견할 수 있습니다. 술라는 이런 방법으로 적으로부터 두 번이나 놓여날 수 있었으며, 한니발도 스페인에서 똑같은 기만으로 그를 포위하고 있던 클라우디우스 네로의 군대로부터 벗어날 수 있었지요.

적을 극도의 절망에 빠뜨리는 일은 피해야

앞에 소개한 방법들 외에, 적을 지체시킬 수 있는 무엇인가를 하는 것도 적으로부터 해방되는 데 도움을 줄 수 있습니다. 이것은 두 가지 길로 행해집니다. 먼저, 당신의 군사력 일부로 적을 공격하는 방법입니다. 그러면 적은 전투에 열중할 것이고, 따라서 당신의 나머지 군사력에게 스스로를 보호할 수 있는 기회를 줍니다. 또는 새로운 사건을 일으키는 방법이 있습니다. 그 사건의 진기함이 적을 당황하게 만들고, 그 때문에 적이 불안해하며 정지하게 됩니다.

한니발이 그런 작전을 썼지요. 한니발은 파비우스 막시무스에게 갇힌 상태에서 밤에 많은 소들의 뿔 사이에 횃불을 달았답니다. 그러자 파비우스는 너무도 이상한 장면 앞에서 고민하다가 그만 한니발의 통과를 막아야한다는 생각을 감히 하지 못하게 되었지요.

지휘관은 그 어떤 행위보다도 적의 군대를 찢어 놓기 위해서 모든 역량을 동원해야 합니다. 적의 지휘관이 신뢰하는 병사들을 의심하도록 만들거나, 적의 지휘관에게 군사력을 분산시킬 근거를 줌으로써 군사력의 약화를 꾀할 수 있지요. 첫 번째 방법은 적의 지휘관의 옆을 지키는 누군가의 소유물을 돌봐 주는 것입니다. 전쟁 동안에 그 사람의 병사들과 소유물을 지켜주거나, 그 사람에게 몸값을 받지 않고 그의 아이들과 다른 필수품들을 주는 것이 그런 예입니다.

한니발이 로마 주변의 모든 들판에 불을 질렀으면서도 파비우스 막시무스의 것만 온전히 남겨놓았다는 것을 당신은 알고 있습니다. 코리올라누스(Gnaeus Marcius Coriolanus: B.C. 5세기)[43]가 군대를 끌고 로마에 왔을 때, 그가 귀족들의 소유물은 그대로 두고 평민들의 소유물만 약탈하고 불태운 이유를 당신은 잘 알고 있습니다.

메텔루스가 유구르타에 맞서 군대를 끌고 나섰을 때, 유구르타가 메텔루스에게 보낸 사절들은 모두 메텔루스로부터 유구르타를 포로로 넘길 것을 요구받았지요. 후에 메텔루스가 동일한 사람들에게 동일한 주제로 편지를

---

43 B.C. 5세기에 살았던 로마의 전설적인 장군이다. 볼스키 족의 도시 코리올리를 포위해 공적을 세운 것을 기리기 위해 코리올라누스로 불렸지만 훗날 로마에서 추방되었다가 로마의 적인 볼스키 족의 군대를 이끌고 로마를 포위했다.

썼는데, 이 때문에 유구르타는 자신의 보좌관들을 모두 의심하며 다양한 방법으로 해고했답니다.

한니발이 안티오코스(Antiochus) 3세(B.C. 241(?)-B.C. 187)의 곁에서 망명 생활을 하고 있을 때의 일입니다. 로마의 대사들이 한니발에게 너무나 친절하게 대하자, 안티오코스는 그를 의심하게 됨에 따라 그의 조언을 더 이상 신뢰하지 않게 되었지요.

적의 군대를 쪼개는 문제에 대해 말하자면, 당신의 군대 일부가 적국을 공격하는 것보다 더 확실한 방법은 없습니다. 그러면 적의 병력이 자기 나라를 방어하러 가지 않을 수 없게 되고, 따라서 그들은 전쟁을 포기할 것입니다. 이것이 파비우스의 군대가 갈리아인과 토스카나인, 움브리아인, 삼니움인의 병력을 만났을 때 채택한 방법입니다.

로마의 집정관 티투스 디디우스가 적의 군사력에 비해 약한 군사력을 가진 상태에서 로마로부터 한 개 군단이 도착하기를 기다리고 있을 때, 적은 당장 로마 군단을 만나러 가서 싸우기를 원했지요. 그런 상황에서 적이 그렇게 하지 않도록 하기 위해서, 티투스 디디우스는 전체 군대에 목소리로 내일 적과 교전을 벌인다는 뜻을 전했습니다. 그런 다음에 그는 자신이 붙잡아 두고 있던 포로들 일부가 탈출하도록 교묘하게 조치를 취했지요. 이들이 다음날 싸운다는 집정관의 명령을 적의 진영에 그대로 전했고, 따라서 적은 병력을 줄이지 않기 위해 로마 군단과 싸우러 나가지 않게 되었지요. 이런 식으로 티투스 디디우스는 자신을 안전하게 지켰답니다. 이것은 적의 군사력을 쪼개지 않고 자신의 군사력을 배로 키운 예이지요.

적의 군사력을 쪼개기 위해, 일부 지휘관은 자신의 나라로 적이 들어가는 것을 허용하고, (그 증거로서) 적에게 여러 도시를 점령하는 것까지 허용하기도 했습니다. 그러면 적은 도시들에 경비병을 배치할 것이고, 당연히 병력을 줄이게 되어 있지요. 그때 지휘관은 약화된 적의 군대를 공격하여 패주시켰지요.

다른 지휘관들은 어떤 속주로 쳐들어가길 원할 때 그 속주가 아닌 다른 속주를 공격하는 척 꾸몄습니다. 그 위장이 얼마나 진지하게 이뤄졌던지 이 군대가 진입하길 원하는 속주는 그냥 손을 놓고 있었답니다. 이 군대는 전혀 아무런 준비가 되어 있지 않은 속주로 쉽게 들어가서 적이 그 속주를 구조할 시간을 갖기도 전에 정복할 수 있었지요. 적의 입장에서는 당신이 처음 위협했던 그 속주로 다시 오지 않을 것이라는 확신이 서지 않지요. 그래서 적은 그 속주를 포기하지도 못하고 다른 속주를 구하러 가지도 못하고, 따라서 적은 어떤 속주도 보호하지 못하게 된답니다.

언급한 문제들 외에, 군인들 사이에 선동과 불화가 일어날 때, 지휘관에게는 그것을 기술적으로 진화하는 방법을 아는 것이 중요합니다. 가장 훌륭한 방법은 그런 어리석은 짓을 저지른 집단의 우두머리들을 처벌하는 것입니다. 그러나 그들이 눈치 채기 전에 당신이 먼저 선수를 치며 처벌할 수 있어야 합니다.

방법은 이렇습니다. 만약 그들이 당신으로부터 멀리 떨어져 있다면, 죄를 지은 병사들만 부를 것이 아니라 다른 병사들도 함께 모이도록 해야 합니다. 그렇게 하면 그들이 처벌 받을 일이 있다고 생각하지 않기 때문에 반항하지 않게 되고, 따라서 처벌이 쉬워집니다. 그들이 앞에 있을 때, 지휘관은 잘못이 없는 병사들과 연대하면서 그들의 도움을 받으며 잘못을 저지른 병사들을 처벌해야 합니다. 병사들 사이에 불화가 보이면, 가장 좋은 방법은 그들을 위험에 노출시키는 것입니다. 위험에 대한 두려움이 언제나 그들을 단결시키게 되지요.

그러나 군대를 단결시키는 것은 무엇보다 지휘관의 역량에서 비롯되는 평판입니다. 출생 성분도, 권위도 역량 없이는 평판을 얻지 못하기 때문이지요. 그리고 지휘관이 가장 먼저 할 일은 군인들이 벌을 제대로 받고 월급을 제대로 받는지를 확인하는 것입니다. 월급이 미뤄지는 경우에는 처벌 또한 생략됩니다. 왜냐하면 군인에게 월급을 지급하지 못하는 경우에 당신이 군인의 월급을 훔친 것이나 마찬가지이기 때문입니다. 월급도 주지 않은 군인을 처벌하는 것은 가능하지 않은 일이지요. 군인도 살기를 원하기 때문에 강탈을 자제하지 못합니다. 그러나 당신이 군인에게 월급을 지급하면서도 처벌하지 않는다면, 군인은 모든 면에서 오만해집니다. 당신이 존경을 받지 못하게 되기 때문이지요.

그런 일을 겪은 사람은 누구나 지위에 따르는 위엄을 지키지 못합니다. 만약 그 사람이 위엄을 갖추지 못하게 되면, 당연히 소동과 무질서가 따르게 되어 있지요. 그것은 곧 군대의 파멸로 이어집니다.

고대의 지휘관들은 현재의 지휘관들이 거의 경험하지 않는 어떤 낭패를 겪었습니다. 그것은 병사들이 무슨 일이든 자신들의 임무에 대한 불길한 조짐으로 해석하려 드는 습관이었지요. 부대에 벼락이 떨어지거나, 일식이나 월식이 일어나거나, 지진이 일어나거나, 지휘관이 말을 올라타거나 말에서 내리다가 떨어지기라도 하면, 그런 일들은 군인들에게 불길한 조짐으로 해석되며 그들 사이에 너무나 강한 두려움을 퍼뜨렸지요. 그런 정신 상태에서 교전하는 경우에 군인들은 쉽게 패배했답니다. 따라서 그런 사건이 일어나면, 그 즉시 고대의 지휘관들은 그 사건의 원인을 드러내 보여주거나 그 사건을 자연적인 원인으로 돌리거나, 그것을 자신들의 목적에 유리한 쪽으로 해석했답니다.

카이사르가 아프리카에 갔을 때 있었던 에피소드입니다. 그가 배에서 내리다가 쓰러지게 되자 "아프리카여, 내가 너를 잡았노라!"라고 했다는 이

야기가 전해 옵니다. 많은 사람들이 월식과 지진을 이용했습니다. 이런 일은 우리 시대에는 일어나지 않습니다. 우리 시대의 남자들이 미신을 믿지 않기 때문이기도 하고, 우리의 종교가 그런 생각을 완전히 몰아냈기 때문이기도 합니다. 그럼에도 만약 그런 일이 일어난다면, 고대인들의 예를 모방해야 합니다.

굶주림이나 다른 자연적 필요 또는 인간적인 열정이 당신의 적을 극도의 절망 상태로 내몰고, 적이 그런 절망에 내몰리며 당신과 싸우러 올 때, 당신은 막사 안에 남아 있어야 하며 가능한 한 전투를 피해야 합니다.

스파르타 병사들이 메세니아 병사들을 상대할 때에도 그렇게 했고, 카이사르가 루키우스 아프라니우스(Lucius Afranius: ?-B.C. 46)와 마르쿠스 페트레이우스(Marcus Petreius: B.C. 110-B.C. 46)를 상대할 때에도 그렇게 했지요.[44]

퀸투스 풀비우스 플라쿠스(Quintus Fulvius Flaccus: ?-B.C. 172)는 집정관으로서 킴브리인과 맞설 때 기병에게 여러 날 동안 지속적으로 적을 공격하도록 명령하면서, 킴브리 병사들이 기병을 추격하기 위해 어떤 식으로 막사에서 나올 것인지 곰곰 생각했지요. 그래서 풀비우스는 킴브리 병사들의 막사 뒤에 매복 부대를 배치하고, 기병이 그들을 공격하도록 했습니다. 킴브리 병사들이 기병을 추격하기 위해 막사를 떠나자, 풀비우스는 그 막사들을 점령하고 약탈했지요.

자신의 군대가 적군 근처에 있을 때, 자신의 병사들을 적의 휘장을 들고 가서 자기 나라를 강탈하고 불태우게 한 것이 어느 지휘관에게는 매우 효과적이었답니다. 당시에 적은 그 병사들이 자신을 도우러 오는 병력이라

---

44 내전이 벌어진 B.C. 49년에 카이사르는 마르쿠스 페트레이우스와 루키우스 아프라니우스가 이끌던 병력을 굶주리게 해 항복을 끌어냈다.

고 믿으며 그들의 약탈을 도우려 뛰쳐나갔으며, 그로 인해 적은 지리멸렬해지면서 상대방에게 정복할 기회를 주었지요. 에페이로스의 알렉산드로스(Alexander of Epirus) 2세 왕(재위 B.C. 336-B.C. 326)이 일리리아인을 상대로 싸우며 이 방법을 썼으며, 시라쿠사 사람 렙테누스(Leptenus the Syracusan)[45]도 카르타고인들과 맞서 싸우며 이 방법을 썼지요. 이 작전은 두 사람 모두에게 성공을 안겨주었습니다.

많은 지휘관들은 적을 두려워하며 급히 숙영지를 떠난 듯 꾸미며 마실 것과 먹을 것을 아주 많이 남겨 놓고 떠났다가 적이 과하게 배를 채웠다 싶은 시점에 적을 공격하여 승리를 거두었습니다. 토미리스(Tomyris: B.C. 6세기)[46]가 키루스를 상대로, 티베리우스 그라쿠스가 스페인 사람들을 상대로 그런 작전을 썼습니다. 일부 지휘관은 적을 보다 쉽게 정복하기 위해 포도주와 먹을 것에 독약을 태우곤 했지요.

조금 전에, 내가 고대인들이 야간에 외곽에 보초를 세웠다는 증거를 발견하지 못했다고 말했습니다. 야간 보초로 인해 일어날 수 있는 피해를 피하기 위한 조치였을 것이라고 생각합니다. 낮에 적을 감시하기 위해 배치한 보초들이 간혹 그들을 배치한 지휘관의 파멸의 원인이 되었던 것으로 확인되기 때문이지요. 보초들이 적에게 붙잡힌 상태에서 아군에게 오라는 신호를 보냈다가 그 신호를 보고 오던 병사들이 죽거나 체포되는 일이 종종 일어났지요.

간혹 당신의 습관을 바꿈으로써 적을 기만할 수도 있습니다. 당신의 적이 당신의 바뀐 습관을 그대로 믿었다가 낭패를 보게 되는 것이지요. 어느

---

45 시라쿠사의 디오니시오스 1세의 형제.

46 B.C. 6세기에 중앙아시아의 마사게타이를 통치한 여왕으로, 그리스 역사학자 헤로도토스(Herodotus:B.C. 484(?)-B.C. 425(?))의 글을 통해서만 알려져 있다.

지휘관은 언젠가 그렇게 했습니다. 그는 관례적으로 자신의 군대에게 적이 다가오면 밤에는 불로 낮에는 연기로 신호를 보내도록 했지요. 그랬던 그가 연기와 불을 중단 없이 피우다가 적이 나타나면 두 가지 모두 중단하라고 명령했지요. 그래서 적은 아무런 신호를 보지 못했기 때문에 발각되지 않았다고 판단하고 무질서하게 앞으로 나섰다가 상대방에게 쉽게 승리할 기회를 안겨 주었지요.

로도스의 멤논(Memnon of Rhodes: B.C. 380(?)–B.C. 333(?))은 적을 성채에서 끌어낼 수 있기를 바라면서 병사 한 사람을 탈주자로 위장하여 적의 진영으로 보냈습니다. 이 병사는 적에게 자신의 군대가 심각한 불화를 겪고 있을 뿐만 아니라 상당수의 군인들이 탈주하고 있다고 폭로했지요. 그때 그의 주장을 뒷받침하는 증거로, 이쪽의 막사에 소동이 벌어지도록 했지요. 이것을 본 적은 상대를 무찌를 수 있겠다고 판단하고 공격했다가 크게 패했답니다.

앞에서 언급한 것들 외에, 적을 자포자기의 상태에 빠뜨릴 만큼 극단적으로 몰아붙이지 않도록 조심해야 합니다. 카이사르가 게르만족과 싸우며 이 점에 신경을 많이 썼지요. 카이사르는 게르만족이 물러설 길을 열어두었습니다. 게르만족이 달아날 수 없는 상황에 처할 경우에 무모하게 나올 것이 뻔했기 때문입니다. 그는 적군이 악착같이 방어할 때 정복하는 위험을 감수하느니 차라리 달아나는 적을 추격하는 어려움을 택한 것이지요.

로마의 장군 루쿨루스는 자기편에 섰던 마케도니아의 일부 기병들이 적군 쪽으로 넘어가는 것을 본 즉시 전투 개시 신호를 보내면서 병사들에게 자신을 따르라고 명령했지요. 당연히 적군은 루쿨루스가 전투를 벌이기를 원한다고 믿으면서 그 마케도니아 기병들을 향해 돌격했답니다. 적의 병사들이 너무나 강하게 덤벼들었기 때문에, 마케도니아 기병들은 방어에 나서지 않을 수 없었지요. 따라서 탈주자였던 마케도니아 기병들은 자신의 뜻과 상관없이 전투원이 되어 버렸답니다.

어느 도시의 충성심이 의심스러울 때, 그 도시를 점령하기 직전이나 직후에 그곳의 충성심을 시험하는 방법을 아는 것도 중요합니다. 고대의 일부 예들이 그에 관한 가르침을 많이 제시할 것입니다. 폼페이우스는 카타니아 사람들을 의심하면서 그들에게 자신의 군대에 있는 병든 병사들 일부를 받아달라고 부탁했습니다. 그때 폼페이우스는 아주 건강한 남자들을 환자로 위장하여 보내서 그 마을을 점령했지요. 푸블리우스 발레리우스(Publius Valerius: B.C. 5세기)는 에피다우로스 사람들의 충성심을 의심하면서 마을 밖의 어느 교회에서 사면(赦免) 행사를 벌일 것이라고 선언했습니다. 마을 사람들이 모두 사면을 받기 위해 거기 모이자, 그는 문을 걸어 잠그고 자신이 신뢰하는 사람들 외에는 밖으로 내보내지 않았답니다.

알렉산드로스 대왕은 아시아로 가서 트라키아를 확실히 해 두길 원했습니다. 그래서 그는 이 속주의 지배자들을 모두 자국으로 데려와서 그들에게 양식을 제공했으며, 트라키아의 평민들은 태생이 천한 남자들이 책임을 지도록 했지요. 따라서 알렉산드로스 대왕은 그곳의 지배자들은 돈을 줘서 만족시키고, 평민들은 그들을 불안하게 만드는 지도자를 제거함으로써 만족시킬 수 있었지요.

그러나 지휘관이 사람들을 자기편으로 끌어들이는 요소는 뭐니 뭐니 해도 지휘관 본인의 자비와 정의였습니다. 스키피오가 스페인에서 미모가 빼어난 소녀를 그녀의 남편과 아버지에게 돌려준 것이 그런 예이지요. 이같은 사실이 그가 스페인을 획득하는 데 무기보다 더 큰 역할을 했습니다. 카이사르는 프랑스에서 자신의 군대 주변에 울타리를 치는 데 쓴 목재에 대해 돈을 지불함으로써 정의로운 인물이라는 명성을 얻었으며, 이것이 그가 그 속주를 보다 쉽게 획득할 수 있도록 했습니다.

이런 에피소드들에 대해 할 말이 아직 남아 있는지 모르겠습니다. 이 문제와 관련해서 우리가 논하지 않은 부분은 이제 없을 것 같습니다. 유일하게 남은 것은 도시들을 함락시키고 방어하는 방법에 대해 설명하는 것입니다. 당신이 힘들어하지 않는다면, 나는 기꺼이 그 과제를 떠안을 생각입니다.

바티스타: 장군님의 친절은 가히 놀랄 정도입니다. 그런 까닭에 저희는 건방지다는 소리를 들을 걱정 없이 지금 욕심을 채우고 있습니다. 장군님께서 기꺼이 받아주시겠다고 하시니, 물으면서도 부끄러워할 필요는 없을 것 같습니다. 장군님의 이 토론보다 저희에게 더 고맙고 더 유익한 것은 없습니다. 다른 주제로 넘어가기 전에 저희를 위해서 한 가지 의문을 풀어주시길 바랍니다. 오늘날처럼 겨울에도 전쟁을 계속하는 것이 유리한지, 아니면 고대인들이 그랬던 것처럼 여름에만 전쟁을 벌이고 겨울에는 막사로 들어가야 하는 것인지 궁금합니다.

겨울엔 전쟁 피해야

파브리치오: 질문자가 신중을 기하지 않았더라면, 고려되어야 할 것들 일부가 빠질 뻔 했습니다. 고대인들이 모든 것을 우리보다 더 신중하게, 또 더 잘 처리했다는 사실을 나는 당신에게 다시 밝힙니다. 다른 일들에서는 부분적인 실수가 저질러질 수 있어도, 전쟁 문제에서는 부분적인 실수라도 일어나면 승패를 가르게 됩니다.

지휘관에게는 겨울에 전쟁을 벌이는 것보다 더 무분별하고 더 위험한 것은 없습니다. 그리고 전쟁을 일으키는 지휘관은 전쟁을 예상하고 기다리는 지휘관보다 훨씬 더 큰 위험을 무릅써야 합니다. 이유는 군사 훈련에 투입된 모든 노력이 적군과 교전을 벌일 때 조직적으로 움직이기 위한 것이기 때문이지요. 그것이 지휘관이 추구해야 하는 목표이며, 당신은 교전을 통해서 전쟁에서 승리하거나 패배하게 되어 있습니다. 따라서 군대를 잘 조직하는 방법을 알고, 군대를 잘 훈련시킨 지휘관은 누구나 그 점에서 대단한 이점을 누리게 되며 승리를 거둘 가능성이 큽니다.

한편, 거친 장소나 춥고 습한 계절보다 조직에 더 해로운 것은 없습니다. 거친 지형은 당신이 군사력을 훈련한 대로 충분히 발휘하지 못하도록 하고, 춥고 습한 계절은 당신에게 군사력을 단결시키는 것을 허용하지 않습니다. 당신은 군대가 일치단결해 적에게 맞서도록 하지 못하며, 병사들을 어쩔 수 없이 따로따로 무질서하게 숙영시켜야 합니다. 당신을 받아주는 성(城)들과 이웃들과 마을들을 고려해야 하기 때문이지요. 그렇게 되면 당신이 군대를 훈련시키며 쏟은 노력은 물거품이 됩니다.

오늘날에는 겨울에 전쟁을 벌여도 이상한 일이 아닙니다. 군대들이 훈련이 되어 있지 않은 탓에, 함께 숙영하지 못함으로써 입는 피해에 대해 모르기 때문이지요. 오늘날의 군대들에게는 조직을 질서정연하게 유지하지 못하는 것이 골치 아픈 일로 여겨지지 않습니다. 규율을 지키는 일에 대해서는 말할 필요도 없습니다. 그런 것 자체가 없으니 말입니다.

그럼에도 겨울철의 군사 행동으로 야기된 피해는 알고 있어야 합니다. 1503년에 프랑스 군대가 가릴리아노 강[47]에서 스페인 병사들이 아니라 겨울에 완패했다는 사실을 기억해야 합니다. 앞에서 말한 바와 같이, 공격하는 쪽이 훨씬 더 불리한 입장에 서게 되기 때문입니다. 기후는 타국에서 전쟁을 벌이길 원하는 자에게 훨씬 더 가혹하게 작용합니다. 때문에, 겨울에

47　이탈리아 중부 지역을 흐르는 강.

전쟁을 벌이는 지휘관은 군대를 단결시키기 위해서 물 부족과 추위라는 불편을 감내하든가, 그런 불편을 해결하기 위해 군대를 나눠야 합니다.

그러나 적의 공격을 기다리는 지휘관은 누구든지 자신이 좋아하는 곳을 선택할 수 있고, 기운찬 병력과 함께 적을 기다리고, 한 순간에 병력을 단결시킬 수 있으며, 그들의 공격을 버텨내지 못할 적군을 찾으러 나설 수도 있습니다. 프랑스 군대가 그런 식으로 패주했지요. 겨울에 신중한 적을 공격하는 지휘관은 언제나 그런 운명을 맞습니다. 그러므로 군사력과 조직, 훈련, 역량 등을 유익한 방향으로 이용할 뜻이 없는 지휘관이 겨울에 들판에서 전쟁을 벌입니다.

로마인들은 너무나 많은 노력을 기울여 성취한 그 모든 것을 최대한 이용하기를 바랐기 때문에, 겨울을 피했을 뿐만 아니라 험악한 산지와 힘든 장소도 피했습니다. 그들은 기술과 역량을 발휘할 능력을 방해할 수 있는 것이면 무엇이든 피했답니다. 그렇다면 이것으로 당신의 질문에 충분히 대답한 것으로 볼 수 있으니, 이제는 도시들과 장소들과 그곳의 건물들을 공격하고 방어하는 문제를 다루도록 하겠습니다.

7장

도시의 공격과 방어

성채를 강화하는 두 가지 방법

파브리치오: 도시와 성채가 본래 강할 수도 있고 인위적인 노력에 의해 강할 수도 있다는 사실을 이해해야 합니다. 강이나 습지로 둘러싸인 도시나 성채는 본래 강합니다. 만토바나 페라라가 그런 예이지요. 혹은 절벽 위나 가파른 산 위에 자리 잡은 도시와 성채도 본래 강합니다. 모나코와 산레오 요새가 그런 예입니다. 오르기가 그다지 어렵지 않은 산에 자리 잡은 도시와 요새는 오늘날 대포와 땅굴 때문에 매우 허약합니다. 따라서 오늘날에는 대체로 도시를 건설해서 인위적인 노력을 통해 강하게 만들기 위해 평원을 찾고 있습니다.

첫 번째 노력은 성벽을 꼬불꼬불하게 짓고 거기에 귀퉁이와 오목한 부분을 많이 만드는 것입니다. 성벽을 이런 식으로 지으면, 적들이 쉽게 접근하지 못하게 됩니다. 적들이 전면만 아니라 옆구리도 쉽게 공격을 받을 수 있기 때문이지요.

성벽을 아주 높이 쌓을 경우에, 성벽이 대포의 공격에 과도하게 노출되고, 성벽을 지나치게 낮게 만들면, 적들이 사다리를 이용해 쉽게 오를 것입니다. 만약 당신이 사다리 사용을 어렵게 하기 위해 성벽 앞에 해자를 판다면, 그런 경우에도 적이 해자의 빈 공간을 쉽게 채울 수 있다면, 성벽은 적의 전리품이 되고 말지요. 따라서 두 가지 단점을 모두 해소하길 원한다면, 성벽은 높게 쌓고, 해자는 성벽 밖이 아니라 안에 파야 한다고 나는 믿습니다. 이것이 성벽을 가장 튼튼하게 쌓는 방법입니다. 당신을 대포와 사다리로부터도 보호해주고, 적에게 해자를 메울 기회도 주지 않기 때문입니다.

따라서 성벽은 당신에게 충분해 보일 만큼 높아야 하고, 파괴를 어렵게 하기 위해 두께를 3브라초 이상으로 해야 합니다. 성벽에는 200브라초 간격으로 망루가 설치되어야 합니다. 성벽 안쪽의 해자는 폭이 적어도 30브라초는 되어야 하고 깊이도 12브라초는 되어야 합니다. 해자를 만들며 퍼낸 흙은 모두 도시 쪽으로 던져, 해자 바닥에서 시작하는 벽 쪽에 쌓아야 합니다. 이 벽은 땅보다 상당히 높아서 병사가 뒤에 숨을 수 있어야 하지요. 흙을 그런 식으로 쌓으면 해자의 깊이가 더욱 깊어집니다.

해자의 바닥에는 200브라초마다 포곽(砲廓)을 설치해야 하며, 거기서 대포가 해자 아래로 내려오는 사람을 해칠 것입니다. 도시를 방어하는 중포(重砲)는 해자를 둘러싸고 있는 벽의 안쪽에 배치됩니다. 전면의 성벽이 높기 때문에 그 벽을 방어하는 데는 소형이나 중형의 대포 외에 다른 것은 편리하게 사용할 수 없습니다.

만약 적이 성벽을 기어오르려 한다면, 성벽의 높이가 쉽게 당신을 보호할 것입니다. 대포를 가진 적이라면 먼저 그것으로 성벽을 무너뜨려야 합니다. 그러나 적이 성벽을 허무는 데 성공한다 하더라도, 모든 공격의 특성상 성벽이 공격을 받은 방향으로 무너지기 때문에, 벽의 잔해가 해자의 깊이를 더욱 깊게 만들 것입니다. 그래서 적이 앞으로 나아가는 것은 가능하지 않습니다. 파편들이 길을 막을 것이고, 해자가 방해할 것이고, 성 안의 대포가 해자의 벽에서 적을 확실히 죽일 것이기 때문입니다.

그런 경우에 적에겐 한 가지 해결책밖에 없습니다. 해자를 메우는 것이지요. 그런데 그 작업이 매우 어렵습니다. 해자의 크기가 워낙 커서 그렇기도 하고, 적이 거기에 접근하는 데 어려움이 따라서 그렇기도 합니다. 성벽들이 구불구불하고 움푹 들어가 있기 때문이지요. 앞에 언급한 이유들 때문에, 적은 어려움을 겪지 않고는 성벽 안으로 들어가지 못합니다. 그런 다음에도 적은 해자를 건널 장비를 손에 든 채 잔해를 올라가야 하는데, 그것이 여간 어려운 일이 아닙니다. 그래서 나는 그런 식으로 조직된 도시는 난공불락이라고 알고 있습니다.

바티스타: 안쪽의 해자 외에, 밖에도 해자를 하나 만들면, 숙영지가 더 강해지지 않겠습니까?

파브리치오: 틀림없이 그럴 것입니다. 그러나 나의 판단은 해자를 하나만 파기를 원한다면 바깥보다 안쪽에 파는 것이 더 낫다는 뜻입니다.

바티스타: 해자 안에 물을 채울 것입니까, 아니면 마른 상태로 둘 것입니까?

물을 채우지 않은 해자가 더 안전하다

파브리치오: 의견이 갈립니다. 물이 가득한 해자는 당신을 땅굴로부터 보호하고, 물이 없는 해자는 그것을 메우는 일을 더욱 힘들게 만듭니다. 그

러나 모든 것을 고려한다면, 나는 해자에 물을 채우지 않을 것입니다. 물을 채우지 않은 해자가 더 안전하기 때문이지요. 또 겨울에 해자가 얼음으로 덮이는 탓에 도시를 함락시키는 것이 더 쉬워진다는 사실도 확인되기 때문입니다. 율리우스 2세 교황이 미란돌라를 포위했을 때, 그 도시에 벌어진 일이 바로 그런 것이었지요.

땅굴로부터 보호하기 위해, 나는 해자를 아주 깊이 파서 그 밑을 뚫고 들어오기를 원하는 자는 모두 물을 발견하도록 할 것입니다. 또한 성벽 위와 해자 안에 비슷한 방법으로 요새들을 만들 것입니다. 그러면 그 요새들을 파괴하는 데도 비슷한 어려움이 따를 것입니다.

도시를 방어하는 사람 누구에게나 상기시키고 싶은 한 가지 사항은 이것입니다. 요새들을 외곽에 도시의 방벽으로부터 멀리 떨어진 곳에 지어서는 안 된다는 것입니다. 그리고 성을 짓는 사람 누구에게나 들려주고 싶은 또 다른 사항은 이것입니다. 첫 번째 성벽을 잃을 때 성 안의 사람들이 후퇴할 수 있는 보루(堡壘)를 성 안에 짓지 말라는 것입니다.

첫 번째 조언을 제시하는 이유는 어떤 사람도 지휘관인 당신의 평판을 잃게 할 일을 대책 없이 해서는 안 되기 때문입니다. 평판의 상실은 사람들이 당신의 다른 명령들을 얕보도록 만들고, 당신의 방어를 맡은 사람들을 실망시킬 것입니다. 만약 당신이 방어해야 하는 도시 밖에 요새들을 세운다면, 내가 말하는 일들이 당신에게 언제나 일어날 것입니다. 요새를 잃게 되지요. 오늘날 대포에 노출되는 경우에 어지간한 것은 방어가 불가능하니 말입니다. 그러면 요새의 상실이 당신의 패배의 시작이자 원인이 됩니다. 제노바가 프랑스의 루이 12세(1462-1515) 왕에게 반항했을 때, 그 도시는 시 외곽의 언덕들에 요새들을 지었지만 금방 잃고 말았습니다. 그런데 이 요새의 상실이 도시를 잃는 원인으로 작용했답니다.

두 번째 조언에 대해 말하자면, 나는 성 안에 후퇴할 수 있는 보루를 두는 것보다 성에 더 위험한 일은 없다고 단언합니다. 병사들이 어떤 장소를 포기하며 품을 수 있는 희망이 바로 그 장소를 잃도록 만들고, 그 상실이 성 전체를 잃는 원인이 되기 때문입니다. 예를 들면, 최근에 카테리나 백작부인(Contessa Caterina: 1463(?)-1509)[48]이 프랑스 왕의 군대를 이끌던, 알렉산데르(Alexander) 6세 교황(1431-1503)의 아들 체자레 보르자(Cesare Borgia: 1475-1507)에 맞서 포를리 성을 방어하다가 상실한 것이 있습니다. 요새 전체가 한 곳에서 다른 곳으로 철수할 수 있는 장소들로 가득했습니다. 원래 그것이 성채였기 때문입니다. 그 성채에서 성까지 해자가 있었으며, 그래서 누구나 도개교를 건너야 했지요. 그 성은 3개 부분으로 나뉘었으며, 각 부분은 그 다음 부분과 해자와 물에 의해 분리되어 있었습니다. 그래서 이 부분에서 저 부분으로 넘어가려면 다리를 통과해야 했지요.

체자레 보르자는 그 성의 일부를 대포로 공격해 무너뜨렸지요. 그런데 그 부분의 수비대를 지휘했던 지오반니 다 카잘레(Giovanni Da Casale: 1320(?)-1375(?))가 뚫린 부분을 방어할 생각은 하지 않고 그곳을 포기하고 다른 장소로 후퇴해 버렸답니다. 그래서 체자레 보르자의 병력은 아무런 저항을 받지 않고 그 부분으로 들어가서 즉각 성 전체를 점령했답니다. 체자레 보르자의 병력이 부분들을 서로 연결하던 다리들의 지배자가 될 수 있었기에 가능했지요.

이 성은 함락 불가능한 것으로 여겨졌지만, 두 가지 실수 때문에 함락되었습니다. 한 가지 결함은 그 성이 너무 많은 보루들을 갖추고 있었다는 점이고, 다른 하나는 그 어떤 보루도 다리들의 지배자가 아니었다는 점입니

---

48 이름은 카테리나 스포르차 리아리오(Caterina Sforza Riario)이다.

다. 다리들이 보호를 받지 못했던 것이지요. 따라서 형편없이 지은 요새와 그 요새를 방어하는 사람의 어리석음이 그만 나폴리의 왕과 밀라노의 공작조차도 정면으로 마주하지 않았던 군대와 대결할 정도로 용감했던 백작부인의 야심찬 모험을 부끄럽게 만들고 말았습니다. 그녀의 노력은 비록 좋은 결실을 맺지 못했을지라도, 그럼에도 그녀는 역량에 어울리는 명예를 누릴 수 있었습니다. 그 점은 당시에 그녀를 칭송하는 내용의 경구들이 많이 쓰였다는 사실로 뒷받침되고 있습니다.

따라서 성을 지어야 하는 상황에 처한다면, 나는 성벽을 튼튼하게 짓고 해자를 우리가 논했던 방식 그대로 만들 것이지만, 거주할 집 외에 다른 것은 성 안에 절대로 짓지 않을 것입니다. 집들은 약하고 낮게 지을 것입니다. 그래야만 집들이 광장에 선 사람에게 성벽이 보이지 않게 방해하는 일이 없을 것입니다. 그러면 지휘관은 도와야 하는 곳이 어딘지를 육안으로 볼 수 있고, 각 병사는 성벽과 해자를 잃게 되면 성을 잃게 된다는 사실을 이해하게 될 것입니다.

만약 거기에 보루를 지어야 한다면, 나는 다리들을 세심하게 설계할 것입니다. 말하자면, 다리들이 해자의 중간에 원래의 자리로 내려졌을 때, 성 안의 각 부분이 각자의 자리에서 다리들의 지배자가 될 수 있도록 만들겠다는 뜻입니다.

바티스타: 장군님께서는 오늘날 작은 것들은 잘 지켜질 수 없다고 하셨습니다. 정반대로, 저는 작을수록 더 잘 지켜질 수 있다는 말을 들은 것 같습니다.

파브리치오: 제대로 이해하지 못한 것 같군요. 오늘날에는 어떤 장소를 지키는 사람이 거길 벗어나서 새로운 해자와 피난처로 철수할 공간을 갖지 못하는 경우에 그 장소를 강하다고 말하지 못합니다. 대포의 위력이 워

낙 강한 탓에 단 하나의 성벽이나 피난처에만 의존하는 사람은 스스로를 기만하고 있지요. 그리고 당신이 테라스나 성이 될 수 있다는 이유로 요새들의 크기를 일반적인 수준 그 이상으로 하지 않기를 바란다면, 요새들이 다른 병사들을 받아들일 수 있도록 지어질 수 없을 것이고, 따라서 쉽게 함락 당하게 되지요.

따라서 이 요새들을 밖에 남겨 두고, 테라스들의 입구를 강화하고, 입구의 문들을 반월형 보루로 가리는 것이 현명한 정책입니다. 그렇게 하면 누구도 쉽게 문을 드나들지 못합니다. 반월형 보루에서 문까지, 다리가 놓인 해자가 있습니다. 문들은 또한 내리받이 쇠창살문으로 강화됩니다. 이렇게 하면 아군 병사들이 전투를 벌이러 밖으로 나갔다가 적에게 쫓기는 상황이 벌어지는 경우에 다시 들어올 수 있지요. 그래서 고대인들이 '카타락타이'(cataractae)라고 불렀던 내리받이 쇠창살문이 발견되고 있습니다. 이 쇠창살문은 내리는 경우에 적을 막고 아군을 안전하게 지켜줍니다. 그런 상황에서 다리나 문을 이용하는 것은 불가능해집니다. 군중이 차지하게 될 테니까요.

바티스타: 장군님께서 언급하신 내리받이 쇠창살문을 독일에서 본 적이 있습니다. 그야말로 쇠창살처럼 만든 문이었습니다. 우리의 문들은 커다란 판자로 만들었는데 말입니다. 이 같은 차이는 왜 생겼으며, 또 어느 쪽이 더 강한지 알고 싶습니다.

파브리치오: 전 세계에서 확인되는 전쟁의 방법들과 조직들을 보면 고대인들의 방법과 조직의 흔적이 거의 보이지 않습니다. 이탈리아에서는 그 흔적이 완전히 사라지고 말았습니다. 만약 이탈리아에 보다 강력한 무엇이 있다면, 그것은 알프스 너머 지역의 예들에서 비롯되었습니다. 프랑스의 샤를 왕이 1494년에 이탈리아를 침공하기 전에, 이곳의 모든 것이 얼마

나 허약하게 지어졌는지에 대해 당신도 들었을 것이고 여기 있는 다른 사람들도 기억할 것입니다. 성벽의 총안과 총안 사이의 돌출부를 0.5브라초 너비로 좁게 만들었으며, 석궁 사수와 포수를 위한 구멍도 바깥쪽을 좁게 만들고 안쪽을 넓게 만들었으며, 그 외에도 많은 결점들이 있었지만, 당신을 지루하게 만들고 싶지 않아 생략할까 합니다.

총안 사이의 좁은 돌출부는 쉽게 제거되고, 그런 식으로 만든 포수들의 총안도 쉽게 파괴됩니다. 지금은 프랑스인들로부터 우리는 총안 사이의 돌출부를 넓고 크게 만들어야 한다는 것을, 또한 포수들을 위한 총안도 안쪽을 넓게 만들고 성벽의 한가운데 부분을 좁게 만들고, 바깥 끝 부분을 다시 넓게 만들어야 한다는 것을 배웠습니다. 이렇게 만들면 보병이 성의 방어를 허무는 데 꽤 어려움을 겪게 됩니다. 더욱이, 프랑스인들은 이런 것들 외에도 다른 장치도 많이 갖고 있었지요. 다만 눈에 띄지 않은 탓에 고려되지 않았을 뿐입니다.

그 중 하나가 격자 형태로 덧문을 만드는 방식입니다. 그것은 당신의 방법보다 훨씬 더 탁월합니다. 이유는 당신이 어느 문을 보호하기 위해 우리의 것과 같은 단단한 내리닫이 문을 갖추고 있다면, 그 문을 내림으로써 당신은 당신 자신을 안쪽에 가두게 되어 적을 공격할 수 없게 되는 반면에, 적은 손도끼와 불로 당신을 공격할 수 있기 때문입니다. 그것을 격자 창살로 만든다면, 그것이 내려진 뒤에도, 당신은 창과 석궁, 그리고 다른 종류의 무기로 창살 사이의 틈으로 문을 지킬 수 있을 것입니다.

바티스타: 저는 이탈리아에서 알프스 너머 지역의 관습을 한 가지 더 보았습니다. 포가(砲架)의 바퀴의 살을 축 쪽으로 휘게 만든 것을 두고 하는 말입니다. 포가를 왜 그런 식으로 만드는지 이유를 알고 싶습니다. 저에게는 그런 모양의 살보다 곧은 살이 더 강할 것처럼 보입니다.

특별한 형태는 다 이유가 있다

파브리치오: 일반적인 형태와 다른 것들이 어쩌다가 그렇게 만들어졌을 것이라고 믿으면 안 됩니다. 그 사람들이 그것을 아름답게 보이려고 그렇게 만들었다고 믿는다면, 그 같은 판단은 실수입니다. 힘이 필요한 곳에서, 사람들은 아름다움을 고려하지 않습니다. 모든 변화는 당신의 것보다 더 튼튼하고 안전하게 만들기 위한 것이었지요.

그런 형태가 더 강한 이유는 이렇습니다. 포가에 포가 실리면, 포가는 일직선으로 앞으로 쭉 가거나 오른쪽이나 왼쪽으로 방향을 바꾸게 됩니다. 똑바로 갈 때, 포가의 바퀴들은 무게를 똑같이 지탱합니다. 이때는 무게가 바퀴들 사이에 똑같이 분산되기 때문에 바퀴에 큰 부담을 주지 않습니다. 그러나 포가가 어느 한 쪽으로 기울 때, 포가의 무게 전부가 기우는 쪽의 바퀴에 실리게 됩니다. 이때 만약 바퀴의 살들이 곧다면, 그 살들이 쉽게 허물어지고 말 것입니다. 바퀴가 기울었기 때문에, 살도 기울 것이며, 따라서 직선으로는 그 무게를 지탱하지 못하기 때문입니다. 포가가 똑바로 나아가고 무게를 덜 받칠 때, 살들은 강해지고, 포가가 기울고 무게를 더 받칠 때, 살들은 약해집니다.

프랑스 포가들의 굽은 살들에는 정반대의 일이 일어납니다. 한쪽으로 기울 때, 포가는 바퀴의 살 위에서 직선으로 기울게 됩니다. 일상적으로 구부러져 있기 때문에, 바퀴의 살들은 직선을 이루며 모든 무게를 강하게 지탱할 수 있습니다. 포가가 평평한 길을 갈 때에도 바큇살이 굽어 있기 때문에, 바큇살들은 무게의 반을 떠받치게 됩니다.

이제 우리의 도시들과 성들에 관한 논의로 돌아갑시다. 프랑스인들은 도시의 성문을 보다 안전하게 지키기 위해서, 그리고 포위 공격 동안에 도시에 병력을 보다 쉽게 넣고 빼내기 위해서 앞에서 말한 것들 외에 또 다른 방법을 동원합니다. 이탈리아에서는 보지 못한 방법입니다.

이렇습니다. 프랑스인들은 도개교의 바깥쪽 가장자리에 2개의 벽기둥을 세웁니다. 각 벽기둥 위에다가 들보 같은 것을 하나, 반은 다리 위로 오고 반은 바깥쪽에 오도록 놓습니다. 그런 다음에 바깥쪽 들보의 모든 부분에 짧은 들보들을 연결시켰지요. 이 짧은 들보들을 프랑스인들은 이 들보에서 또 다른 들보까지 격자 모양으로 엮었습니다. 그리고 안쪽에서 각 들보의 맨 끝에 사슬을 달았지요.

따라서 바깥쪽 가장자리에서 다리를 막기를 원할 때, 그들은 사슬을 풀고 격자 모양으로 된 부분 전체가 내려오도록 합니다. 그러면 격자 모양으로 만들어진 부분이 다리를 막게 되지요. 다리를 열기를 원할 때, 프랑스인들은 사슬을 잡아당기고, 그러면 다리를 막고 있던 부분이 올라갑니다. 격자 무늬로 된 부분을 사람은 지나가도 말은 지나가지 못할 만큼 올릴 수도 있고, 말과 사람이 다 통과할 수 있도록 올릴 수도 있지요. 통행을 완전히 막을 수도 있습니다. 그 부분이 끈으로 조절하는 커튼처럼 아래위로 조절될 수 있기 때문입니다.

이 장치가 내리닫이 창살문보다 훨씬 더 안전합니다. 적도 대단한 어려움을 겪지 않고는 그것을 방해할 수 없기 때문입니다. 그것이 힘으로 밀어 올려 쉽게 열 수 있는 내리받이 창살문처럼 직선으로 내려오는 것이 아니니 말입니다.

따라서 도시를 건설하길 원하는 사람들은 앞에 언급한 모든 것을 설치해야 합니다. 그 외에, 그들은 성벽 주위에 농사와 건축이 절대로 허용되지 않는 빈 공간을 적어도 1마일은 남겨둬야 합니다. 거기엔 관목과 둑, 나무, 집 등 시야를 방해하며 적에게 이롭게 작용할 수 있는 것은 절대로 있을 수 없습니다. 바깥쪽에 땅보다 높은 둑을 가진 해자를 두르고 있는 도시는 매우 취약하다는 사실을 알아야 합니다. 그 해자가 당신을 공격하는 적에게 숨을 곳을 제공하고 적이 당신을 공격하는 행위를 방해하지 못하기 때문입니다. 그런 해자는 쉽게 뚫리고 적의 포대에게 적절한 자리까지 제공하기도 합니다.

이제 도시로 넘어가도록 하겠습니다. 앞에서 언급한 것들 외에 살아가는 데, 또 싸우는 데 필요한 보급품까지 갖춰야 한다는 사실을 당신에게 보여주며 많은 시간을 허비하고 싶지는 않습니다. 그런 것들은 누구나 스스로 이해할 수 있는 것들이고, 그것들이 없으면, 다른 모든 보급품이 아무런 의미를 지니지 못하기 때문이지요.

일반적으로, 두 가지 일을 꼭 해야 합니다. 하나는 당신 자신에게 필요한 것을 공급하는 것이고, 다른 하나는 적으로부터 당신의 나라 안에서 무엇이든 이용할 기회를 박탈하는 것입니다. 그러므로 집 안으로 들일 수 없는 짚이나 곡물, 가축은 파괴되어야 합니다.

도시를 방어하는 사람들은 누구나 어떤 일이든 무질서하게 행해서는 안 된다는 점을 명심해야 하며, 어떤 사건에 봉착하든 모든 사람들이 행동하는 방법을 알게 할 수단을 갖춰야 합니다. 그 방법은 이렇습니다. 여자들과 아이들, 노인들, 병약자들은 집에 머물고 도시를 젊은이들과 용감한 사람들에게 맡겨야 합니다. 무장을 갖춘 사람들은 방어를 위해, 일부는 성벽 위에, 일부는 성문에, 또 일부는 도시의 주요 장소에 배치됩니다. 또 다른 일부는 아무 장소에도 배치되지 않은 가운데 도움을 청하는 사람을 도울 태세를 갖춘 상태에서 대기해야 합니다.

일들이 그런 식으로 조직될 때, 당신을 방해할 수 있는 소동은 극히 드물게만 일어날 수 있습니다. 나는 당신이 도시들을 공격하고 방어하는 일과 관련하여 이것도 알아두면 좋겠다고 생각합니다. 주민들에게 적을 감시하는 습관이 없다는 사실을 아는 것 이상으로 적에게 그 도시를 점령할 수 있겠다는 희망을 강하게 심어주는 것은 없다는 점입니다. 도시가 무력을 실제로 경험하지도 않은 상태에서 공포만으로 패배하는 예들이 많습니다. 따라서 그런 도시를 공격하는 적은 온갖 험악한 모습을 보여야 합니다.

한편, 공격 받고 있는 사람은 무기는 두려워해도 생각을 무서워하지는 않는 그런 용맹스런 사람들을 적이 쳐들어오는 쪽에 배치해야 합니다. 왜냐하면 첫 번째 공격이 헛되이 끝나면, 포위된 자들의 사기가 올라가고, 그러면 적은 포위되어 있는 사람들을 미덕과 평판으로 정복하지 않을 수 없게 되기 때문입니다.

고대인들이 도시 방어에 동원했던 장비들은 많습니다. 발리스타[49]와 오나거[50], 스코르피오[51], 아크(弧) 발리스타 등 투석기 종류와 대형 활, 새총 등이 그런 장비들입니다. 고대인들이 공격에 썼던 장비도 많습니다. 성벽 파괴를 위한 큰 금속봉, 요새 공격을 위한 바퀴 달린 누대(樓臺), 방탄막이, 차폐물, 해자 건너는 장비, 공성(攻城) 무기, 큰낫, 귀갑형 방패 등이 그런 장비들입니다. 이런 것들 대신에, 오늘날에는 공격과 방어에 똑같이 쓰이는 대포가 있지요. 따라서 이 무기들에 대해서는 더 이상 설명하지 않을 것입니다.

여기서 나는 우리의 토론으로 돌아가서, 포위 공격을 상세히 다룰 생각입니다. 굶주림에게 정복당하는 일이 없도록, 또 공격에 항복하는 일이 일어나지 않도록 신경 써야 합니다. 굶주림에 대해 말하자면, 포위 공격이 시

---

49 고대 로마 시대의 사출 병기로, 일종의 투석기이다.
50 고대 그리스와 로마에서 사용한 투석기의 일종.
51 고대 로마 시대에 성을 공격하는 데 쓴 무기.

작되기 전에 식량을 충분히 비축해 둬야 합니다. 그러나 장기 포위 공격이 이뤄지는 동안에 식량이 부족한 상황이 벌어질 때, 당신을 돕기를 원하는 친구들이 양식을 공급 받을 특별한 수단을 제공할 수 있습니다. 포위된 도시의 한가운데를 강이 흐르는 경우에 식량 공급이 가능할 수 있습니다.

로마인들이 카잘리노의 성을 한니발에게 포위 공격당했을 때가 그런 예입니다. 당시에 로마인들은 카잘리노 사람들에게 강으로 다른 것을 보낼 수 없었기 때문에 엄청난 양의 견과를 던졌답니다. 이 견과는 별다른 방해를 받지 않고 흘러가 한동안 성에 갇힌 사람들의 양식이 되어 주었지요.

어떤 지휘관들은 포위당했을 때 적에게 확보해 놓은 식량이 많다는 점을 보여주고 굶주림으로 그들을 패배시키겠다는 희망을 포기하도록 하기 위해 성벽 밖으로 빵을 던지거나, 소에게 곡식을 실컷 먹인 뒤에 그 소를 적들이 데려가도록 했답니다. 그러면 소를 도살할 때 곡식이 가득한 것이 확인될 것이고, 따라서 적에게 성 안에는 그들이 갖지 못한 식량이 풍부하다는 메시지를 전하게 되지요.

한편, 탁월한 지휘관들은 적을 굶기기 위해 다양한 방법을 이용했습니다. 파비우스는 캄파니아 사람들에게 씨앗을 뿌리는 것을 허용했지요. 그러면 그들이 뿌리는 씨앗의 양 만큼 양식이 부족해질 테니까요. 디오니시오스(Dionysius) 1세(B.C. 432(?)-B.C. 367)[52]는 레기오에서 포위되었을 때 적들과 협정을 맺기를 원하는 것처럼 꾸미면서 협상이 벌어지는 동안에 식량을 확보했으며, 오히려 적들의 식량을 고갈시키고 그들을 압박하며 굶주리게 만들었답니다. 알렉산드로스 대왕은 레우카디아를 점령하길 바랐을 때 주변의 성들을 모두 점령하고 그곳의 사람들이 도시 안에서 피난처를 찾는 것을 허용했으며, 따라서 인구를 엄청나게 늘림으로써 그들

---

52 이탈리아 남부 시칠리아섬의 도시 시라쿠사를 지배한 그리스인 참주이다.

을 굶주리게 했지요.

공격에 대해 말하자면, 첫 돌격을 막아내는 것이 매우 중요합니다. 로마인들은 도시들을 사방에서 불시에 공격하면서 종종 첫 돌격으로 많은 도시들을 점령했습니다. 그들은 그런 공격을 '악그레디 우르벰 코로나'(Aggredi urbem corona)[53]라고 불렀지요. 스키피오가 스페인에서 카르타고 노바('새로운 카르타고')를 점령할 때 그런 방법을 썼답니다.

만약 첫 돌격을 버텨낸다면, 당신은 정복되더라도 어렵게 정복될 것입니다. 그리고 적이 성벽들을 공략하여 도시 안으로 들어가는 일이 벌어진다 하더라도, 도시의 시민들이 포기만 하지 않는다면, 그런 상황에서도 그들에게 해결책이 있을 수 있습니다. 많은 적들이 도시로 들어가자마자 격퇴당하거나 죽임을 당했으니까요. 그 해결책은 바로 도시의 시민들이 높은 장소를 고수하면서 각자의 집과 망루에서 적들과 싸우는 것입니다.

도시로 쳐들어간 사람들은 그런 상황을 두 가지 방법으로 타파하려 애를 쓰게 됩니다. 한 가지 방법은 도시의 성문을 열어서 주민들이 안전하게 달아나도록 하는 것이고, 다른 한 가지 방법은 무장하지 않은 사람은 피해를 입지 않을 것이며 무기를 버리는 사람은 누구든 사면을 받을 것이라는 메시지를 음성으로 전하는 것입니다. 이것이 도시들을 점령하는 일을 보다 쉽게 만들었지요.

이 외에, 기습적으로 공격하는 경우에 도시를 보다 쉽게 점령할 수 있습니다. 이런 일은 당신이 공격하기를 원하지 않는 것으로 여겨지거나, 거리 때문에 노출되지 않고는 공격할 수 없는 것으로 여겨질 만큼 당신이 병력과 함께 먼 곳에서 발견될 때 일어날 수 있습니다. 그래서 만약 당신이 그

---

53 '하나의 왕관으로 도시를 공격한다'는 뜻의 라틴어로, 동시에 사방에서 공격하는 것을 의미한다.

도시를 비밀리에 신속하게 공격한다면, 거의 틀림없이 당신이 승리를 거두게 될 것입니다.

나는 우리 시대에 일어나는 일들에 대해 마지못해 논합니다. 나 자신과 나 자신의 생각을 놓고 설명하는 것이 부담스런 일이지만, 나는 다른 것들에 대해서는 말할 것이 없습니다. 그럼에도 불구하고, 이 문제와 관련해서 나는 발렌티노 공작이라 불리는 체자레 보르자의 예를 제시하지 않을 수 없습니다. 그가 카메리노를 공격하러 간다는 구실로 병력과 함께 노체라에 머물 때의 일입니다. 그는 거기서 우르비노라는 국가 쪽으로 방향을 틀고 별다른 노력 없이 하루 만에 점령했지요. 다른 사람이었다면 엄청난 시간과 비용을 들이고도 점령하지 못했을 나라를 말입니다.

포위 공격을 당하고 있는 사람들은 적의 기만과 교활을 경계해야 합니다. 따라서 그들은 적이 지속적으로 하는 것처럼 보이는 것은 무엇이든 믿어서는 안 되며, 그런 행위들이 기만술로 행해지고 있기 때문에 언제든지 자신들을 해치는 행위로 돌변할 수 있다고 생각해야 합니다.

도미티우스 칼비누스(Domitius Calvinus: B.C. 53년에 이어 B.C. 40년에도 집정관에 선출되었다)가 어느 도시를 포위하고 있을 때의 일입니다. 당시에 그는 상당수의 병력을 데리고 도시의 성벽을 습관적으로 돌았습니다. 따라서 도시의 시민들은 그의 그런 행위를 운동으로 여기며 경계심을 늦추게 되었지요. 이 같은 사실을 눈치 챈 도미티우스는 그들을 공격하여 파괴했답니다.

포위된 사람들을 지원하는 병력이 오게 되어 있다는 소식을 사전에 듣게 될 때, 일부 지휘관은 자신의 군인들에게 지원군의 계급장을 달게 한 뒤에 성 안으로 들어가게 해서 도시를 점령했지요. 아테네 장군 키몬(Cimon: B.C. 510(?)-B.C. 450)은 어느 날 밤 도시 밖에 있던 신전에 불을 질렀습니다. 그러자 도시의 주민들이 신전을 구하기 위해 거기에 도착했으며, 결과적으로 그 주민들은 적이 약탈하도록 도시를 그냥 내주고 말았지요. 어떤 지휘관들은 포위된 성에서 식량을 구하기 위해 빠져 나온 사람들을 죽인 뒤 자신의 군인들에게 그들의 옷을 입혀 성 안으로 들여보내 그들이 항복하도록 했지요.

고대의 지휘관들도 점령하기를 원하는 도시의 수비대를 훼손시키기 위해 다양한 방법을 동원했습니다. 스키피오는 아프리카에 있으면서 몇 개의 성을 점령하길 바랐지요. 그런데 그 성들의 수비를 카르타고 병사들이 맡고 있었답니다. 그래서 그는 여러 번 공격하기를 원했지만 두려움 때문에 자제했을 뿐만 아니라 아예 그들을 멀리하는 것처럼 꾸몄답니다. 그러자 한니발은 스키피오의 그런 태도를 진심으로 믿고는 보다 큰 병력으로 그를 보다 쉽게 공격하기 위해 성들로부터 수비대를 모두 철수시켰지요. 이를 눈치 챈 스키피오는 자신의 지휘관 마시니사를 보내 성을 점령하도록 했지요.

피로스는 스키아보니아에서 그 나라의 주요 도시 한 곳을 상대로 전쟁을 벌이고 있었습니다. 거기엔 많은 병력이 수비를 맡고 있었지요. 그래서 그는 그곳을 점령할 수 없어 절망한 듯 꾸미며 다른 곳으로 방향을 돌렸답니다. 그러자 그 도시가 다른 곳을 구하기 위해 수비대를 보냈지요. 그 결과, 그 도시를 점령하는 일은 아주 쉬웠답니다.

비록 당신에게는 성공적이지 않았을지라도, 많은 지휘관들이 도시를 점령하기 위해 물을 오염시키고 강물의 흐름을 돌리곤 했습니다. 포위당한 사람들에게 공격하고 있는 군대의 승리가 이미 성취된 것이나 마찬가지라는 점을 강조하거나, 새로운 지원군이 포위 공격을 도우러 온다는 점을 강조하는 방법으로도 항복을 끌어낼 수 있습니다.

고대의 지휘관들은 성 안의 일부 사람들을 매수함으로써 배반을 통해 도시를 점령하길 원했으며, 그 방법도 다양했습니다. 어떤 지휘관들은 자신의 병사 중 한 사람을 탈주병으로 위장하여 내보냈습니다. 이 병사는 적의 신뢰를 얻은 뒤에 그 신뢰를 자신의 목적을 위해 활용했지요. 어떤 지휘관들은 그런 방법을 통해서 수비 과정을 알아냈고, 그 지식을 바탕으로 도시를 점령했지요. 또 어떤 지휘관들은 계략을 써서 마차나 들보 같은 것으로 성문을 막아 닫히지 않게 했지요. 그렇게 함으로써 병력이 문으로 쉽게 들어가도록 한 것입니다.

한니발은 어떤 사람을 설득시켜 자신에게 로마인들의 성을 하나 주고는 밤에 사냥을 나가는 것처럼 꾸미도록 했답니다. 적이 무서워 낮에는 감히 나가지 못하는 것처럼 말입니다. 나중에 사냥한 것을 갖고 돌아오며 자신의 병사 몇 명을 데리고 와서 보초를 죽이고 성문을 차지했답니다.

당신은 또한 포위당한 사람들이 당신을 공격할 때 도망가는 척 꾸미며 그들을 속여 도시 밖으로 멀리 끌어낼 수 있습니다. 많은 지휘관들은 적의 한가운데에 자리 잡음으로써 도시를 점령할 기회를 갖기 위해 심지어 자신의 막사들을 적이 점령하도록 내버려 두기도 했답니다. 한니발도 그런 지휘관에 포함됩니다.

지휘관들은 또한 현장을 떠나는 것처럼 꾸밈으로써 속이기도 하지요. 아테네의 장군 포르미오(Phormio: B.C. 5세기)가 그런 예를 보여줍니다. 포르미오는 칼키디키 사람들의 나라를 약탈한 다음에 그들의 사절들을 받아들이고 그들의 도시를 향해 안전과 선의에 대한 약속을 남발했지요. 이 사절들은 경계심이 부족했던 탓에 직후에 포르미오에게 체포되었답니다.

포위 공격을 받고 있는 사람들은 주변에 의심스런 사람이 없는지 언제나 눈을 크게 뜨고 살펴야 합니다. 그러나 가끔은 처벌뿐만 아니라 보상을 통해서도 의심스러운 사람들로부터 자신을 보호할 수 있습니다. 마르켈루스는 루키우스 반지오 놀라노(Lucius Banzio Nolano)가 한니발 쪽으로 돌아섰다는 것을 눈치 채고는 그를 향해 엄청난 친절과 관용을 베풀었지요. 그 결과, 놀라노가 마르켈루스의 좋은 친구가 되었다지요.

포위 공격을 받는 사람들은 적이 가까이 있을 때보다 멀리 있을 때 경비에 더 성실하게 임해야 합니다. 또 공격당할 가능성이 떨어진다고 생각되는 곳을 더 잘 지켜야 합니다. 많은 도시들이 공격받을 것이라고 걱정하지 않았던 쪽을 적으로부터 공격 받은 결과 패배했으니 말입니다.

이 같은 기만은 두 가지 이유로 일어납니다. 포위 당한 도시의 사람들이 그곳이 난공불락이라고 믿었거나, 적이 교활하게 거짓 함성을 내지르며 그쪽을 공격하는 것처럼 꾸미는 한편으로 다른 쪽을 조용히 진짜로 공격했기 때문이지요. 그러므로 포위된 사람들은 그 점에 크게 유의해야 하며, 늘 그렇게 해야 하지만 특히 밤이면 성벽에 탁월한 경비병들을 배치해야 합니다. 병사들뿐만 아니라 개들도 배치해야 합니다. 개들은 언제나 사납게 준비된 상태로 지켜져야 합니다. 개들은 냄새로 적들의 존재를 탐지하고, 짖는 소리로 적을 발견합니다. 개들 외에 거위도 도시를 구했던 것으로 확인됩니다. 갈리아 사람들이 카피톨리누스 언덕을 포위했을 때, 로마인들에게 그런 일이 일어났지요.

아테네 사람들이 스파르타 사람들에게 포위 공격을 받을 때, 아테네 장군 알키비아데스(Alcibiades:B.C. 450-B.C. 404)는 경비병들이 깨어 있는지 확인하기 위해 밤에 자신이 램프를 들어 올리면 모든 경비병들도 각자의 램프를 들어 올리도록 정하고, 그 규칙을 지키지 않는 병사들을 처벌했습니다. 아테네 장군 이피크라테스(Iphicrates: B.C. 418-B.C. 353)는 잠자고 있던 경비병을 자신이 발견한 상태 그대로 두겠다며 죽였답니다.

포위 공격을 당하고 있는 사람들은 다양한 방법으로 친구들에게 소식을 전합니다. 그들은 구두로 메시지를 전하지 않기 위해 암호로 글을 써서 여러 방법으로 숨겼지요. 암호는 그것을 주고받는 사람들에 따라 달라지며, 숨기는 방법도 여러 가지입니다. 어떤 사람은 칼집 안에 글을 썼지요. 다른 사람은 편지를 써서 빵 재료 안에 넣고 구운 뒤에 그 빵을 편지를 갖고 갈 사람에게 식사로 내놓았지요. 또 다른 사람들은 편지를 신체 중 가장 은밀한 부위에 숨겼습니다. 또 어떤 사람은 편지를 그것을 가져 갈 사람을 잘 따르는 개의 목줄에 넣었지요. 다른 사람들은 편지에 일상적인 내용을 적고 행간에 물(눈에 보이지 않는 잉크)로 글을 썼습니다. 나중에 편지를 물에 적시거나 편지에 열을 가하면 글자가 나타났지요. 이 방법은 우리 시대에도 매우 은밀히 지켜지고 있습니다.

　도시 안에 있는 친구들에게 비밀스런 것을 전하고 싶은데 누구도 신뢰할 수 없는 상황이라면, 그 사람은 일상적인 방식으로 적은 뒤에 내가 앞에서 말한 대로 행간에 비밀스런 글을 쓴 편지를 신전의 문에 걸도록 했답니다. 그러면 서로 알고 있던 암호를 통해 그 편지를 알아본 사람이 갖고 가서 읽을 수 있었지요. 이것은 매우 신중한 방법입니다. 왜냐하면 그것을 가져가는 사람은 당신에게 기만당할 수 있지만 당신은 어떤 위험도 감수할 필요가 없기 때문이지요. 다른 사람이 알지 못하는 가운데 혼자만 알아보고 읽을 수 있는 방법은 무수히 많습니다.

　그러나 바깥의 사람이 포위 공격을 받고 있는 사람에게 글을 쓰는 것이 반대로 안에서 바깥쪽으로 글을 쓰는 것보다 훨씬 더 쉽습니다. 포위된 상태에 있는 사람들이 그런 편지를 보낼 수 있는 방법은 탈주병으로 가장하여 도시를 떠나는 사람을 이용하는 수밖에 없기 때문이지요. 적의 경계심이 극도로 강화되고 있는 때, 그 같은 방법은 의심스럽고 위험한 짓입니다.

그러나 포위된 상태에 있는 곳으로 편지를 들여보내는 사람들에 대해 말하자면, 그곳으로 보내지는 사람은 많은 구실을 내세울 수 있으며, 거기서 도시 안으로 들어갈 기회를 엿본답니다.

그러나 여기서 현재 벌어지고 있는 공격에 대해 논하도록 하겠습니다. 만약 안쪽에 해자를 갖추지 않은 도시 안에서 공격을 당한다면, 조금 전에 보여주었던 것처럼, 적군의 대포가 성벽을 뚫고 그 틈으로 적군이 들어오는 상황을 원하지 않을 경우에, 당신은 적의 대포가 공격을 가하는 동안에 공격당하고 있는 그 벽 안쪽에 해자를 파야 합니다. 폭은 적어도 30브라초는 되어야 하고, 거기서 나오는 흙은 모두 도시 쪽으로 던져져야 합니다. 그러면 거기에 둑이 생길 것이고, 해자가 더욱 깊어질 것입니다.

이 작업은 신속해야 합니다. 성벽이 무너질 때까지, 적어도 해자를 5 내지 6브라초 깊이는 파야 합니다. 해자를 파는 동안에, 해자 양쪽을 통나무 방색(防塞)으로 가릴 필요가 있습니다. 만약 벽이 아주 튼튼하여 당신에게 방색을 세우고 해자를 팔 수 있을 만큼 시간적 여유를 준다면, 공격 당한 그 부분은 그 도시의 나머지보다 더 강해질 것입니다. 그런 보루가 우리가 안쪽의 해자를 위해 제시했던 형태를 띠게 되기 때문입니다. 그러나 만약 벽이 약해서 당신에게 시간적 여유를 주지 못한다면, 그런 경우에는 당신이 역량을 발휘하며 무력과 당신의 모든 능력을 동원해 적들에게 맞설 필요가 있습니다.

당신이 피사의 사람들을 포위 공격하러 갔을 때, 그들이 바로 이런 보수 방법을 이용했지요. 그들은 시간적 여유를 줄 수 있는 튼튼한 벽을 갖추고 있었던 덕분에 이 방법을 이용할 수 있었습니다. 땅도 단단해서 성벽을 세우거나 보수 작업을 벌이기에 아주 적합했지요. 피사의 사람들이 그런 이점을 누리지 못했다면, 피사는 무너졌을 것입니다. 그러므로 언제나 신중해야 합니다. 조금 전에 논한 것처럼, 사전에 당신의 도시 안에다가 도시 전체를 감싸듯 해자를 파고 언제나 준비 태세를 취하고 있어야 합니다. 그런 것만 갖춘다면, 방어가 제대로 되어 있기 때문에, 적을 느긋한 마음으로 기다릴 수 있게 되지요.

땅굴에 대처하는 방법

고대인들은 종종 두 가지 형태의 땅굴을 이용해서 도시들을 점령했습니다. 먼저, 도시 안으로 연결되는 비밀 땅굴을 파고는 그곳을 통해 도시로 들어갔지요. 로마인들이 이 방법을 이용해서 베이[54]라는 도시를 점령했답니다. 또는 고대인들은 땅굴을 뚫어 벽을 허물어뜨렸지요. 이 방법은 오늘날 더욱 효과적이며, 높은 곳에 자리 잡은 도시들을 더욱 약하게 만들고 있습니다. 높은 곳의 도시들을 땅굴로 몰래 손상시키기가 더 쉽기 때문이지요. 그 땅굴 안에 눈 깜짝할 사이에 점화되는 화약을 설치한다면, 그 폭발은 벽을 허물 뿐만 아니라 산까지 갈라놓고 요새를 몇 조각으로 완전히 파괴합니다.

이를 위한 해결책은 평원에 도시를 건설하고, 도시를 아주 깊은 해자로 둘러싸는 것입니다. 그러면 적은 땅굴을 해자보다 더 깊이 뚫지 못할 것입니다. 그런 땅굴 파기를 가로막는 유일한 방해 요소인 물을 발견하게 되기 때문이지요. 그러나 당신이 지키고 있는 도시 안에 둔덕이 있다면, 당신은 성벽 안에 깊은 샘들을 많이 파는 외에 달리 해결책을 발견하지 못합니다. 이 샘들의 물이 적이 당신을 노려 팔 수 있는 땅굴을 출구로 삼아 흐르게 될 것입니다.

54 로마에서 북서쪽으로 16킬로미터 떨어진 곳에 위치한 고대 에트루리아 도시를 말한다.

또 다른 해결책은 적이 땅굴을 뚫고 있는 것으로 알려진 곳의 반대편에서 땅을 파는 것입니다. 이 방법은 쉽게 적을 방해하게 되겠지만, 만약 매우 신중한 적에게 포위 공격을 당하고 있다면, 적이 땅굴을 뚫는 행위를 탐지하기가 매우 어려울 것입니다.

포위된 사람은 무엇보다도 휴식 시간에, 말하자면 교전을 벌인 뒤나 보초를 교대한 뒤나(돈트는 아침과, 낮과 밤 사이의 저녁), 특히 식사를 하는 동안에 공격을 당하지 않도록 조심해야 합니다. 그런 때에 도시 안에 있던 사람들에게 점령된 도시도 많고 죽임을 당한 군인도 많습니다. 그러므로 사방으로 성실하게 보초를 서고, 상당수의 병사들이 무장을 갖춘 상태로 있어야 합니다.

도시나 숙영지의 방어를 어렵게 만드는 것이 바로 당신의 군사력을 분산시켜야 한다는 점이라는 사실을 잊지 말아야 합니다. 적은 스스로 결정한 곳으로 당신을 공격할 수 있지만, 당신은 모든 곳을 모든 방향으로 지켜야 하기 때문이지요. 말하자면, 적은 전체 무력으로 당신을 공격하는데, 당신은 당신의 무력 중 일부만으로 그곳을 지켜야 한다는 뜻입니다.

또한 포위당한 사람은 완전히 패배할 수 있지만, 바깥에 있는 사람들은 단지 격퇴만 당할 뿐입니다. 따라서 숙영지나 도시 안에서 포위된 많은 사람들은 힘이 열등할지라도 돌연 전력을 다해 앞으로 돌진하며 적을 정복했습니다. 마르켈루스가 놀라에서 그렇게 했고, 카이사르도 갈리아에서 그렇게 했지요. 숙영지가 엄청난 수의 갈리아 병사들의 공격을 받았을 때, 카이사르는 자신의 병력을 몇 파트로 나눠야 하는 상황에서 숙영지를 방어할 수 없다는 사실을, 그리고 울타리 안에 갇혀 있는 상태로는 적을 힘으로 공격할 수 없다는 사실을 깨닫고는 숙영지의 한쪽을 열어젖히고 모든 군사력을 그쪽으로 집중했지요. 모든 역량을 한꺼번에 쏟아 적을 공격한 결과, 카이사르가 승리를 거둘 수 있었지요.

포위당한 병사들의 불변성이 종종 포위군을 낙담시켰습니다. 폼페이우스가 카이사르를 모욕하고, 카이사르의 군대가 굶주림으로 엄청난 고통을 겪고 있을 때, 폼페이우스가 어쩌다 카이사르의 군대가 먹던 빵을 보게 되었지요. 폼페이우스는 그 빵이 시퍼런 풀로 만들어졌다는 사실을 확인하고는 그것을 자신의 군대에 보여주지 말라고 명령했답니다. 병사들이 그것을 보고 상대방이 어떤 부류의 적인지를 확인하고는 겁을 먹을 수 있다고 판단한 것이지요.

한니발에 맞서 전쟁을 벌일 때, 로마인들에게는 자신들의 불변성보다 더 명예로운 것은 없었습니다. 로마인들은 아무리 적대적이고 힘든 상황에 처해도 절대로 평화를 요구하지 않았으며 두려움의 기미조차 보이지 않았지요. 한니발이 로마 주위에 있었을 때, 그가 숙영하고 있던 들판은 오히려 평상시보다 더 비싼 가격에 팔렸답니다. 로마인들은 군사 활동에 아주 완강하게 매달렸지요. 그 정신이 얼마나 집요했는지, 로마가 한니발의 군대에 포위되었을 당시에 로마군이 카푸아를 포위하고 있었는데, 그런 상황에서도 로마인들이 로마를 방어하기 위해 카푸아에 대한 공격을 멈추는 일은 결코 일어나지 않았습니다.

당신 스스로 이해하고 고려할 수 있었던 많은 것들에 대해서까지 이야기한 것으로 생각됩니다. 그럼에도, 오늘 그렇게 한 이유는 당신에게 그런 것들을 통해서 보다 훌륭한 종류의 훈련이 어떤 것인지를 잘 보여주기 위해서였지요. 아울러, 혹시 당신만큼 그런 것을 배울 기회를 갖지 못한 사람이 있는 경우에 그 사람을 만족시키기 위해서였답니다. 이제 당신에게 들려줄 만한 것으로는 일반적인 규칙 몇 가지밖에 남지 않은 것 같습니다. 그것들을 당신은 잘 알아야 합니다. 이런 것들입니다.

전쟁을 수행하며 지켜야 할 일반 원칙들

적을 이롭게 하는 것이면 무엇이든 당신에게 해를 끼치고, 당신을 이롭게 하는 것이면 무엇이든 적에게 해를 끼칩니다.

전쟁 중에 적의 계획을 관찰하는 일에 더욱 부지런히 임하고, 군대를 훈련시키고, 고난을 견뎌내는 사람은 누구든 위험을 적게 초래할 것이며, 승리에 대한 기대를 키울 수 있습니다.

당신의 군인들이 두려움을 느끼지 않고 용기를 발휘하고 조직적이라는 확신이 서지 않는다면, 그런 병사들을 이끌고 교전을 벌이는 일이 있어서는 안 됩니다. 당신의 군인들이 승리를 낙관하지 않는다면, 교전하려는 시도는 절대로 하지 말아야 합니다.

적을 칼로 패배시키는 것보다 굶주림으로 패배시키는 것이 더 낫습니다. 그런 승리의 경우에 운이 역량보다 더 중요합니다.

어떤 일이든 실행하기 전까지는 적에게 숨기는 것이 최고의 방책입니다.

전쟁 중에 어떤 기회를 포착하고 이용하는 방법을 아는 것은 그 어떤 것보다 더 훌륭합니다.

자연은 용감한 사람을 거의 낳지 않지만, 근면과 훈련은 용감한 사람을 많이 낳습니다.

전쟁 중에는 규율이 맹렬보다 더 많은 것을 해냅니다.

일부 사람들이 적의 진영에서 빠져나와 당신을 도우러 올 때, 만약 그들이 충직하다면, 그들은 언제나 당신에게 훌륭한 획득이 될 것입니다. 적의 군사력이 도주한 그 사람들의 상실로 인해서 병사들이 전사한 때보다 더 크게 줄어들 것이기 때문이지요. 비록 탈영자라는 이름이 새로운 친구들에게는 의심스럽게 들리고 옛날의 친구들에게는 증오스럽게 들릴지라도 말입니다.

전투를 위해 병사들을 조직할 때에는 전선을 넓히기 위해 군인들을 옆으로 펼치는 것보다는 제1 전선 뒤에 예비병을 많이 두는 것이 훨씬 더 유리합니다.

자신의 군사력과 적의 군사력을 평가하는 방법을 잘 아는 사람을 정복하는 것은 대단히 어려운 일입니다.

군인들의 역량이 군인들의 숫자보다 더 중요하고, 가끔 장소가 역량보다 더 큰 도움을 줍니다.

새롭고 갑작스런 것들은 군대들을 겁먹게 하는 반면에, 익숙하고 느린 것들은 군대들에게 별로 높이 평가 받지 못합니다. 그러므로 당신은 적과 전투를 벌이기 전에 당신의 군대가 사소한 접전을 통해서 경험을 쌓고 새로운 적의 힘을 배우도록 해야 합니다.

적을 패배시킨 뒤에 무질서하게 추격하는 사람은 누구든지 승자의 위치에서 패자로 추락할 것입니다.

식량을 제대로 준비하지 않은 사람은 적이 칼을 쓰지 않아도 쉽게 정복당하게 되어 있습니다.

보병보다 기병을 더 신뢰하는 사람 또는 기병보다 보병을 더 신뢰하는 사람은 누구든지 장소에 순응해야 합니다.

낮 동안에 당신의 숙영지로 간첩이 들어왔는지 알기를 원한다면, 군인들에게 각자의 막사로 들어가도록 하면 됩니다.

적이 예견한 것으로 여겨지는 정책은 바꾸도록 하십시오.

당신이 해야 할 일을 놓고는 많은 사람들과 상의하되, 후에 당신이 하려는 일에 대해서는 극소수의 사람들에게만 말하도록 하십시오.

군인들이 요새 수비대에 있을 때, 그들은 두려움과 처벌을 바탕으로 관리되어야 하고, 군인들이 전쟁터로 나갈 때, 그들은 희망과 보상으로 관리되어야 합니다.

절대적으로 필요하지 않거나 기회가 오지 않는다면, 훌륭한 지휘관은 절대로 전투를 벌이지 않습니다.

당신이 전투를 위해 군대를 어떤 식으로 조직하길 원하는지를 당신의 적이 알도록 해서는 안 됩니다. 그리고 군대를 어떤 식으로 조직하든, 맨 앞의 부대가 두 번째, 세 번째 부대에게 받아들여질 수 있도록 해야 합니다.

전투 중에 혼란을 일으키길 원하지 않는다면, 대대를 원래 주어진 임무가 아닌 다른 임무에 절대로 동원하지 말아야 합니다.

돌발적인 일은 어렵게 해결되지만, 잘 알려진 일은 쉽게 해결됩니다.

병사들과 검(劍)과 돈과 빵이 전쟁의 힘줄이지만, 이 4가지 중에서 첫 두 가지가 더 중요합니다. 병사들과 칼은 돈과 빵을 발견하지만, 빵과 돈은 병사들과 칼을 발견하지 못하기 때문입니다.

무장하지 않은 부유한 남자는 가난한 군인을 위한 보상입니다.

당신의 군인들을 세련된 삶과 사치스런 의상을 경멸하도록 훈련시켜야 합니다.

이상이 내가 당신에게 대체로 상기시키고 싶은 것들 거의 전부입니다. 나는 토론 중에 다른 것들에 대해 많이 이야기했다는 사실을 알고 있습니다. 예를 들면, 고대인들이 군대를 어떻게 조직했는지, 또 군대를 조직하는 방법은 몇 가지인지, 병사들이 어떤 식으로 정렬했는지, 병사들이 다른 많은 것들에서 어떤 식으로 훈련을 받았는지 등에 대해서 말해주었지요.

거기에 특별한 것들이 많이 더해질 수 있었지만, 나는 그런 것에 대해서는 설명할 필요가 있다고 판단하지 않았습니다. 한 가지 이유는 당신 스스로 그런 것들을 볼 수 있기 때문이고, 다른 한 이유는 나의 의도가 고대 군대가 창설되는 방식에 대해 상세하게 설명하는 것이 아니라 이 시대에 군대가 어떤 식으로 조직되어야 하는지를 보여주는 것이었기 때문입니다. 그런 군대는 지금 이용되고 있는 군대보다 훨씬 더 큰 역량을 발휘할 수 있어야 합니다. 따라서 내가 고대의 문제들을 그런 소개에 필요하다고 판단되는 그 이상으로 더 깊이 논하는 것은 그다지 즐거운 일이 아니었지요.

나는 기병에 대해서, 그리고 해전에 대해서 더 논의했어야 했다는 것을 알고 있습니다. 군대를 구분하는 사람은 누구나 바다를 위한 군대가 있고 땅을 위한 군대가 있으며, 걸어 다니는 군대가 있고 말을 타고 다니는 군대가 있다고 말하니 말입니다.

해군의 문제들에 대해서는 나는 주제넘게 말하지 않을 것입니다. 그것들에 대한 지식이 없어서가 아니라, 그 임무를 해군을 많이 연구했고 과거에 위대한 일을 많이 한 제노바와 베네치아의 시민들에게 넘기는 것이 옳다고 판단하기 때문입니다.

기병에 대해서도 나는 앞에서 말한 것 외에 추가로 더 논하지 않을 것입니다. 내가 말한 바와 같이, 이 부분은 덜 타락했지요. 이것 외에, 만약 군대의 힘줄인 보병이 잘 조직되어 있다면, 당연히 훌륭한 기병이 창조되기 마련입니다.

지휘관의 상상력

나는 당신에게 단지 이것만 상기시키고 싶습니다. 자기 나라에서 군대를 조직하길 원하는 사람은 누구나 기병을 채우기 위해서 두 가지를 준비해야 한다는 것입니다. 하나는 좋은 품종의 암말을 지방에 골고루 분배하여, 당신이 이 나라에서 송아지와 노새를 사듯이, 그곳의 남자들이 암망아지들을 사는 데 익숙해지도록 하는 것입니다. 다른 하나는 암망아지들을 키운 남자들이 구매자를 발견하도록 하기 위해서, 말을 기르지 않는 사람이 노새를 기르는 것을 금지할 것입니다. 게다가, 말을 기르는 사람 외에는 어떤 사람도 비단옷을 입지 못하게 할 것입니다.

나는 이런 조치가 우리 시대의 일부 군주들에 의해 실행된 것으로, 그 결과 그런 군주들의 나라에서 단기간에 우수한 기병이 생겨난 것으로 알고 있습니다. 기병에 관한 다른 것들에 대해 말하자면, 나는 오늘 말한 내용으로 만족하며 관습을 따를 것입니다.

혹시 당신은 지휘관이 어떤 자질들을 갖춰야 하는지 알기를 원합니까? 이 질문이라면, 쉽게 당신을 만족시킬 수 있습니다. 왜냐하면 나 자신이 오늘 우리가 논한 모든 것들을 잘 아는 사람 외에 다른 사람을 선택하는 방법을 모르기 때문이지요. 만약 지휘관이 그런 것들을 스스로 발견하는 방법을 모른다면, 그런 것들조차도 충분하지 않을 것입니다. 이유는 상상력이 없는 사람은 누구도 자신의 직업에서 매우 위대한 사람이 될 수 없기 때문이지요. 상상력이 다른 것들에서 명예를 부른다면, 군대에서 상상력은 특히 더 당신을 명예롭게 할 것입니다. 상상력은 아무리 사소한 것일지라도 저자들로부터 크게 칭송을 듣는다는 사실이 확인됩니다.

알렉산드로스 대왕은 적의 숙영지를 보다 은밀히 돌파하기 위해 나팔 소리를 신호로 보내지 않고 창끝의 모자로 신호를 보낸 적이 있는데, 이것 또한 기발한 상상력으로 높이 평가받고 있습니다. 알렉산드로스는 또 자신의 군대에게 적과 전투를 벌일 때 왼쪽 무릎을 굽히도록 명령한 일화로도 칭송을 듣습니다. 그래서 그의 병사들이 적의 돌격을 더 강하게 버텨낼 수 있었지요. 이 같은 상상력은 그에게 승리를 안겨주었을 뿐만 아니라 칭송까지 듣게 했습니다. 그를 기려 세워진 모든 동상이 그가 그런 자세를 취하고 있는 모습을 보여주었답니다.

파브리치오의 변명

이제 토론을 마무리할 때가 되었으니, 나는 주제로 돌아가길 원하며, 그렇게 함으로써 이 도시에서 관습이 되돌아가지 않는 사람들에게 내리는 처벌을 피하길 바랍니다. 코시모, 기억하고 있겠지만, 당신은 내가 고대를 칭송하면서 고대를 진지하게 모방하지 않는 사람들을 비난하는 한편으로, 나 자신이 매우 열심히 연구한 전쟁의 문제들에서 고대를 모방하지 않는 이유를 모르겠다고 했습니다. 그 질문에 대해, 나는 무슨 일이든 하길 원하는 남자들은 기회가 허락할 때 잘 할 수 있기 위해서 먼저 그것을 하는 방법을 잘 익혀둬야 한다고 대답했습니다. 내가 군대를 고대의 방식으로 조직하는 방법을 아는지 여부에 대해서는, 이 주제에 대해 길게 논하는 것을 지켜본 당신이 심판관이 되어주길 바랍니다.

이 토론을 근거로, 당신은 내가 이런 생각에 얼마나 많은 시간을 쏟았는지 확인할 수 있었습니다. 또한 당신은 나의 내면에 그 생각들을 실현시키고자 하는 갈망이 얼마나 뜨거운지를 상상할 수 있었을 것입니다. 내가 그렇게 할 수 있었는지, 혹은 그런 기회가 나에게 주어졌는지, 당신은 추측할 수 있습니다.

그럼에도, 당신이 이 문제를 보다 확실히 알도록 하기 위해, 그리고 나 자신을 정당화하기 위해, 나는 그 이유들을 당신에게 제시하고 싶습니다. 또 그런 모방의 용이한 점과 어려운 점을 보여줌으로써 내가 당신에게 한 약속을 일부라도 지키고 싶습니다. 그래서 나는 오늘날 남자들의 활동 중에서 군사 분야만큼 고대의 방식을 복구하기 쉬운 분야도 없다고 말합니다.

그러나 그것은 국민 중에서 젊은이 15,000명 내지 20,000명을 끌어낼 수 있을 정도로 큰 나라의 군주들에 한해서만 가능합니다.

한편, 그럴 형편이 되지 않는 사람들에게는 그 일보다 더 어려운 것은 없습니다. 이 부분을 더 잘 이해하기 위해서, 당신은 칭송을 듣는 지휘관들이 두 부류라는 사실을 알아야 합니다. 한 부류는 로마 시민들 대부분처럼, 자체의 자연스런 규율에 의해 잘 조직된 군대를 이끌며 위대한 업적을 이룬 지휘관들과, 군대를 이끌며 군대를 훌륭하게 유지하는 데 별다른 어려움을 겪지 않은 다른 지휘관들을 포함합니다. 다른 한 부류는 적을 정복해야 했을 뿐만 아니라, 그 일에 임하기 전에 자신의 군대를 훌륭하고 체계적인 조직으로 다듬어야 했던 지휘관들입니다.

틀림없이, 후자에 속하는 지휘관들이 자연적으로 훌륭했던 군대를 이끌며 역량을 발휘했던 지휘관들보다 더 큰 칭송을 들을 자격을 갖추고 있지요. 펠로피다스(Pelopidas: ?-B.C. 364)[55]와 에파메이논다스, 툴루스 호스틸리우스, 알렉산드로스 대왕의 아버지인 마케도니아의 필리포스, 페르시아의 키루스 왕, 로마의 장군 그라쿠스 등이 그런 예입니다. 이들은 모두 먼저 군대를 훌륭하게 만든 다음에 전투에 나가야 했지요. 이들 모두는 신중한 성격 덕분에, 또 그런 훈련을 소화시킬 수 있는 시민들을 둔 덕분에 그렇게 할 수 있었습니다.

만약 그들이 타락한 남자들로 넘치고 정직한 복종에 익숙하지 않은 외국 땅에 있었다면, 그들이 개인적으로 아무리 훌륭하고 탁월했을지라도, 누구도 칭송을 들을 만한 업적을 이루지 못했을 것입니다. 따라서 이탈리아에서는 이미 존재하는 군대를 통솔하는 방법을 아는 것만으로는 충분하지 않으며, 군대를 조직하는 방법을 알고 군대를 지휘하는 방법을 아는 것이

---

55 고대 테바이의 장군이자 정치가.

먼저 필요합니다. 그리고 그렇게 해야 하는 이들 중에, 큰 나라와 많은 시민들을 둔 덕분에 그것을 성취할 기회를 가진 군주들이 포함됩니다. 나는 그들 속에 포함될 수 없습니다. 나 자신이 보조 부대들과 나 아닌 다른 사람들에게 의무를 지는 남자들 외에 다른 부대를 통솔해 보지도 않았고 통솔할 수도 없기 때문입니다.

이 군주들에게 오늘 우리가 논한 것들 일부를 도입하도록 하는 것이 가능할 것인지 여부에 대한 판단은 당신에게 맡기고 싶습니다.

내가 오늘 훈련을 받는 군인들 중 어느 군인에게 통상적인 것보다 더 많은 무기와, 이틀 내지 사흘치의 식량과 삽을 짊어지도록 할 수 있겠습니까? 그 군인이 땅을 파도록 하고, 훗날 진짜 전쟁이 벌어질 때 그를 이용할 수 있도록 그에게 매일 몇 시간 동안 무장한 채 훈련을 받도록 할 수 있겠습니까?

그런 군인들이 매일 하고 있는 도박과 음탕한 짓, 저주, 오만한 행동을 삼가는 것이 가능이나 하겠습니까? 그들이, 고대의 군대에서 일어난 것처럼, 사과가 주렁주렁 달린, 숙영지 안의 나무를 건드리지 않은 상태 그대로 남겨놓을 수 있을 만큼, 규율과 복종과 존경을 실천할 수 있겠습니까?

전쟁이 끝나기만 하면, 그들이 나와 자신을 연결시킬 것을 더 이상 아무것도 갖지 않게 되는데, 내가 그들에게 무엇을 약속할 수 있겠습니까? 태어나서 수치심을 모르는 가운데 성장한 그들을 내가 무엇으로 부끄러워하도록 만들겠습니까? 나를 알지 못하는 그들이 무슨 이유로 나를 따르겠습니까? 내가 어떤 신 또는 성자(聖者)를 통해서 그들을 서약하도록 만들겠습니까? 그들이 존경하는 존재들을 통해서? 아니면 그들이 저주하는 존재들을 통해서?

나는 그들이 존경하는 사람들에 대해서는 아는 바가 전혀 없지만, 그들이 신이나 성자들 모두를 저주한다는 것을 잘 알고 있습니다. 그들이 언제나 경멸하는 존재들에게 하는 약속을 지킬 것이라고 내가 어떻게 믿을 수 있겠습니까? 신을 경시하는 그들이 어떻게 인간을 존경할 수 있겠습니까? 그런 사람들에게 좋은 관습을 주입하는 것이 가능이나 하겠습니까?

만약 당신이 스위스 사람들과 스페인 사람들이 훌륭하다고 나에게 말한다면, 나는 그들이 이탈리아 사람들보다는 더 훌륭하다고 고백해야 합니다. 그러나 만약 당신이 나의 설명에 유의하며 두 민족이 나아가는 길을 고려한다면, 당신은 스위스 사람들과 스페인 사람들도 고대인들의 완벽에 이르기까지는 아직 많은 것을 갖추지 못했다는 사실을 확인할 것입니다.

스위스 사람들은 내가 오늘 말한 이유들 때문에 자연스럽게 생겨난 습관의 결과로 훌륭하며, 스페인 사람들은 필요에 의해 훌륭합니다. 이유는 그들이 외국에서 싸울 때, 그들에게는 승리를 거두지 못하는 경우에 죽음뿐인 것처럼 보이기 때문이지요. 그들에게는 달아날 곳이 전혀 없는 것처럼 보입니다. 그래서 그들은 훌륭하게 되었지요.

그러나 그것은 많은 부분에서 결점을 안고 있는 장점입니다. 이유는 그 장점에는 그들이 창과 칼의 끝부분에 닿을 때까지 적을 기다리는 데 익숙한 것 외에 다른 훌륭한 것은 전혀 없기 때문입니다. 그들에게 그들이 결여하고 있는 것이 무엇인지를 적절히 가르칠 수 있는 사람은 아무도 없을 것입니다. 그러니 그들의 언어를 쓰지 않는 사람은 그런 것을 가르치는 데 더더욱 적절하지 않지요.

그러나 이제 이탈리아 사람들에 대한 이야기로 돌아가도록 합시다. 그들은 현명한 군주들을 두지 않았기 때문에 훌륭한 군대를 배출하지 못했습니다. 그들은 스페인 사람들이 느꼈던 필요를 느끼지 않았기 때문에 스스로 훌륭한 군대를 조직하려 노력하지 않았습니다. 그래서 이탈리아 사람들은 세상의 치욕으로 남게 되었지요.

국민들은 비난 받을 것이 없습니다. 책망을 들어야 할 사람들은 그들의 군주들입니다. 군주들은 본인의 무지 때문에 역량을 조금도 보여주지 못하다가 창피하게 나라를 잃음으로써 합당한 처벌을 받았지요. 내가 한 말이 사실인지 확인하기를 원하십니까? 프랑스의 샤를 왕이 침입한 때부터 지금까지, 이탈리아에서 얼마나 많은 전쟁이 벌어졌는지 생각해 보십시오. 전쟁은 일반적으로 남자들을 호전적으로 만들며 명성을 얻도록 하는데, 이 전쟁들은 규모가 크고 잔혹했던 만큼 구성원들과 지도자들이 평판을 잃도록 만들었지요.

이 같은 사실은 당연히 우리가 익숙한 조직들이 훌륭하지 않았으며 지금도 훌륭하지 않다는 점을 보여주고 있습니다. 그러나 지금 새로운 조직을 구상하는 방법을 아는 사람은 전혀 없습니다. 내가 보여준 그 방법이 아니고는, 또 이탈리아에서 큰 국가를 가진 사람들이 아니고는 이탈리아의 무기로 명성을 얻을 수 있다고는 절대로 믿지 말아야 합니다. 이유는 이 형태가 당신의 나라에 속하는 단순하고 거친 남자들에게는 강한 인상을 줄 수 있을지 몰라도, 악의적이고 나쁜 습관을 갖고 있는 외국인 남자들에게는 강한 인상을 남기지 못하기 때문입니다. 그리고 훌륭한 조각가라면 형편없는 대리석 덩어리로 아름다운 조각 작품을 빚어낼 수 있다고는 절대로 믿지 않을 것입니다.

알프스 너머의 민족과의 전쟁의 타격을 맛보기 전까지, 이탈리아의 군주들은 글로 적힌 내용을 알고, 신중한 대답을 궁리하고, 아름다운 편지를 쓰고, 말과 글로 재치와 빠른 이해를 드러내고, 기만하는 방법을 알고, 자신을 보석과 금으로 장식하고, 남들보다 더 화려하게 잠을 자거나 먹고, 음탕한 사람들을 주위에 많이 두고, 신하들에게 탐욕스럽고 오만하게 행동하고, 게으르고, 군대의 승진을 좌지우지하고, 칭송할 만한 태도를 보이는 사람이면 누구든 경멸하고, 자신의 말(言)을 신탁(神託)의 대답으로 여기기만 하면 충분하다고 믿었습니다.

이 가엾은 남자들은 스스로 그들을 공격하려는 사람들의 먹이가 될 준비를 하고 있다는 사실을 깨닫지 못했지요. 이런 상태에서 1494년에 엄청난 공포와 갑작스런 도피, 놀랄 만한 상실이 일어났으며, 이탈리아에서 가장 강력한 나라들은 그런 식으로 몇 차례 짓밟히고 약탈당했습니다.

그러나 더욱 불행한 것은 남은 사람들이 여전히 똑같은 실수를 저지르며 똑같은 무질서 속에 존재하고 있다는 사실입니다. 그들은 고대에 나라를 통치했던 사람들이 우리가 논한 것들을 모두 행동으로 실천했다는 사실을, 그리고 고대의 사람들은 육체가 고난을 이겨내도록, 정신이 위험을 두려워하지 않도록 훈련시켰다는 사실을 고려하지 않습니다. 그런 정신적, 육체적 준비 덕분에, 카이사르와 알렉산드로스를 비롯한 탁월한 남자들과 군주들은 모두 전투원들 틈에서 앞장서서 싸웠고, 무장한 채 돌아다녔으며, 어쨌든 나라를 잃으면 목숨까지 버리고자 했습니다. 그래서 그들은 고결하게 살다가 고결하게 죽었습니다.

그들 또는 그들 중 일부가 지배욕을 지나치게 강하게 품었다는 비난을 들을 수 있다 하더라도, 그들에게서는 남자들을 섬세하고 소심하게 만드는 유약함은 전혀 발견되지 않았지요. 만약 우리의 군주들이 이런 것들을 읽고 믿는다면, 그들은 틀림없이 삶의 방식을 바꾸게 되어 있고 그들의 국가의 운에도 반드시 변화가 일어나게 되어 있습니다.

당신이 토론 첫머리에서 당신의 민병대에 대해 불평을 했는데, 거기에 대해 나는 이렇게 말하고 싶습니다. 당신이 민병대를 우리가 앞에서 논한 대로 조직했는데도 여전히 불평할 것이 있다면, 그때는 당신의 불평이 정당하다고 말입니다. 그러나 당신의 민병대가 내가 말한 대로 조직되지 않았고 훈련을 제대로 받지 않았다면, 그 민병대가 오히려 당신을 향해 불만을 터뜨릴 것입니다. 당신이 군대를 완전한 조직으로 만들지 않고 미숙아 상태로 남겨두었다고 말입니다.

베네치아 주민들과 페라라 공작도 민병대를 시작했지만 그것을 계속 추구하지는 못했습니다. 그것은 그들의 잘못 때문이었지, 병사들의 잘못 때문은 아니었습니다. 나는 오늘날 이탈리아에서 국가를 갖고 있는 사람들 중에서 이 길로 들어서는 사람은 누구든지 다른 누구보다 앞서 이 지역의 지배자가 될 것이라고 단언합니다. 그리고 그 사람의 국가에 마케도니아인들의 왕국에 일어난 일이 일어날 것입니다.

테바이 사람 에파메이논다스로부터 군대를 조직하는 방법을 배운 필리포스의 통치를 받게 되면서, 마케도니아 왕국은 그런 조직과 군대를 갖춤으로써 아주 막강해졌지요. 필리포스는 그런 막강한 군대를 이끌고 몇 년 안에 그리스의 전 지역을 점령하고 아들에게 전 세계의 군주가 될 토대를 물려주었지요. 그 사이에 그리스의 나머지 지역은 여전히 게으름을 피우며 희극 공연에 빠져 지내고 있었습니다.

따라서 이런 생각들을 폄하하는 사람은, 만약 그가 군주라면, 자신의 공국을 폄하하는 것이고, 만약 그가 시민이라면, 자신의 도시를 폄하하는 것이나 마찬가지입니다. 나는 나를 이런 것을 아는 존재로 만들어 놓고도 그 지식을 현실로 실행할 수 있는 능력을 주지 않은 자연에 대해 불만을 표합니다. 나이가 든 지금, 나는 나 자신이 그렇게 할 수 있는 기회를 누릴 수 있다고 생각하지 않습니다. 이 같은 사실 때문에 나는 당신에게 관대하게 대했습니다. 내가 말한 내용이 당신의 마음에 든다면, 언젠가 때가 되면 젊고 유능한 당신이 군주들을 도우며 그들에게 유익한 방향으로 조언할 수 있을 것이니까요.

나는 당신이 그런 일을 두려워하거나 의심하기를 바라지 않습니다. 시와 그림, 조각 분야에서 관찰되고 있듯이, 이 나라가 죽은 것을 부활시키는 운명을 타고난 것처럼 보이기 때문이지요. 그러나 나는 나 자신에게 얼마나 많은 것을 기대할 수 있을 것인지에 대해 의문을 품고 있습니다. 나이 때문이지요. 진정으로 말하건대, 만약 그 비슷한 일을 벌이는 데 필요한 것을 운명이 과거에 나에게 허용했다면, 나는 매우 짧은 시간 안에 고대의 제도들이 얼마나 소중한 가치를 지니는지를 세상에 보여주었을 것이라고, 또 틀림없이 그것을 영광스럽게 확장시켰거나 아니면 당당하게 실패했을 것이라고 믿습니다.

<니콜로 마키아벨리가 제시하는 그림 설명>

　독자 여러분이 대화에 나오는, 대대들과 군대들과 숙영지들의 조직을 어려움 없이 이해할 수 있도록 돕기 위해서, 나는 그 조직의 각각을 그림으로 보여줄 필요가 있다고 믿습니다. 따라서 보병들과 기병들, 그리고 다른 개별적인 구성원 전부가 어떤 표시 또는 기호로 표현되고 있는지에 대해 설명해야 합니다.

　다음 표시들이 나타내는 것은 이렇습니다.

O	방패병
♂	창병
X	십인대장
ϒ	정규 벨리테스(경무장 보병)
ϯ	정예 벨리테스
c	백인대장
ϙ	대대 무관장
φ	여단장
ω	총사령관
ʃ	나팔수
Z	깃발병
χ	중기병
Y	경기병
θ	포병

274

다음에 소개하는 〈그림 1〉은 정규 대대의 형태를 보여주고 있습니다. 아울러 측면으로 배열을 증대시키는 방법도 나타내고 있습니다.

이 그림은 또한 동일한 80개의 열을 가지고, 단지 앞쪽에 있는 5개 열의 창병들을 후미 쪽으로 옮김으로써, 모든 창병들이 배증(倍增)의 방법에 의해서 뒤쪽으로 가도록 하는 방법을 보여줍니다. 앞으로 행군하고 있는데 적이 후미를 공격할 것으로 우려되는 경우에, 이런 조치를 취합니다.

〈그림 2〉는 행군을 하다가 측면으로 싸워야 하는 상황에서 대대를 조직하는 방법을 보여주고 있습니다.

〈그림 3〉은 2개의 뿔을 가진 대대를, 이어서 중앙에 광장을 가진 대대를 조직하는 방법을 보여주고 있습니다.

〈그림 4〉는 군대가 적과 전투를 벌여야 하는 상황에서 어떤 식으로 조직되어야 하는지를 보여주고 있습니다.

〈그림 5〉는 사각형으로 조직된 군대의 형태를 보여주고 있습니다.

〈그림 6〉은 전투를 치르기 위해서 사각형에서 정규 형태로 바뀐 군대의 형태를 나타내고 있습니다.

〈그림 7〉은 숙영지의 형태를 보여주고 있습니다.

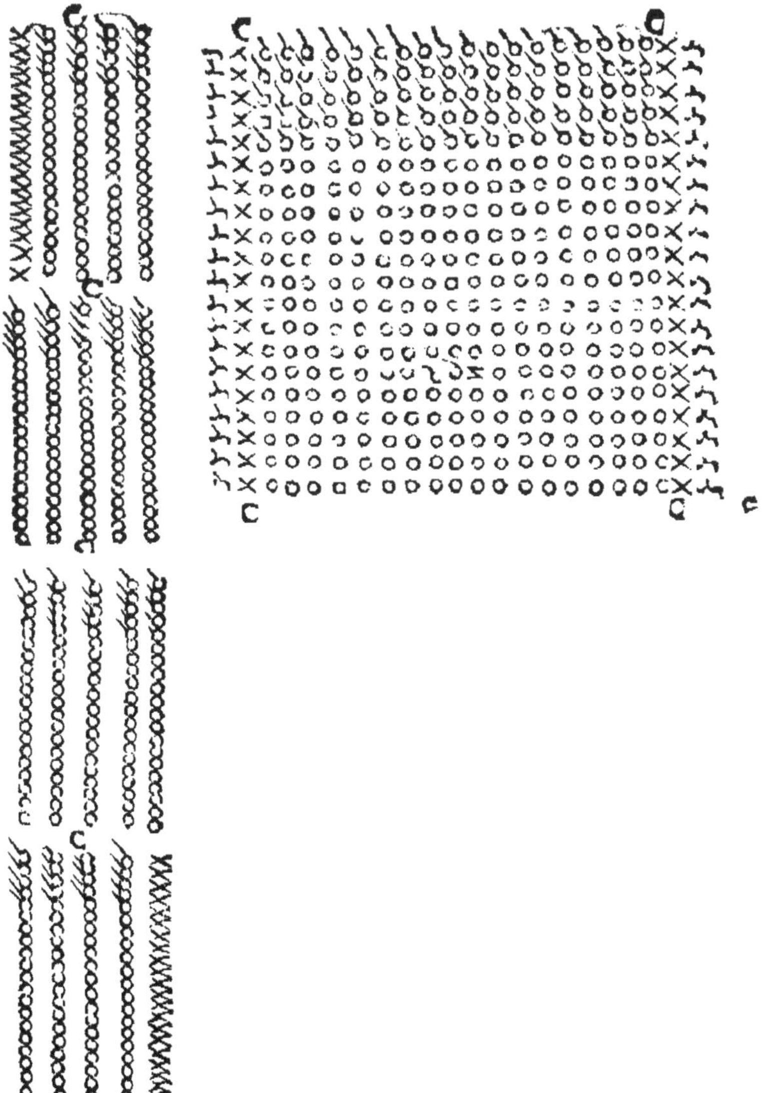

<그림 1>

<그림 2>

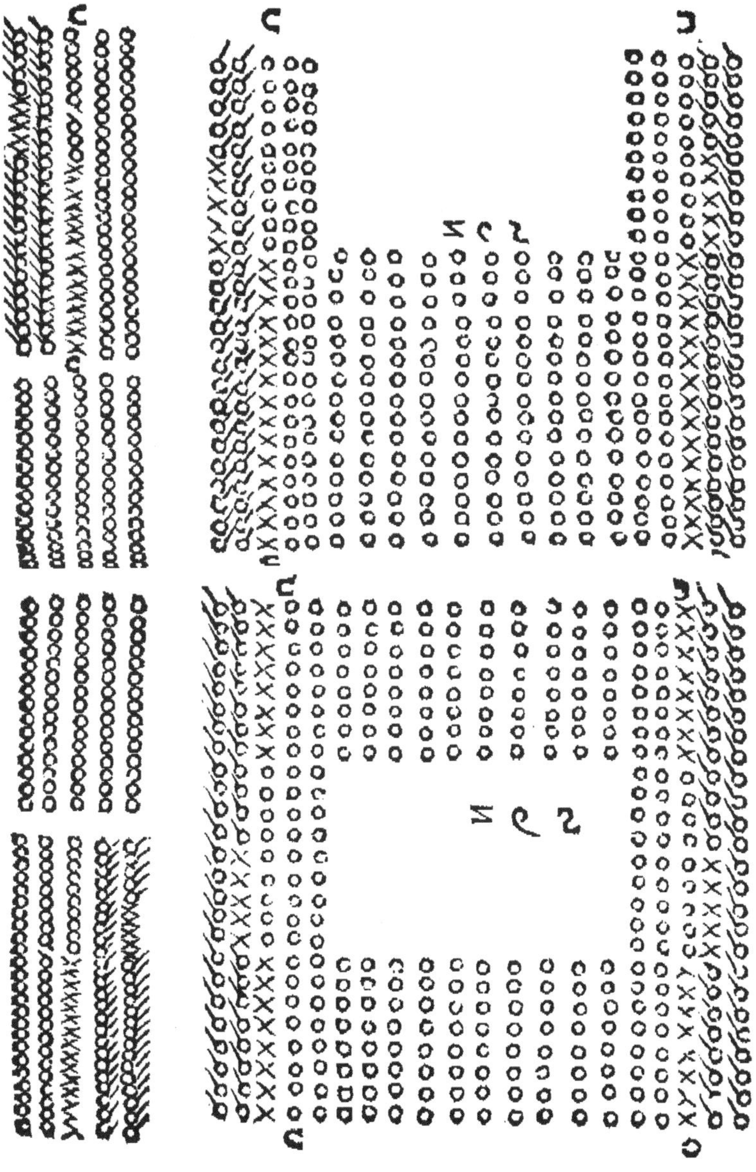

<그림 3>

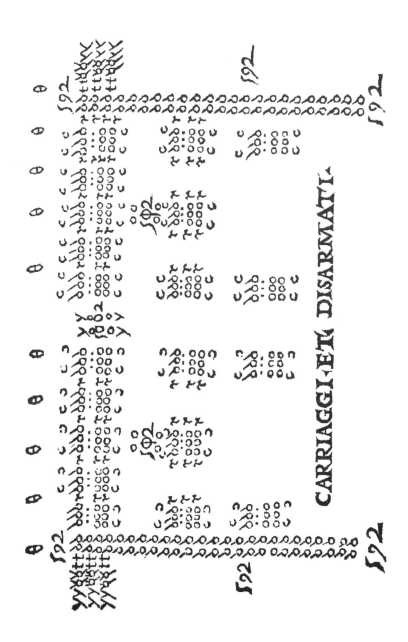

<그림 4>

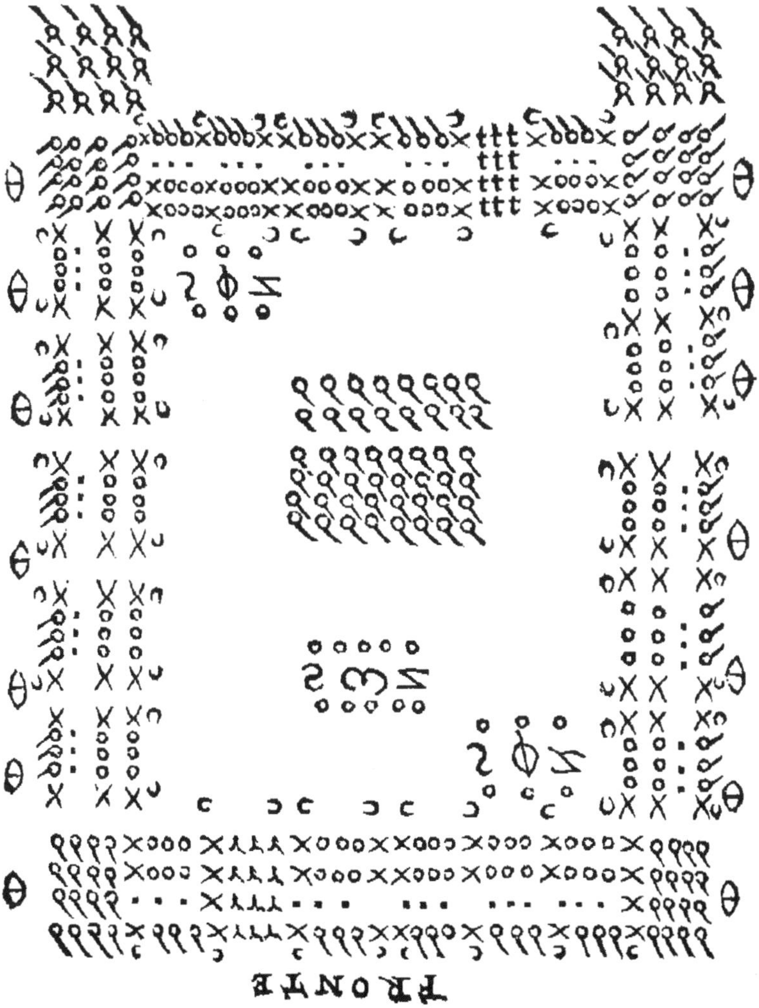

<그림 5>

<그림 6>

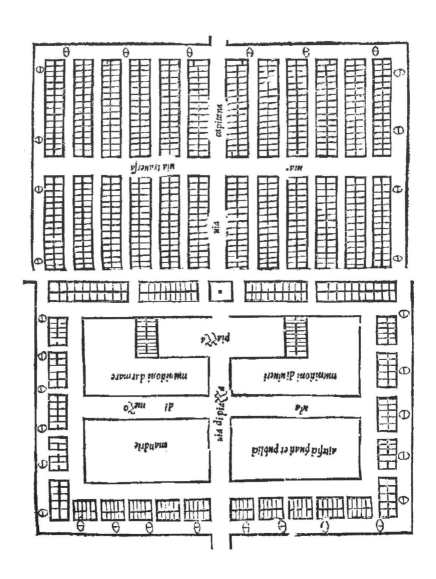

<그림 7>

282

마키아벨리가 '군주론'보다 더 아꼈던 책!

이탈리아 정치 철학자이자 역사학자, 외교관인 니콜로 마키아벨리(1469-1527)가 '군주론'(Il Principe)보다 더 아꼈던 것이 이 책이라는 분석이 있습니다. 그가 생전에 책의 형태로 출간한 것도 이 책이 유일합니다.

이 책을 번역하는 동안에 머리를 떠나지 않았던 한 가지 생각은 마키아벨리가 자신에 대한 현대인의 평가를 들으면 참으로 억울해 하겠다는 것이었습니다. 정치학 분야뿐만 아니라 심리학 분야에서도 마키아벨리즘이란 용어가 널리 쓰이고 있는데, 한결같이 대단히 부정적이기 때문이지요. 정치학에서는 국가를 유지하기 위해서라면 수단과 방법을 가리지 않는 국가 지상주의적인 이념으로 받아들여지고, 심리학에서는 개인적 욕구를 충족시키기 위해서 타인을 조종하려는 욕구를 가리키는 용어로 정착되었으니 말입니다.

그러나 '전쟁의 기술'을 번역하며 받은 인상은 마키아벨리가 대단히 현실적이고 실용적인 인물이라는 것입니다. 마키아벨리가 활동하던 시기의 이탈리아 정치 상황이 반드시 고려되어야 할 것 같습니다. 그는 1498년에 피렌체 공화국의 제2 서기관에 임명되어 공적 활동을 시작하면서 알려지기 시작하는데, 이때가 이탈리아 전쟁이 시작되고 4년이 지난 시점입니다.

1494년에 프랑스의 침공으로 시작된 이탈리아 전쟁은 신성 로마 제국, 스페인, 베네치아와 교황령 등 이탈리아의 5대 도시 국가, 잉글랜드와 스코틀랜드가 프랑스에 맞서고, 나중에는 오스만 제국까지 프랑스의 동맹으로 참가하면서 1559년까지 8차례에 걸쳐 벌어지게 됩니다.

마키아벨리가 '전쟁의 기술'을 쓴 것이 바로 1519년과 1520년입니다.

이탈리아가 오랜 세월 동안 주변 나라들의 전쟁터가 되고 있는 현실 앞에서, 마키아벨리의 생각은 어쩌다 이탈리아가 이 지경에까지 이르렀나 하는 반성으로, 따라서 자연스럽게 군사력의 강화 쪽으로 모아질 수밖에 없었지요. 당시 이탈리아에서 예술을 중심으로 르네상스 운동이 활발히 벌어지고 있었는데, 도시 국가의 군주들이 그 부흥 운동을 군사 분야로까지 확장하지 않는 데 대한 안타까움이 고스란히 묻어납니다.

마키아벨리가 '전쟁의 기술'에서 추구하는 것이 무엇인지를 보여주는 대목을 소개합니다. "사람들의 역량을 명예롭게 여겨 보상하고, 빈곤을 경멸하지 않고, 군사 훈련의 방식과 체계를 존중하고, 시민들에게 파벌 없이 살며 서로 사랑할 것을 강요하고 사적 이익보다 공적 이익을 더 소중히 여기는 태도를 가질 것을 요구하는 것입니다."

이런 목적을 이루기 위해 마키아벨리가 제시하는 것이 바로 군사력입니다. "군사력을 갖추지 않는 것은 지붕 없는 궁전에서 사는 것과 비슷합니다." 마키아벨리는 그런 군사력을 갖추기 위해 고대 그리스와 로마의 방법으로 눈을 돌리고 있습니다. 한 국가의 모든 것은 군사력이 제공하는 안전이라는 토대 위에 서지 않을 때는 사상누각에 지나지 않는다는 인식이 두드러집니다. 마키아벨리가 '군주론'과 '티투스 리비우스의 첫 10권에 대한 논고' 등 여러 논문에서 군사력과 군인의 중요성을 강조한 사실을 고려한다면, 그가 '전쟁의 기술'을 가장 중요한 저술로 여겨 생전에 출간했을 것으로 여겨집니다.

대포가 전술 무기로 등장하던 시기에 쓴 '전쟁의 기술'이 우리 시대에 어떤 의미를 지닐 수 있을까 하고 의문을 표현하면 곤란합니다. 마키아벨리가 지휘자의 가장 중요한 자질로 꼽는 상상력에 관한 내용만으로도 충분히 가치 있는 책입니다.

마키아벨리가 역사 속에서 지휘관의 상상력이 돋보이는 사건으로 제시한 몇 가지 예를 보겠습니다.

로마의 장군 루쿨루스는 B.C. 1세기에 자기편에 섰던 마케도니아의 일부 기병이 적군 쪽으로 넘어가는 것을 보고는 즉시 전투 개시를 선언했답니다. 그 결과, 탈주자였던 그 마케도니아 기병들은 그들의 뜻과 상관없이 전투원이 되었지요.

스페인 병사들은 B.C. 3세기에 카르타고의 하밀카르 바르카의 군대를 이기기 위해 전열에 나뭇가지들을 가득 실은 전차들을 배치하고는 불을 질렀는데, 전차를 끌던 소들이 불을 피하려 달아나며 카르타고 군대를 덮쳐 대열을 무너뜨렸다고 합니다. 또 어느 지휘관은 적의 공격을 받자 적과 맞붙어 싸우지 않고 적국을 공격하러 감으로써 적이 조국을 방어하러 돌아가지 않을 수 없도록 했답니다.

군사력에 관심이 많은 사람들에게 '전쟁의 기술'은 필독서였습니다. 16세기에 프랑스 철학자 미셸 드 몽테뉴(Michel de Montaigne: 1533-1592)

는 군사 문제의 권위자로 카이사르와 폴리비오스(Polybius: B.C. 200(?)-B.C. 118(?)), 코미네(Philippe de Commines: 1447-1511) 다음으로 마키아벨리를 꼽았습니다. 18세기에 프러시아를 강국으로 만든 프리드리히(Friedrich) 2세(1712-1786)도 이 책의 영향을 많이 받은 것으로 분석됩니다. 미국의 3대 대통령을 지낸 토머스 제퍼슨(Thomas Jefferson: 1743-1826)의 서재에도 이 책이 꽂혀 있었답니다.

'전쟁의 기술' 한글 번역본은 17세기 영국의 정치인이자 작가인 헨리 네빌(Henry Neville: 1620-1694)이 번역한 영어 책을 옮겼다는 사실을 밝힙니다.

니콜로 마키아벨리 연보

*1469년= 5월 3일, 피렌체 공화국의 피렌체에서 법학 박사인 아버지 베르나르도 마키아벨리
(Bernardo Machiavelli)와 어머니 바르톨로메아 디 스테파노 넬리(Bartolomea di
Stefano Nelli) 사이에 장남으로 출생.

*1481년= 유명한 라틴어 선생인 파올로 다 론치리오네(Paolo da Ronciglione)의 학교에서 공부.

*1486년= 아버지 베르나르도가 장서인 티투스 리비우스의 '로마사'를 제본. 마키아벨리는 이
책을 즐겨 읽은 듯.

*1494년= 프랑스의 샤를 8세가 25,000명의 병력을 이끌고 이탈리아를 침공함으로써, 이탈리
아 전쟁 시작.

*1498년= 대평의회에 의해 피렌체 공화국의 제2 서기관에 임명. '10인 전쟁 위원회'의 서기관
에 선출.

*1500년= 6개월간의 외교적 임무를 안고 프랑스의 루이 12세 궁정 방문.

*1501년= 마리에타 코르시니(Marietta Corsini)와 결혼.

*1506년= '피렌체 국민 무장론'(Discorso sopra il riformare lo stato di Fiernze) 집필. 이 글을
통해 "외국 용병에게는 기대할 것이 없다"는 점을 강조.

*1507년= 민병대 조직을 위한 모병 활동 전개.

*1508년= '독일 정세 보고'(Rapporto delle cose dell'Alemagna) 집필.

*1509년= 마키아벨리가 조직한 민병대의 활약으로, 15년간 지속되었던 피사와의 전쟁을 승리로 마무리.

*1512년= 이탈리아 전쟁 지속. 스페인 군대 피렌체 영토 침공. 피렌체 항복.

*1513년= 2월에 반(反)메디치가 음모에 가담한 혐의로 재판 받고 고문당하고 투옥. 3월에 석방된 뒤 산탄드레아에 있던 자신의 농장으로 물러남. 7월에 '군주론'(Il Princepe) 초고 완성. 문학과 정치에 관심을 쏟던 토론 집단에 가입. '티투스 리비우스의 첫 10권에 대한 논고'(Discorsi sopra la prima deca di Tito Livio) 집필 시작.

*1514년= '우리의 언어에 관한 담론 또는 대화'(Discorso o dialogo intorno alla nostra lingua) 집필.

*1516년= 이때쯤 '군주론' 원고가 피렌체 안팎에서 돌며 읽히기 시작.

*1518년= '전쟁의 기술'(Dell'arte della guerra)과 '루카의 카스트루치오 카스트라카니의 생애'(La vita di Castruccio Castracani da Lucca) 집필. 줄리오 데 메디치(Giulio de' Medici)의 후원으로 '피렌체 역사' 집필.

*1519년= '로렌초 사후 피렌체 문제에 대해 논함'(Discorso delle cose fiorentine dopo la morte di Lorenzo) 발표.

*1521년= '전쟁의 기술' 출간.

*1525년= '피렌체 역사'(Isotorie fiorentine)를 클레멘스 교황에게 헌정하기 위해 로마 방문. 풍자극 '만드라골라'(La Mandragola)가 베네치아에서 공연되어 호평을 받음.

*1526년= '피렌체 요새화에 관한 보고'(Relazione di una visita fatta perfortificare Firenze) 발표.

*1527년= 독일군과 스페인군이 로마 공격. 메디치 가문 사람들 피렌체에서 추방 당함. 피렌체 공화국은 새 헌법 채택. 6월 21일 마키아벨리 타계. 피렌체의 산타 크로체 성당에 묻힘.

*1531년= '티투스 리비우스의 첫 10권에 대한 논고' 출간

*1532년= '군주론'과 '피렌체 역사' 출간

*1559년= '군주론' 교황청 금서 목록에 오름.

찾아보기